데모테크가
온다

데모테크가 온다

초판 1쇄 인쇄 2021년 6월 8일
초판 1쇄 발행 2021년 6월 17일

지은이 김경록
펴낸이 유정연

책임편집 신성식 **기획편집** 장보금 조현주 김수진 김경애 백지선 **디자인** 안수진 김소진 장원석
마케팅 임우열 박중혁 정문희 김예은 **제작** 임정호 **경영지원** 박소영

펴낸곳 흐름출판(주) **출판등록** 제313-2003-199호(2003년 5월 28일)
주소 서울시 마포구 월드컵북로5길 48-9(서교동)
전화 (02)325-4944 **팩스** (02)325-4945 **이메일** book@hbooks.co.kr
홈페이지 http://www.hbooks.co.kr **블로그** blog.naver.com/nextwave7
출력·인쇄·제본 성광인쇄 **용지** 월드페이퍼(주)

ISBN 978-89-6596-412-4 03320

고령화와 기술혁신이 바꿔놓을
부의 미래

데모테크가 온다

DEMOTECH

김경록 지음

흐름출판

데모테크 DEMOTECH ───────────────

인구 구조^{Demography}**와 기술**^{Technology} **혁신의 만남으로
탄생한 메가 트렌드**

"세상을 완전하게 바꾸고 싶다면
기술적 혁신은 반드시 고령화 흐름과
같이해야 한다."

슈퍼 사이클은 시작됐다

1997년 11월 21일 샌프란시스코의 비즈니스 호텔에서 아침을 먹고 있었다. 같이 출장 온 김일구 연구원이 옆에서 신문을 보다가 갑자기 서울로 돌아가야겠다고 했다. 무슨 일이냐고 물으니 신문을 건넸다. 임창렬 부총리가 국제통화기금 International Monetary Fund, IMF에 구제금융을 신청했다는 기사였다.

난생 처음 뉴욕을 거쳐 필라델피아에서 열리는 WEFA Wharton Econometric Forecasting Associates 회의에 참석하고 샌프란시스코에서 하루이틀 쉬다가 서울로 돌아가려고 했는데 일정이 망가졌다. 아니, 일정 따위가 중요한 상황이 아니었다. 우리나라는 어쩌다 이렇게 됐으며, 앞으로 어떻게 될까? 머리가 복잡했다.

4개월 전인 7월 15일이 생각났다. 채권 리서치를 담당하던 내가 금리 전망을 발표하는 날이었다. 발표하러 가는 길에 기아자동차 그룹이 부도 유예 협약을 체결했다는 소식이 들려왔다. 기아자동차가 돈을 갚지 못했지만 채권단이 연쇄 부도를 막기 위해 부도를 미뤄주기로 했다는 것이다. 누군가 기아자동차를 음해했다는 소문이 있었지만, 부도는 부도였다.

'발표 몇십 분 전에 이런 뉴스가 터지면 어떡하나.' 당혹감을 갖고 발표를 시작했는데 아니나 다를까 "기아 사태가 금리에 어떤 영향을 줄까요?"라는 질문이 나왔다. 나는 "일시적으로 영향을 줄 것으로 봅니다"라고 답했다.

지금도 이 대답이 두고두고 부끄럽다. 거시경제의 흐름을 읽어내야 하는 채권 애널리스트가 외환위기라는 거대한 사건의 단초가 터졌는데도 제대로 알아보지 못했다. 1997년 11월 21일 이후 세상은 내 판단을 훨씬 뛰어넘어 변해갔다. 그날 이후 다시는 어리석은 답을 하지 않으리라고 다짐했다.

1997년 외환위기 이후에도 여러 위기가 닥쳤다. 1999년 대우 사태, 2003년 카드채 사태, 2008년 초대형 글로벌 서브프라임 위기와 키코KIKO 사태, 그리고 유럽 재정 위기와 아직 진행형인 코로나19 팬데믹까지. 하얗게 세어버린 머리칼만큼 23년간 험악한 세월을 지나왔다.

그럼에도 불구하고 우리나라 경제는 위기의 파도를 넘어서 장족의 발전을 거듭해왔다. 이제는 G7과 어깨를 나란히 할 만큼 경제 규모가 커졌다. 1만 달러 남짓이던 1인당 국민소득은 3만 달러를 넘어섰다. 4차 산업혁명과 밀접한 반도체, 2차전지, 바이오 산업은 세계적인 경쟁력을 갖췄다. 전통 산업에서 혁신 산업으로의 변신도 빨라지고 있다. 1997년 이후 지금까지 국가, 기업, 개인이 모두 변화의 흐름에서 도태되지 않고 성장을 거듭해왔다. 자랑할 만하다.

그러나 마음 한구석이 여전히 편하지 않은 것은 왜일까? 수정란이 세포 분열하면서 인체는 관을 가진 물고기 모양으로 성장한다. 이 관이 소화관이 되는데 그 입구는 입, 바로 밑이 폐가 된다. 정중앙은 간, 담낭, 췌장이 되고 출구 부근은 비뇨생식기가 된다. 즉, 우리 소화기관이나 폐는 모두 외계와 접하고 있다. 이를 상피조직이라 하는데, 상피세포로 구성되어 있다. 상피조직 아래에는 상피세포가 잘 기능할 수 있도록 혈관, 신경, 근육이 배치되어 있다. 이를 비상피조직이라 하는데 모든 상피조직이 공통적으로 갖고 있다. 비상피조직의 세포가 원활하게 움직이지 않으면 상피조직이 제대로 기능하기 어렵다.

갑자기 왜 인체의 신비로 이야기가 빠지는가 싶을 것이다. 이유가 있다. 우리 경제 역시 표면적으로 빠르게 성장하면서 얼핏 상피조직이 튼튼해 보이지만 그를 뒷받침해주는 비상피세포가 건강한지는 의문이다. 인구, 인적 자본, 사회적 자본, 기술 경쟁력 등이 경제의 비상피세포에 해당한다. 우리나라의 인구는 세계에서 제일 빠른 속도로 고령화되고 있다. 고령화로 인한 문제가 사회 곳곳에서 표면화되고 있다. 또한 우리나라는 갈등과 불신이 여러 분야에 만연해 있는 저신뢰 사회다. 사회적 자본이 취약하다는 뜻이다. 인적 자본과 교육 시스템, 여기에서 비롯되는 기술 경쟁력도 약화되는 징후가 보이고 있다. 그동안 우리나라의 성장은 부동산 가격 상승과 부채에 기댄 부분이 적지 않다. 부채에 의한 성장이 마치 경제가 잘 돌아가고 있는 양 착각에 빠지게 했다. 부채란 원래 그런 속성을 갖고 있다.

도약하거나, 서서히 추락하거나, 망하거나

경제는 가장 좋아 보이는 순간이 후퇴로 가는 변곡점인 경우가 많다. 일본만 보더라도 그렇다. 1980년대 세계 최고의 테크 기업이었던 소니Sony, 파나소닉Panasonic은 불과 10년도 되지 않아 미국 기업에 뒤처지고 우리나라 기업에 추월당했다. 표면상 기업 경쟁력은 최고였지만 내부적으로는 시대의 흐름을 놓치고 있었는데 누구도 이를 눈치채지 못했다. 사우디아라비아에 원유가 있는 것처럼 한국에는 반도체가 있다는 말이 있을 만큼 우리나라의 대표 상품이 된 반도체의 원래 강자는 일본이었다. 그러나 일본 반도체의 급성장에 대응한 미국의 공세와 굴욕적인 1986년 미·일 반도체 협정이 변곡점이 되면서 일본 기업들은 날개가 꺾이고, 우리 기업들은 기회를 얻게 됐다. 어느 나라건 잘나갈 때 도전을 받기 마련이다.

자본주의의 흐름을 보자면 우리도 영국, 미국, 독일, 이탈리아, 일본 등 선배 제조업 국가들이 직면했던 '제조업의 함정'과 맞닥뜨리게 될 가능성이 높다. 우리나라를 가난에서 구해주었던 제조업이 우리를 위험에 빠뜨릴 수 있다. 여기에 어떻게 대처하느냐에 따라 미국, 독일처럼 도약하거나 영국, 일본처럼 천천히 추락하거나 이탈리아처럼 구렁텅이로 떨어지게 된다. 그런데 전망이 그리 밝아 보이지 않는다. 우리는 세계에서 유례없는 속도의 인구 고령화를 겪고 있다. 혹자는 이런 변화를 두고 '수축 사회'를 이야기하기도 한다. 저성장을 넘어 사회가 쪼그라든다는 뜻이다. 이런 시각에서 보면 지금의 성장세는 하락으로 가는 변곡점일 가능성이 크다. 하지만 관점을 바꾸면 길이 보인다.

전문가들은 앞다퉈 우리나라 인구가 장기적으로 1000만 명 감소할 것이라며 우려 섞인 전망을 내놓는데, 이는 중국과 인도 인구 28억 명의 0.4퍼센트도 되지 않는 규모다. 인구 감소와 고령화 때문에 사회 전체를 '수축'이라는 프레임으로 볼 필요는 없다. 눈을 밖으로 돌려 확장하는 부문에 투자하고, 인구 거래 등을 통해 인구 구조의 불균형한 변화를 바로잡기 위해 노력한다면 위기는 기회가 될 수 있다.

과거 제조업의 위기를 겪었던 독일과 미국은 이 길을 택해 재도약했다. 독일은 통화 통합을 통한 환율 저평가, 하르츠^{Hartz} 개혁을 중심으로 한 구조 개혁, 기술 경쟁력을 바탕으로 2000년대 이후 '유럽의 병자'에서 '유럽의 슈퍼스타'가 됐다. 미국은 1970년대부터 일본, 독일 등 후발 제조업 국가에 밀려 고전했다. 하지만 기축통화를 바탕으로 기술 혁신과 투자를 통해 신기술을 주도하면서 압도적인 경쟁우위를 갖게 됐다.

인구와 기술이 만나는 곳에 미래가 있다

개인도 확장되는 부문을 찾아 경쟁력을 키우고 투자를 늘리면 황금 광구를 찾을 수 있다. 1997년 나와 함께 샌프란시스코에 있었던 김일구 연구원은 외환 시장 분석을 맡고 있었는데, 서울로 돌아와서는 채권 분석을 시작했다. 외환위기 이후 채권 금리가 치솟고 나서 계속 하락하면서 오랫동안 채권 강세장이 형성되자 톡톡히 재미를 누렸다. 몇 해 전부터는 주식 분석으로 눈을 돌려 이름을 날리고 있다. 2020년 주가가 2000포인트에서 머무르다 역사상 처음으로 3000포인트를 넘었으니 한 발 앞서 주식 강세장에 몸담은 셈이다. 축소되는 시장을 보며 두려움에 떨 것이 아니라 확장되는 부분을 찾아 나서면 기회는 얼마든지 있다. 장기적인 관점에서 메가 트렌드를 추적해야 하는 이유다. 파도가 아닌, 해류의 흐름을 감지할 수 있어야 한다. 파도만 보다가는 쓰나미에 대처할 수 없다.

이 책은 바로 그 확장 부문을 찾기 위해서 썼다. 나는 우리에게 주어진 확장 부문을 인구와 기술의 교차점에 있는 영역에서 찾아야 한다고 보고, 여기에 대한 관심을 20여 년 전부터 이어왔다.

인구에 관한 관심은 일찍부터 있었다. 2004년 우리나라 최초로 인구 구조와 투자 시장의 기회에 대해 자산 배분 포럼을 열었다. 인구 구조 변화가 경제, 사회에 미치는 영향에 관한 논의는 예전에도 있었지만 인구 구조 변화에 대응해 투자 기회가 어디 있을지 모색한 것은 처음이었다.

2013년부터는 미래에셋은퇴연구소를 맡아서 고령화 시대를 헤

쳐 나갈 해법을 고민했다. 그때 우연히 본 일본 애니메이션이 〈노인
Z老人 Z〉(1991)였다. 애니메이션에는 첨단기술을 활용해 노인을 보살
피는 로봇이 등장한다. 순간, 머릿속에서 플래시가 번쩍했다. 고령
사회가 하이테크와 결합할 수 있으며, 하이테크의 발전이 빠를수록
그 폭발력은 더욱 커질 것 같았다. 이후 인구 구조와 테크놀로지의
결합을 화두로 삼아 고민하게 되었다. 마우로 기엔Mauro Guillen 펜실
베이니아대학교 와튼스쿨 교수는 "세상을 그야말로 완전하게 바꾸
고 싶다면 기술적 혁신은 반드시 거대한 인구통계학적 혹은 경제적
흐름과 궤를 같이해야 한다"는 말을 했다. 전적으로 동감한다.

"세계가 은퇴한다." 앨런 그린스펀Alan Greenspan의 말처럼 인구
구조의 변화는 세계적인 문제다. 국제연합United Nations, UN에 따르면
2020~2050년 65세 이상 인구는 7억 3000만 명에서 15억 5000만
명으로 8억 2000만 명 증가한다. 그중 중국이 1억 8500만 명, 인도
가 1억 3000만 명을 차지할 것이다.[1] 우리보다 20년 정도 빨리 고
령 사회에 접어든 일본에서는 단카이 세대団塊世代(1947~1949년에 태어난
일본의 베이비붐 세대)가 70대 중반이 되었다. 앞으로 30년은 더 지나야
일본은 고령화라는 늪에서 완전히 벗어나게 될 것이다. 일본보다
고령화 시계가 20여 년 늦은 우리나라와 중국은 50년은 지나야 고
령 사회에서 탈출할 수 있다. 그쯤이면 베트남, 인도 등이 한창 고
령화를 사회문제로 겪고 있을 것이다. 실로 어마어마한 메가 트렌
드다.

여기에 4차 산업혁명으로 대표되는 기술 혁신이 더해진다. 바

이오, 가상현실, 로봇 등 현재 주목받는 범용 기술이 10가지가 넘을 정도로 많은데, 이들 혁신 기술이 서로 융합하면서 일으킬 변화가 또 다른 메가 트렌드를 형성할 것이다. 바이오, 헬스케어, 로봇, 자율주행, 가상현실 등 혁신 기술로 만들어진 제품의 수요자는 누가 될까? 바로 고령층이다. 휴머노이드 로봇 회사인 보스턴 다이내믹스Boston Dynamics를 창업한 마크 레이버트Marc Raibert는 "로봇은 핸디캡을 가진 사람을 타깃으로 해야 한다"고 했다. 핸디캡을 가장 많이 가진 사람이 고령자 아닌가.

슈퍼 사이클에 올라타라

인구와 기술은 곧 수요와 공급이다. 인구는 물건을 수요하고, 기술은 물건을 공급한다. 고령화와 기술 혁신의 결합은 값싸고 질 좋고 혁신적인 제품이 대량 쏟아져 나오고 이들 물건을 수요할 계층 또한 많아진다는 뜻이다. 한류와 난류가 겹치는 곳에 큰 어장이 형성되는 것과 마찬가지다. 우리는 가위의 양날처럼 존재하는 고령화와 기술 혁신으로 수요 확장과 공급 확장이 동시에 이뤄지는 역사적 변곡점을 맞고 있다. 이 교차점에서 형성되는 메가 트렌드가 바로 인구Demography와 기술Technology이 만나는 '데모테크DemoTech'다. 이곳은 거대한 부가 만들어지는 어장이 될 것이다.

이 책은 인구와 기술을 중심으로 이뤄질 부의 대이동을 살펴보고, 국가와 기업, 개인이 변화하는 흐름에 맞춰 어떻게 투자하고 자산을 배분해야 할지를 다룬다.

1부에서는 제조업 국가인 우리나라의 미래를 전망한다. 철저하게 제조업 중심 국가인 우리나라는 또 다른 도전을 맞을 수밖에 없다. 선배 제조업 국가의 역사를 보면 알 수 있는 사실이다. 영국과 일본은 우리에게 반면교사가 된다. 제조업의 함정과 고령화라는 굴레를 벗어나기 위해서는 독일과 미국을 참조할 필요가 있다. 이를 통해 우리나라의 해법을 찾아본다.

2부에서는 글로벌한 관점에서 인구와 기술의 변화를 살펴본다. 전 세계 인구 구조의 특징을 고령화를 중심으로 분석하고 지역별, 국가별로 다양한 고령화 양태를 알아본다. 다양성 속에 기회가 있다. 이어 고령화와 관련된 최신 기술과 그 흐름을 살펴본다. 이를 통해 고령화와 혁신 기술이 만들어갈 메가 트렌드, 데모테크를 소개한다. 이는 거대한 어장 같은 확장 부문을 찾는 과정이라고 할 수 있다.

3부에서는 데모테크에 대한 기업 단위의 구체적인 설명과 향후 자산을 어디에 어떻게 배분해야 할지에 관한 실천적 내용을 다룬다. 특히, 데모테크의 핵심 테마가 될 바이오, 디지털 헬스케어, 뷰티 산업, 메타버스, 로보틱스, 클라우드 컴퓨팅 등 6가지 영역을 투자 관점에서 분석한다. 마지막으로 데모테크라는 테마를 실제로 투자에 어떻게 연결해서 자산 관리를 해야 할지 살펴본다.

이 책에서 언급하지 않은 강력한 확장 부문이 있다. 배터리, 친환경 산업 등이다. 이들은 고령화와 직접적인 관련이 없지만 확장할 것이다. 데모테크 6가지 영역도 그 자체만으로도 확장 동력을 가진 분야다. 고령화는 여기에 날개를 달아 주는 역할을 한다.

태극은 양陽과 음陰이 동적으로 결합되어 변화한다. 양이 지배하는 가운데 음이 싹트고 음의 국면에서 양이 싹튼다. 둘을 함께 보는 눈을 가져야 한다. 현재만 보는 사람은 실패하고, 현재와 미래를 함께 보는 사람은 성공한다. 미래를 보고 확장 부문에 투자하는 것은 우리가 다음 세대에게 물려줄 자산이기도 하다. 우리가 이전 세대의 투자를 자산으로 물려받았듯이 우리 역시 다음 세대를 위해 투자라는 씨앗을 심어야 한다. 수축하는 현재를 냉철히 바라보며 확장할 미래를 찾아나서야 한다. 고령화와 기술이 교차되는 메가 트렌드는 이제 시작에 불과하다. 데모테크의 메가 트렌드에 올라타자.

호시우보虎視牛步라는 말이 있다. 소의 걸음으로 걷되 호랑이의 눈으로 미래를 날카롭게 보아야 한다. 이 책이 호랑이의 눈을 갖는데 도움이 되기를 바란다.

1997년 7월 15일에 대답을 잘못한 마음의 빚을 갚는 심정으로 썼다.

김경록

목차

머리말
슈퍼 사이클은 시작됐다 ········ 6

1부
반등할 것인가, 추락할 것인가

1장. 제조업의 함정

비틀스의 외화벌이와 1976 IMF ········ 25

하이에나에 물어뜯긴 늙은 사자 ········ 29

화폐 전쟁 ········ 31

제조업 국가의 운명 ········ 36

독일의 구세주, 유로화 ········ 43

한 손에는 달러, 한 손에는 혁신 ········ 51

퀴바디스 코리아 ········ 59

2장. 제로 모멘텀 사회

금리, 소득, 인구의 성장이 멈춘다 ……… 67

제로금리의 의미 ……… 71

소득 3만 달러의 벽 ……… 76

거꾸로 가는 인구 ……… 81

부동산 포박 사회 ……… 84

아파트 불패 신화는 계속될까 ……… 89

쏠림의 균형이 필요하다 ……… 96

3장. 저성장, 고부채의 그림자

왜 유럽은 바이러스에 무너졌나 ……… 105

소리없이 쌓이는 부채 ……… 108

우리는 악어의 입 앞에 서 있다 ……… 112

약한 고리, 외환 시장 ……… 118

내일의 금맥을 찾아서 ……… 124

2부
데모테크 : 2021~2050 메가 트렌드

4장. 세계가 은퇴한다. 시간차를 두고서

밥 딜런과 테스형 ……… 135

중국의 고령자 시장을 주목하라 ········ 140

인구 구조로 읽는 부의 지도 ········ 143

코요테의 추락 ········ 151

인구를 거래한다 ········ 157

5장. 데모테크의 탄생

기술 혁신의 소비자는 누구인가 ········ 165

"아버님 댁에 로봇 놔드려야겠어요." ········ 169

워크맨과 파로 ········ 172

노후의 오아시스 ········ 176

판도라의 상자가 열렸다 ········ 180

생명 연장의 꿈 ········ 186

거대한 한류와 난류가 만나는 어장 ········ 191

3부
슈퍼 사이클에 올라타는 법

6장. ETF와 기업으로 분석하는 데모테크 6대 섹터

바이오테크 : 고성장을 향한 변곡점 ········ 202

디지털 헬스케어 : 건강 관리의 진화 ········ 212

뷰티 산업 : 다운에이징의 꿈 ········ 223

메타버스 : 새로운 세계, 새로운 수요 ········ 230

로보틱스 : 로봇은 내 친구 ········ 241

클라우드 컴퓨팅 : 리바이스 청바지 ········ 250

7장. 넥스트 20년 자산 배분 전략

골프 폼 바꾸기 ········ 261

글로벌 자본가가 되자 ········ 267

야생마 길들이기 : 분산, 장기투자, 그리고 인내 ········ 272

혁신 기업 투자 리스크 줄이는 법 ········ 277

나만의 바벨을 들어라 ········ 283

인컴 자산을 보는 관점 ········ 287

정기·적립식으로 승부하라 ········ 294

맺음말

파도 앞에 선 당신에게 ········ 301

후주 ········ 306

1부

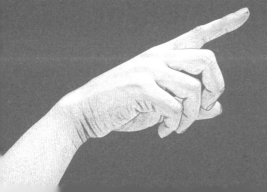

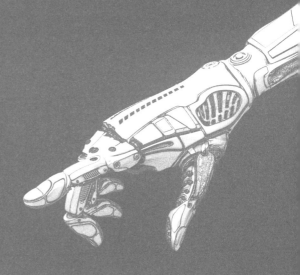

반등할 것인가,
추락할 것인가

1
제조업의 함정

날고 있는 게 아니야. 폼나게 떨어지는 중이야!
— 영화 〈토이스토리〉 중에서

인구 규모가 어느 정도 이상 되는 국가는 제조업이 아니면 성장하기 어렵다. 이런 말을 하면 홍콩, 싱가포르, 스위스가 있지 않느냐는 반론이 돌아온다. 인구가 적은 홍콩이나 싱가포르는 '도시국가'에 가깝다. 이 정도 규모의 국가라면 지정학적 위치를 활용해 중개무역, 금융업으로 높은 소득을 얻을 수 있다. 하지만 인구 5000만 명이상의 국가가 금융이나 중개무역만으로 국민들을 잘살게 하기는 어렵다.

우리나라와 인구 규모가 비슷하거나 더 많은 영국, 독일, 미국, 프랑스, 일본, 이탈리아는 모두 제조업 강국이었다. 영국은 산업혁명의 발원지이자 내연기관을 발명한 선두 공업국이었다. 미국은 테일러 시스템을 통해 제조업의 생산성을 획기적으로 높이며 '세계의 공장'으로 불리던 시절이 있었다. 일본은 1980년대 미국을 위협한 제조업 강국이었다.

하지만 제조업을 통한 국가 경제의 지속적인 성장에는 한계가 있다. 제조업을 통한 성장이 한계에 다다르면 위기를 겪을 수밖에 없다. 멀리 볼 것 없다. 일본은 1990년대 '잃어버린 20년'이라 불리는 장기 침체를 겪었다. 제조업의 대선배인 영국은 제1차 세계대전 이후 100년에 걸쳐 쇠락의 길을 걸었다. 애니메이션 〈토이스토리〉의 주인공 버즈의 말을 빌리자면, 영국의 추락은 "폼 잡고 떨어지는 격 falling with style"이었다. 한때 유럽의 제조업 강자였던 이탈리아는 이제 유럽연합 국가들의 도움이 절실한 나라가 됐다.

반면 제조업의 저주에서 벗어나 재도약한 국가들도 있다. 동서독 통일 이후 '유럽의 병자 Sickman of Europe'로 불리던 독일은 유로존을 이끄는 슈퍼스타가 됐다. 미국은 어떤가? 1980년대 대공황 이후 최악의 고통을 겪었으나 지금은 애플 Apple, 아마존 Amazon, 페이스북 Facebook, 마이크로소프트 Microsoft, 알파벳 Alphabet 등 미국 5대 테크 기업의 2019년 시가총액 1년 증가분이 독일의 전체 주식 시장 시가총액과 맞먹는 규모가 됐다.[1] 왜 이런 차이가 빚어진 것일까?

우리나라는 '지금까지 이만큼 좋을 순 없다'고 할 정도로 제조업을 통해 가난을 극복하고 부를 이루었다. 이런 경험과 자신감은 우리만 가졌던 게 아니다. 일본, 독일, 미국, 영국, 심지어 아르헨티나도 20세기 초에는 자신감에 차 있었다. 하지만 '이쯤이면 우리도 선진국'이라고 말하던 그때가 변곡점이었다. 이후 미국과 독일은 다시 날아올랐으나 대부분의 국가가 정체하거나 오히려 거꾸러지기 시작했다. 그렇다면 우리나라는 계속 날 수 있을까? 그것도 아니면 폼 잡고 떨어질까? 아니면 단숨에 추락할까?

비틀스의 외화벌이와 1976 IMF

1965년 미국 순회 공연을 마친 비틀스^{The Beatles}는 영국 여왕에게 훈장을 받았다. 그들이 받은 훈장은 대영제국훈장으로, 대중가수로선 첫 사례였다. 이 소식이 알려지자 퇴역 군인 수백 명이 비틀스의 서훈이 훈장의 품위를 떨어뜨린다며 자신들의 훈장을 반납하는 소동이 벌어졌다. 훈장 수여식은 해럴드 윌슨^{Harold Wilson} 총리가 진행했는데, 당시 영국 하원의 반응이 재미있다. 노동당 의원이었던 에릭 헤퍼^{Eric Heffer}는 이렇게 쓰고 있다. "비틀스는 세계에 행복을 주었으며, 미국에서 영국으로 달러를 가져왔다." 천하의 대영제국이 비틀스가 산업 역군처럼 달러를 벌어 와서 훈장을 수여했다니 엄살처럼 보인다.

하지만, 영국은 계속된 무역수지 적자와 파운드화 평가 절하로 어려움을 겪고 있었다. 비틀스에게 훈장을 준 지 11년 후인 1976년 IMF의 구제금융을 받게 된다. 우리가 1997년 받은 구제금융의 20년 선배가 바로 영국이다. 당시 영국 노동당 정부는 IMF에 39억 달러 규모의 구제금융을 요청했는데, 이는 구제금융 사상 최대 규모였다. 영국은 실제로 구제금융으로 받은 자금 중 절반을 사용했고,

3년 만인 1979년 이를 모두 갚았다. 3년 만에 구제금융에서 탈출할 수 있었던 이유는 1977년 석유 수출이 늘어난 덕분이었다. 가끔 잊어버리기도 하는데, 영국은 엄연한 산유국이다. 1970년 초 북해유전을 개발했고 1975년 스코틀랜드 동해안에서 본격적으로 원유 생산을 시작했다.

'1976 IMF 구제금융'은 영국 경제의 고질병을 드러낸 사건으로, 영국이 내세우던 복지국가 이념을 끝내게 했다. 영국은 1920년 대 사회민주주의를 표방하는 노동당이 집권하면서 혁명적 사회주의를 배격하고 간접민주제를 바탕으로 사유재산을 인정하는 혼합경제 모델과 복지국가 노선을 지향했다. 노동당의 주요 지지층은 노동조합이었다. 그러나 노동당은 IMF 구제금융의 여파로 1979년 마거릿 대처^{Margaret Thatcher}의 보수당에게 정권을 잃게 된다. 무려 18년이 흐른 1997년에야 토니 블레어^{Tony Blair}의 노동당이 선거에 승리하지만, 더 이상 예전의 복지국가를 주창하는 노동당이 아니었다. 블레어 총리는 당수 시절인 1994년 '신 노동당^{New Labor}'이라는 구호를 내걸면서 당 강령에서 사회주의를 삭제했다.*

영국은 1942년 경제학자이자 노동부 차관이었던 윌리엄 베버

---

* 블레어는 "사회민주주의 철학은 글로벌 경제의 새로운 조건을 충족시켜야 하며, 영국은 세계 자본 시장의 중심에 있으므로 영국 스스로 할 수 있는 경제 정책에는 한계가 있다"고 고백했다. 또한 유럽 국가들과 보조를 맞추지 않은 통화, 재정 정책은 장기적으로 지속 불가능하다고 보았다. 블레어는 1994년 당수를 맡으면서 노동당 이념을 사회민주주의에서 사회자유주의로 바꿨다. Vernon Bogdanor(2016.1.19.), "The IMF Crisis 1976", Gresham College.

리지 ^{William Beveridge}가 "요람에서 무덤까지"라는 말로 유명한 〈베버리지 보고서〉를 발표하면서 광범위한 사회보장제도를 확립했다. 하지만 과도한 복지 운영과 1970년대 노동조합의 투쟁에 따른 임금 상승, 국영 기업의 방만한 경영은 영국을 소위 고복지·고비용·저효율을 특징으로 하는 만성적인 악순환에 빠지게 했다. 이로 인해 1970년대 영국은 '유럽의 병자'라고 불리게 된다. 영국의 1인당 실질 국내총생산^{gross domestic product, GDP}은 1960년대 세계 9위에서 1971년 15위, 1976년 18위까지 떨어졌다.*

그러나 영국 정부는 비효율적인 산업을 구조조정하는 대신 국유화를 단행하면서 사회주의 국가를 제외하고는 국영 기업을 가장 많이 보유한 국가가 됐다. 그러나 이 같은 대처는 임시방편으로, 병을 더 키울 뿐이었다.

위기 속에서 등장한 정권이 마거릿 대처의 보수당이다. 대처 총리는 복지 지출의 축소, 노조 활동 규제와 노동 시장의 유연화, 국영 기업의 민영화, 한계 세율 인하, 금융 규제 완화를 추진했다. 저항은 거셌다. 광산 부문을 대대적으로 구조조정하겠다고 발표하자 1984년 광산 노동자의 3분의 2가 파업에 들어갔다. 대처는 광산 노동자들의 파업을 영국과 아르헨티나가 남대서양의 작은 섬 포클랜

---

* 영국의 1인당 실질GDP의 변화를 다른 나라와 비교해보면 1870년에는 미국의 1.3배, 독일의 1.7배, 프랑스의 1.7배였고, 1950년에는 각각 0.7배, 1.6배, 1.3배였으나, 1979년에는 이 수치가 각각 0.7배, 0.9배, 0.9배로 떨어졌다. Nicholas Crafts(2011.06), "Competition Cured the British Disease", VoxEu, CEPR.

드의 영유권을 두고 싸운 포클랜드 전쟁에 비유하면서 노조를 '내부의 적'이라 규정했다.

정부의 강경 대응과 여론의 압박 속에서 1985년 광산 노조는 조건 없이 항복했다. 여세를 몰아 대처 정부는 가스, 전기, 철도, 수자원 공사의 민영화를 추진했다. 구조조정의 여파로 1980년대 초 영국의 실업률은 큰 폭으로 증가해 실업자 수만 300만 명에 이르렀다. 1930년대 대공황 이후 가장 많은 실업자였다. 복지 천국으로 불리던 영국이 제조업의 쇠락으로 전혀 다른 국가가 된 것이다.

무엇보다 중산층과 서민들의 삶이 뿌리부터 흔들렸다. 뮤지컬로 인기를 모았고 2001년 영화로도 제작된 〈빌리 엘리어트〉는 바로 이 시기를 배경으로 한다. 영국 북부 탄광촌 노동자 가정에서 자란 소년 빌리는 발레를 좋아한다. 처음에 "남자가 무슨 발레"라며 반대하던 가족들은 곧 빌리의 꿈을 응원하게 되고, 빌리는 왕립발레학교에 지원한다. 아버지는 파업으로 분주한 노조 사무실에 뛰어들어가 빌리의 합격 소식을 알리지만 동료들의 반응은 시큰둥하다. 정부의 압박과 사측의 회유 작업으로 와해 위기에 처한 노조가 조건 없이 사업장으로 복귀하기로 결정했기 때문이다. 영화는 파업, 실업 등 당시 영국의 암울한 분위기를 그대로 담고 있다.

이런 사정은 2000년대로 넘어와서도 크게 달라지지 않았다. 2016년에 개봉한 영화 〈나, 다니엘 블레이크〉를 보자. 영화는 과거 공업 도시였던 뉴캐슬의 목수 다니엘 블레이크의 이야기를 다룬다. 40년간 목수로 일한 다니엘은 심장 문제로 더 이상 일을 못 하게 되면서 질병수당과 실업수당을 청구하지만, 복잡한 관료적인 절차 때문에 거부당하고 만다. 영화의 또 다른 주인공인 싱글맘 케이티는 너무 배가 고픈 나머지 상점에서 캔을 따서 그 자리에서 먹는다. 한때 세계를 호령했던 나라의 국민들, 특히 중산층과 하층민들의 삶이 어쩌다 이런 지경까지 가게 되었을까? 조금 더 추적해보자.

하이에나에게 물어뜯긴 늙은 사자

영국이 1970년대 후반과 1980년대의 어둡고 긴 터널을 탈출하고 상황이 나아졌다고 말할 수 있으면 좋겠지만, 비극은 여기서 끝나지 않았다.

1992년, 사자로 상징되는 대영제국이 하이에나로 불리는 헤지펀드의 사냥감이 된 사건이 일어난다. 대처 총리는 규제를 완화하고 구조조정을 하는 과정에서 발생하는 부작용을 완화하고자 유럽통화(특히 독일)에 영국을 묶어놓는 외환 정책을 도입했다. 고물가, 고실업 상황을 타개하기 위해 1990년 10월 ERM^{Europern Exchange Rate Mechanism} 가입을 선택한 것이다. ERM은 일종의 환율 조정 장치로 유럽 가입국들이 회원국 통화의 기준 환율을 설정하고 이에 기초해 각국 통화 환율의 변동폭을 설정하는 제도였다. 상대국과 상하 6퍼센트 범위 내에서 환율을 유지해야 했다. 예를 들어, 1파운드의 기준환율이 2.95마르크인데 이것이 6퍼센트 범위 밖인 2.773마르크가 되면 영국 정부가 개입해서 파운드의 가치가 더 이상 하락하지 못하게 막는 것이다. 1979년 ERM 출범 때부터 가입을 거부한 영국이 ERM에 가입한 것은 불안한 파운드 환율을 마르크에 묶어놓고 자신들은 실업을 줄이고 물가를 안정시키는 국내 정책을 펴기 위해서였다. 그러나 환율 하나를 묶어놓는다고 해서 문제가 해결되지 않는다는 것은 남미의 사례만 봐도 익히 알 수 있는 사실이다. 결과적으로 조지 소로스^{George Soros}와 스탠리 드러켄밀러^{Stanley Druckenmiller}가 운영하는 헤지펀드 퀀텀펀드^{Quantum Fund}가 이 틈을 노리고 영국의 마지막 자존심을 무너뜨리는 사건을 일으킨다.

1989년, 영국은 높은 인플레이션에 시달리고 있었다. 금리는 15퍼센트에 이르렀다. 높은 실업률 역시 큰 사회문제였다. 한편 통일 후유증을 겪던 독일은 인플레이션이 발생하자 이를 해결하기 위해 금리를 인상했다. ERM 규칙에 따라 환율 밴드를 지키려면 영국은 독일과 같이 금리를 인상해야 했는데, 이미 금리가 높은 데다 실업자도 늘어난 상황이라 추가로 금리를 인상하기란 쉽지 않은 선택이었다. 또한 영국의 주택대출 금리는 단기 금리에 연동되기 때문에 중앙은행이 금리를 인상하면 주택대출을 받은 사람들에게 즉각 전가되는 구조여서 금리를 올리기가 더욱 쉽지 않았다.

이런 상황에서 소로스와 드러켄밀러는 독일이 자국의 인플레이션을 잡는 정책을 펼칠 것으로 판단했다. 바이마르공화국 당시 수레에 돈을 싣고 가서 식빵을 사야 했던 초인플레이션에 시달린 경험이 있는 독일은 인플레이션에 대해 국가적 트라우마가 있다. 인플레이션을 잡으려면 고금리 정책을 써야한다. 하지만 경제가 엉망이었던 영국은 독일을 따라서 금리를 인상할 수 없는 상황이었다. 독일이 고금리 정책을 고수하면 파운드는 실제 가치에 비해 고평가될 수밖에 없었다. 퀀텀펀드는 고평가된 파운드가 대폭 절하되거나 영국이 ERM을 탈퇴할 것이라는 데 베팅하고 파운드를 대거 팔기 시작했다. 그 규모는 영국의 중앙은행인 영란은행Bank of England이 감당하기에 버거울 정도였다.

결국 1992년 9월 16일 수요일, 영국은 ERM을 탈퇴하고 파운드 가치는 급락했다. 검은 수요일Black Wednesday이었다. 1993년 2월에 이르자 파운드 가치는 ERM 고정 환율 대비 26퍼센트 하락했다. 소로스는 이 거래만으로 거의 10억 달러가량을 벌어들였다.[2] 외환 거래에서 한 국가가 헤지펀드에 패배한 대★사건이었다. 이는 단순히 영국과 헤지펀드의 싸움이 아니라 영국의 쇠락이 외환 시장을 통해 표출된 사건으로 봐야 한다. 제조업 강국이자 한때 패권 국가였던 영국의 쇠락은 파운드 쇠락과 궤를 같이한다. 파운드 쇠락의 역사는 하루이틀 된 이야기가 아니다.

화폐 전쟁

1821년 당시 최강국이었던 영국은 금본위제를 채택했다. 영국이 금본위제를 도입하자 다른 나라들도 잇따라 영국을 따르면서 금본위제는 19세기부터 제1차 세계대전이 발발하기 전까지 국제 통화 질서가 됐다. 제1차 세계대전이 일어나자 각 나라는 전쟁 자금을 조달하기 위해 가지고 있던 금 준비금을 넘어선 규모의 화폐를 발행하기 시작했다. 화폐 발행량이 늘어나자 물가가 오르고, 금은 유럽에 물자를 팔던 미국으로 흘러 들어가기 시작했다. 이때 미국은 순채무국에서 순채권국으로 변신했다. 1913년 미국, 영국, 프랑스, 독일의 금 보유량 50억 달러 중 미국이 20억 달러를 가지고 있었는데 10년 후인 1923년에는 총 60억 달러 중 미국이 45억 달러를 보유하게 됐다.[3]

시중에 돈이 너무 많이 풀린 탓에 전간기戰間期 세계는 금본위제에서 이탈해 변동환율제로 옮겨갔다. 그 결과, 제1차 세계대전이 끝난 1919년 4월부터 1년 동안 영국의 물가는 50퍼센트나 치솟았다. 파운드는 4.86달러에서 3.40달러로 떨어졌다. 영국이 국제 금융 시장의 중심지로서 역할하려면 파운드의 신뢰를 되찾아야 했다. 결국 1925년 4월 28일 당시 재무장관이던 처칠Winston Churchill이 금본위제로의 복귀를 선언하고 1파운드당 4.86달러로 제1차 세계대전 이전 수준으로 환율을 고정했다. 영국은 이를 위해 국내 경기 하락을 감수하면서까지 금리를 인상하고 재정을 긴축했다. 달러와 함께 파운드가 금으로 태환 가능해지면서 금 이외의 국가 통화가 국제준비금이 될 수 있었다. 기분은 좋았지만 경제학자 케인스John Maynard Keynes의 경고대로 대가는 혹독했다. 1929년 대공황 이후 다른 나라들의 경기가 회복될 때 영국만 계속 어려움을 겪은 것이다.

그런데 왜 영국은 이렇게 파운드의 가치를 유지하려고 한 것일까? 제1차 세계대전 전까지 영국은 국제 금융 시장의 중심이었다.

광대한 해외 식민지, 막강한 해군력, 신뢰성 있는 통화 덕분에 금융 신용의 3분의 2가 영국에 집중되었고, 상업어음 거래를 거의 독점했다. 하지만 제1차 세계대전 후 그 지위가 흔들리기 시작했다. 미국은 이미 20세기 초 영국을 앞지르는 산업 경쟁력을 가지게 됐는데, 제1차 세계대전 후에는 국제 금융 시장의 중심 지위까지 넘보았다. 파운드와 금을 다시 연계시키는 것은 '더 시티 The City'(세계 금융이 집중된 영국 런던의 특별행정구역 정식 명칭은 더 시티 오브 런던 The City of London이다)가 세계 금융의 중심지로 복귀하는데 필수적인 요인이었다.[4] 영국이 지금까지 외국에 자본을 수출할 수 있었던 배경에는 파운드의 안전성과 건전성이 있었다. 그래서 1919년 미국이 금본위제로 복귀하자 영국도 기축통화의 위치를 지키기 위해 1925년 무리해서 금본위제로 복귀하지만 이는 상처뿐인 영광에 불과했다.

노력에도 불구하고 영국이 대세를 거스르기는 어려웠다. 제2차 세계대전 종전과 함께 미국은 패권 국가로 등극한다. 그리고 전 세계 국가들은 1944년 미국 중심의 브레턴우즈 체제 Bretton Woods Agreement라는 새로운 통화 질서를 도입했다. 브레턴우즈 체제는 달러를 금에 고정시키고, 다른 통화를 달러에 고정시키는 협정이다. 이제 세계 각국은 준비금으로 금과 함께 달러를 보유하게 됐다. 제1차 세계대전 이후 파운드는 사실상 달러에 기축통화의 위치를 빼앗겼으며, 브레턴우즈 체제는 이를 확인 사살하는 사건이었다. 1949년 달러에 대한 파운드 가치는 30퍼센트까지 절하됐다. 파운드 가치는 그 후로도 꾸준히 떨어져 1967년에는 다시 14퍼센트 평가절하됐고, 1985년에는 급기야 1달러가 됐다. 브레턴우즈 체제가 도입된 지 반세기 만에 4.86달러에서 1달러로 돈의 가치가 무려 80퍼센트나 떨어진 것이다. 한때 세계를 호령하던 영국에 1파운드 대 1달러는 매우 치욕적인 사건이었다.(그림 1 참조)

미국이 1971년 '금 태환 정지'를 선언하고 1973년 변동환율제를 도입하자 유럽 국가들은 1979년 환율을 뱀처럼 일정 범위 내에서 움직이게 하는 EMS^{European Monetary System}를 발족했다. ERM은 유럽 공동체^{EC} 회원국 간에 통화를 연계시키는 협정이다.* 이때 기준 역할을 한 화폐가 마르크다. 1990년, 영국은 ERM에 가입하여 마르크를 이용해 안정적인 통화 제도를 구축함으로써 환율과 물가를 안정시키고자 했다. 환율이 안정되면 국내 신용을 팽창시켜 국내 경제를 활성화할 수 있으므로 결국 환율, 물가, 실업 세 마리 토끼를 한꺼번에 잡으려 한 것이다. 하지만 이 시도는 소로스의 파운드 공격으로 처참하게 실패했다. 파운드 가치는 다시 떨어졌다. '1976 IMF'로 노동당이 정권을 잃었다면, 1992년 퀀텀펀드의 승리 5년 뒤 보수당은 선거에서 노동당에 참패했다.

제조업의 아버지 영국은 19세기 말부터 공업국의 지위를 위협받았다. 공업 총생산 면에서 미국은 1880년대에 영국을 앞질렀고, 독일은 1890년대에 영국을 앞질렀다. 제1차 세계대전 직전에 영국

---

* EMS는 뒤에 유럽연합경제통화동맹(EMU)로 계승되고 여기에서 단일통화인 유로(euro)를 만들게 된다.

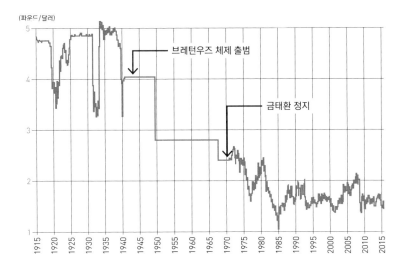

[그림 1] 파운화 쇠락의 역사

(파운드/달러)

브레턴우즈 체제 출범

금태환 정지

출처 : A graphical history of the Dollar Exchange Rate, http://www.miketodd.net/

은 세계 무역량의 6분의 1을 차지했는데, 미국과 독일이 이미 이에
육박하는 규모를 갖추게 됐다. 그럼에도 불구하고 영국인들은 제1
차 세계대전 직전인 1914년 유럽에서 최고의 생활 수준을 누리고
있었다.[5] 영국 국민의 생활 수준은 절정기였지만 저변의 흐름은 이
미 하락의 변곡점을 넘은 상태였다. 후발 공업국의 도전과 20세기
초 두 번의 세계대전을 치르면서 경제의 성장 엔진은 차갑게 식어
갔다.

영국은 파운드 가치 하락을 방어하면서 자존심을 지키려고 했

지만 대세를 거스를 순 없었다. 1979년 경제 체질을 바꾸는 과정에서 성장률은 더욱 떨어지고 실업률은 대공황 시기에 버금가는 수준이 됐다. 그 와중에 1992년 영란은행이 헤지펀드 공격에 굴복하면서 영국은 유럽과 환율 고리를 끊었다. 그리고 20년 후인 2016년 브렉시트Brexit를 결정하고 2020년 1월 31일 브렉시트를 단행하면서 유럽과의 경제적 고리마저 끊었다. 이것이 제조업의 쇠락과 함께 100년간 영국이 겪은 방황의 역사다.

제조업 국가의 운명

영국의 사례를 길게 언급한 것은 영국이 제조업 국가들의 대선배이기 때문이다. 영국이 걸어온 길은 우리의 미래일 수 있다. 영국뿐만 아니라 인구가 어느 정도 되는 나라들은 초기에 제조업으로 성장하면서 비슷한 길을 걸었다. 미국, 독일, 프랑스, 일본, 이탈리아 모두 마찬가지다. 제조업으로 성장한 나라들은 하나같이 제조업 쇠퇴로 혹독한 어려움을 겪었다. 제조업으로 나라가 컸는데 그 제조업이 나라를 잡아먹은 꼴이다. 다만 이 난관을 극복한 국가도 있는가 하면, 난관의 문턱에서 주저앉은 국가도 있다.

주저앉은 대표적인 국가가 일본과 대만이다. 일본은 1990년 이후 거의 30년 동안 장기 저성장의 고통을 겪고 있다. 대만 역시 비슷한 세월을 보내다가 최근 반도체를 중심으로 회복의 단초를 보이고 있다. 일본과 대만은 우리처럼 제조업으로 성장한 나라다. 일본이 1953년부터 20년간 누렸던 고성장은 스탈린^{Iosif Stalin} 체제하의 소련도 달성하지 못한 기록이다. 1980년대 당시 세계 2위의 경제대국으로 GDP가 경제협력개발기구^{Organization for Economic Cooperation and Development, OECD} 전체의 17퍼센트를 넘었다(현재 우리나라의 GDP는 OECD 전체의 2퍼센트 수준이다). 또한 채권국이면서 동시에 경상수지 흑자국이었다. 1990년대 초 일본의 GDP는 미국의 절반 정도에 불과했지만, 주식 시가총액은 미국을 앞질렀다. 미국이 세계 1위 경제대국이되고 난 후 그 어느 나라도 미국의 주식 시가총액을 앞지른 적이 없었다. 하버드경영대학원은 일본 기업의 경영 방식을 찬양하느라 바빴다. 일본 제조업의 경쟁력은 미국에 그야말로 공포 그 자체였다. 그런데 바로 그 순간이 절정이었다.

1992년 일본 경제는 1퍼센트에도 못 미치는 성장률을 보이더니 급기야 1993년에는 역성장했다. 이후 일본은 오랜 시간 불황의 늪에서 빠져나오지 못하고 있다. 1992년부터 2010년까지 일본의 연평균 1인당 GDP 증가율은 0.6퍼센트에 그쳤다.

사실 일본이 위기 상황에 빠져들기 시작했다는 징후는 1980년대 중반 이미 나타났다. 일본 기업들은 엔고의 영향으로 1980년대 중반부터 제조업 생산기지를 국외로 맹렬히 옮기고 있었다. 1990년대 거대 자산 버블이 붕괴하자 소비자들은 갑자기 지갑을 닫았다. 금리를 아무리 낮춰도 소비는 증가하지 않았다. 어느 날 갑자기 모든 사람이 미래를 위해 돈을 모아두어야겠다고 생각하는 듯했다. 투자와 소비가 얼어붙으면서 일본의 1인당 GDP는 1995년에 4만

3000달러를 넘어섰다가 거의 30년이 지난 지금도 4만 달러 수준에 머물고 있다. 일본의 장기 불황에 대해 폴 크루그먼^{Paul Krugman} 뉴욕 시립대 교수는 소비와 투자 등 총수요 부족이 그 원인이라고 지적했다.*

한때 우리의 경쟁 상대로 꼽히던 대만은 어떨까? 2012년에 대만 자산운용사를 인수하기 위해 현지 실사를 간 적이 있다. 놀랍게도 대만 자산운용 업계는 대만 국내 주식 펀드는 거의 취급하지 않았다. 해외 채권 펀드가 상품의 대부분을 차지하고 있었다. 자국의 주식 펀드가 외면 받는다는 것은 심각한 신호다. 이유는 간단했다. 대만의 주가는 1990년대 초부터 박스권에 머무르고 있었다. 주식을 잘 사고팔면 돈을 벌 수도 있지만 펀드 상품처럼 장기 보유할 경우 20년을 갖고 있어도 수익을 거의 얻을 수 없다는 뜻이다.

기억하는 사람이 거의 없겠지만, 1990년대 초만 해도 대만은 우리가 따라가야 할 모델 중 하나였다. 높은 경제 성장률뿐만 아니라 산업 구조에서도 재벌 중심의 우리나라와 달리 중소기업 중심의 균형 잡힌 경제 구조를 자랑했다. 일본 식민지 시절 닦아놓은 인프라와 국민당 정부가 펼친 개발 정책의 영향으로 전자 제품을 중심으로 경제가 급성장했다. IMF 기준으로 대만은 1983년 선진국으로

---

* 에드워드 프레스콧(Edward Prescott) 교수는 일본이 장기 불황에 빠진 원인은 생산성 증가율이 하락했기 때문이라고 봤다. 이에 대해 금리와 소비세를 올리는 등 잘못된 정책 대응을 꼽는 주장도 있지만, GDP 갭 등에서 보듯 대개 수요 부족이 주요 원인이라고 본다. 박상준(2016), 《불황터널》, 매일경제신문사.

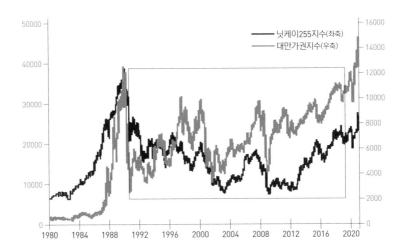

[그림 2] 박스권에 갇힌 일본과 대만의 주가지수 추이

닛케이255지수(좌축)
대만가권지수(우축)

출처 : 블룸버그

분류됐는데, 이는 개발도상국이 선진국으로 뛰어오른 최초의 사례였다. 그러나 1980년대 중국이 국외 기업에 문을 열자 대만 기업들은 원가 절감을 위해 중국으로 생산 시설을 이전하기 시작했다. 대만 신발 업체의 80퍼센트 가량이 중국 남부로 생산 시설을 옮겼다. 당연히 국내 투자와 고용이 감소했다. 이는 총수요 부진으로 이어졌다. 여기에 2000년대 초반 세계적인 IT 버블 붕괴가 나타나면서 경제는 휘청거리기 시작했다. 2012년 대만을 찾았을 때 현지인들이 자신들도 일본처럼 '잃어버린 20년'을 겪고 있다고 했는데, 이는

결코 과장이 아니었다. 여기에 내재된 메커니즘은 무엇일까?*

　제조업이 지닌 경쟁력의 원천은 기술력과 가격이다. 그런데 제조업을 중심으로 국가 경제가 성장하다 보면 어느 순간 임금과 땅값 등 요소비용이 증가해 가격 경쟁력이 떨어진다. 일본, 대만, 한국 등 어느 정도 수준에 이른 국가의 기업들이 요소비용이 싼 중국, 베트남 등으로 생산기지를 이전하는 이유가 여기에 있다.

　섬유업을 하는 내 친구는 20년 전 중국으로 건너가 현지 공장에서 제품을 생산해 미국에 팔고 있다. 특별한 기술적 우위가 필요하지 않은 섬유업은 경쟁력을 높이기 위해선 생산 비용을 낮출 수밖에 없기 때문에 일찌감치 중국으로 공장을 옮겼다. 그런데 최근 중국의 인건비가 가파르게 오르자 인도네시아 등으로 생산기지를 옮기려고 준비 중이다. 요소비용 이외에도 기업 규모가 커지면 관세 장벽을 회피하거나 생산기지의 글로벌 분산을 위해 국외로 나가게 된다. 그만큼 국내에서의 투자와 고용은 줄어든다. 과거에 우리나라 대기업들은 다른 나라에 공장을 준공할 때 언론에 크게 알렸지만 요즘은 조용히 공장을 짓는다. 국내의 고용과 성장에 좋지 않은 영향을 주기 때문이다.

　이를 글로벌 가치사슬Global Value Chain 관점에서 이해해보자. 애플의

---

*　대만은 코로나19 와중에 반도체 활황으로 주가가 60퍼센트 급등하며, 1만 6000포인트 선에 이르렀다. 2021년 5월 현재 거의 30년 만에 주가 박스권을 탈출했다.

아이폰을 만드는 가치사슬에는 45개 국 1049개 기업이 얽혀 있다. 이 중 상위 200개 기업의 국적을 살펴보면 대만 46개 사, 중국 41개 사, 일본 38개 사, 미국 37개 사, 한국 13개 사다. 아이폰X를 예로 들면 소매가격 1200달러 중 부품 비용이 370달러를 차지하는데, 단일 기업으로는 삼성디스플레이가 가장 많은 110달러를 가져간다. 국가로는 일본이 가장 많이 가져간다. 대만 기업 폭스콘^{Foxconn}이 아이폰 생산기지로 언론의 주목을 받고 있지만, 아이폰X 조립 비용은 제품 가격의 2퍼센트에 불과하다. 이처럼 선진국의 브랜드 기업이 원천 기술 개발과 상품 디자인을 담당하고, 부품에 특화된 전 세계 기업들이 부품 공급과 조립을 담당하면서 글로벌 가치사슬이 형성된다.[6]

제조업이 성장하던 초기에 우리나라 기업들은 글로벌 가치사슬의 맨 밑단에 위치했다. 기술력이 달리고 값싼 노동력을 제공하는 기업이 대부분이었기 때문이다. 그러나 글로벌 기업으로 성장하면서 우리나라 제조 기업들은 가치사슬의 정점으로 옮겨갔다. 가치사슬의 정점으로 향할수록 1인당 부가가치는 높아지지만 해당 기업의 국내 투자와 고용은 줄어든다. 글로벌 현지 생산을 늘리는 만큼 국내 고용유발계수가 낮아져 기업이 성장하는 것에 비해 상대적으로 고용이 이루어지지 않기 때문이다.

고용유발계수는 특정 재화를 10억 원어치 생산하기 위해 직접적으로 고용되는 임금 근로자 수와 이로 인해 다른 부문에서 간접적으로 고용되는 임금 근로자 수를 합한 값이다. 우리나라 제조업의 고용유발계수는 2018년 현재 4.68명으로, 2000년의 10.11명에 비해 대폭 줄어들었다. 특히 주력 산업인 반도체와 디스플레이의 고용유발계수는 각각 1.6명과 2.88명에 불과하다. 컴퓨터와 통신기기도 2.86명, 2.49명밖에 되지 않는다. 석유화학은 2.44명, 석유정제는 0.68명이다. 제조업 중에서도 장치 산업인 중화학공업 중심인 우리나라는 제조업의 고용유발계수가 낮은 편이다. 반면 서비스업은 그 값이 9.41명으로, 제조업의 2배가 넘는다.[7]

개별 기업 측면에서 생산기지를 인건비가 저렴한 국외로 이전하면 기업의 수익이 좋아지고, 주가가 올라간다. 하지만 국내 고용이나 생산에 대한 기여는 그만큼 떨어져 국가 경제 성장에는 크게 도움이 되지 않는다. 이러다 보니 제조업 국가는 경제가 성장할수록 국내 고용이 둔화될 뿐 아니라 그나마 있는 고용도 국외로 이전되는 경향을 보인다. 결국 고용되지 않은 사람, 서비스업의 생산성 낮은 근로자와 제조 대기업의 생산성 높은 근로자 사이의 임금 격차는 점점 더 벌어진다. 경제가 성장할수록 임금 근로자 간의 양극화가 일어나는 이유도 바로 여기에 있다. 소득 양극화는 소비 수요를 줄인다. 때문에 투자 수요와 함께 전반적으로 수요 부족이 발생한다.

제조업의 함정은 이뿐만이 아니다. 제조업 수출 기업의 경쟁력이 높아지면 국외에서 벌어들이는 돈이 늘어나 무역수지가 흑자가 된다. 2010~2014년 우리나라 무역수지는 연평균 380억 달러였으나 2015~2018년에는 860억 달러로 2.3배 증가했다. 이러한 무역수지 흑자는 환율 강세 압력을 가한다. 수출 대기업을 제외한 중소 제조 기업들은 환율이 약세가 되어야 수출 경쟁력이 올라가는데 대

기업이 벌어들이는 무역수지 흑자 때문에 환율이 강세가 되면 그만큼 대외 가격 경쟁력이 떨어지게 된다. 큰 나무 주위에는 햇볕이 적게 들어 작은 나무들이 크게 자라지 못하는 것과 마찬가지다.

제조업의 이런 태생적 메커니즘은 제조업 국가의 지속적인 성장을 어렵게 할 뿐 아니라 심할 경우 나락에 빠뜨리기도 한다. 여기서 하나 의문이 든다. 같은 제조업 국가이고 경제 규모가 큰 독일과 미국은 제조업의 저주에서 어떻게 벗어난 것일까?

독일의 구세주, 유로화

1980년대 독일 마르크는 일본 엔화와 거의 같은 성격의 통화였다. 독일, 일본 모두 막대한 경상수지 흑자를 기록한 제조업 중심 국가이다 보니 환율이 비슷하게 움직였고 통화 또한 국제적으로 신뢰를 받았다. 그런데 1985년 미국은 경상수지와 환율 균형을 잡기 위해 플라자 합의Plaza Accord를 요구한다. 미국의 달러 약세를 유도하는 플라자 합의가 체결되자 마르크의 가치는 상승했다. 마르크의 가치가 올라가자 독일은 산업 공동화, 고임금 문제를 겪게 된다. 설상가상으로 동서독 통일에 따른 재정 지출이 급증하면서 1990년대에는 인플레이션과 재정 적자 등 복합적인 어려움에 빠진다. 인플레이션을 잡기 위해 도입한 고금리 정책은 실업률을 높였다. 결국 1990년대부터 2000년대 중반까지 독일은 영국에 이어 '유럽의 병자'로 불리게 됐다. 일본만 1990년대에 어려움을 겪은 게 아니다.

그러나 지금 두 나라의 상황은 완전히 다르다. 일본은 아베 신조安倍晋三가 총리로 취임하면서 '기동적 재정 정책' '과감한 양적완화' '구조 개혁을 통한 성장'이라는 3개 화살을 쏘며 반등을 꿈꿨지만, 여전히 저성장에서 벗어나지 못하고 있다. 반면 독일은 유럽의 슈퍼스타가 됐다.

2000년 기준으로 일본과 독일이 OECD 전체에서 차지하는 GDP 비중은 각각 14.6퍼센트, 5.8퍼센트였다. 그러나 2018년에는 이 값이 5.8퍼센트, 4.7퍼센트로 차이가 줄었다. 같은 기간 독일의 경제 규모는 일본의 40퍼센트 수준에서 80퍼센트까지 따라잡았다. 2000년 이후 19년간 일본 주가는 21퍼센트 오르는 데 그쳤지만, 독일 주가는 무려 86퍼센트 상승했다. 제2차 세계대전 이후 두 국가 모두 전범 국가의 낙인에서 벗어나 고성장 가도를 달리다가 1990년대 잃어버린 10년의 세월을 보냈는데 처지가 완전히 달라진 것이다. 이유는 어디에 있을까? 답은 유로화(단일통화)에 있다.

독일은 1999년 유로화 출범 이후(초기 유로화는 결제를 위한 가상화폐였고, 2002년부터 법정통화로 지폐와 주화가 발행됐다) 2000년대 중반부터 경제 강국으로 재도약했다. 이 기간 독일의 성공에는 게르하르트 슈뢰더 Gerhard Schröder 총리의 하르츠 개혁*과 유로화 단일통화 출범 2가지가

---

* 2003년 인구 8250만 명의 독일에서 실업자가 400만 명이 넘었다. 근본적인 개혁 필요성이 제기되면서 '아젠다2010'이 탄생했다. 이 중 노동 시장 개혁이 하르츠 개혁이다. 하르츠 개혁은 노사관계 유연화와 자율적 임금 결정이 핵심이다. 개혁의 영향으로 2013년 실업자 수는 300만 명 아래로 떨어졌다.

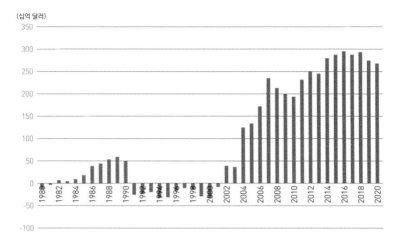

[그림 3] 통화 통합 전후의 독일 경상수지 변화

(십억 달러)

출처 : IMF

중요한 역할을 했다. 하르츠 개혁은 2002년 독일 정부가 추진한 방안으로, 핵심은 노동 시장의 유연화다. 일반적으로 독일의 재도약을 두고 통일, 하르츠 개혁, 독일 제조 부문의 기술력과 품질 경쟁력의 우위가 큰 역할을 했다는 해석이 많다. 구조 개혁, 통화 통합, 제조 부문의 기술력 3가지 중 지금의 경쟁력을 만든 이유를 하나만 꼽으라면 나는 단연 통화 통합을 들 것이다. 그 이유는 독일의 경상수지 그래프를 보면 알 수 있다.(그림 3 참조)

독일의 경상수지는 단일통화가 출범하기 이전 100억~300억 달러 적자를 보이다가 단일통화 출범 이후 흑자로 전환했다. 2020년에는 2700억 달러 흑자를 달성했다. 2002년 이후 독일의 경제 지표는 경상수지를 중심으로 확연하게 좋아졌다. 2008년 글로벌 금융위기를 겪은 후에는 그 탄력이 더욱 강해졌다. 구조 개혁을 한 나라는 독일 이외에도 많다. 그러나 그들이 모두 독일 같은 성과를 낸 것은 아니다. 따라서 독일의 눈부신 성취는 구조 개혁 이외에 단일통화의 뒷받침이 있었기에 가능했다고 봐야 한다.

여러 국가가 유로화처럼 단일통화를 사용할 경우 경쟁력이 강한 곳, 다시 말해 생산성이 높은 나라가 유리해지는 것은 당연하다. 단일통화로 묶인 지역들끼리는 서로 무역 거래가 활발해지고 외환 불확실성도 사라진다. 생산성 이외에는 따질 요인이 거의 없으므로 독일처럼 생산성 높은 나라의 기업이 경쟁에서 우위에 서게 된다. 반면 이탈리아, 스페인처럼 상대적으로 생산성 낮은 나라는 경제 체질을 개선하지 않는 한 만성적으로 취약한 모습을 보이게 된다.

2010년 그리스를 시작으로 2013년까지 유럽연합^{European Union, EU}이 겪은 위기는 단일통화가 도입된 후 10년간 이 같은 모순이 누적되어 일어난 사건이었다. EU 회원국 각 나라의 내부 사정을 들여다보면 명암은 더욱 극명해진다. 2008년 금융위기 이후 2010~2014년 EU 회원국들의 평균 실업률은 11.0퍼센트였다. 그러나 자세히 들여다보면 스페인은 23.4퍼센트의 실업률을 기록한 반면 독일은 5.8퍼센트에 그쳤다. 2005년 독일의 실업률이 11.1퍼센트였다는 점을 감안하면 상전벽해 수준이다. 경제 성장률도 비슷한 패턴을 보였다. 2010~2013년 독일의 연평균 성장률은 2.1퍼센트인 데 반

해 나머지 유로존 국가들은 0.6퍼센트 성장하는 데 그쳤다.[8]

결국 EU 회원국 중에서도 포르투갈, 이탈리아, 그리스, 스페인 등 경쟁력이 약한 나라들은 유럽 재정 위기를 겪으며 PIGS^{Portugal,} ^{Italy, Greece, Spain}로 분류되는 수모를 겪게 된다. 유럽 재정 위기 이후 단일통화 제도의 영향으로 환율이 평가절하되지 않은 PIGS 국가는 고평가된 환율에 맞춰 경제 구조를 바꿔야 했다. 작은 옷을 사놓고 그에 맞춰 살을 빼야 하는 격이었다. 앙겔라 메르켈^{Angela Merkel} 독일 총리가 채찍을 들고 서 있는 가운데 감량 목표를 보면서 트레드밀을 힘겹게 뛰고 있는 돼지^{PIGS}들의 모습이 떠오르지 않는가.

단일통화가 유럽 각국에 미친 영향을 좀 더 자세히 추적해보자. EU 11개 국은 1999년 1월 1일 0시부터 단일통화인 '유로'를 도입했다. 도입 당시 환율은 '1유로=1ECU'였다. ECU는 유럽 통화 단위로, 회원국 화폐의 가치를 '가중평균'한 일종의 바스켓 통화다. 이에 따라 1유로는 독일 마르크 1.95583, 프랑스 프랑 6.55957, 이탈리아 리라 1936.27, 스페인 페세타 166.386로 사용되었으며, 2002년 1월 1일부터 모든 실생활에서 쓰이게 됐다.

단일통화를 사용한다는 것은 이론적으로 환율에 각 국가의 거시경제 상황이 평균적으로 반영됨을 의미한다. 쉽게 풀어보자. 예를 들어 5개 국의 경쟁력에 따른 환율이 2, 3, 3, 5, 7이라고 하면 평균 4가 된다($(2+3+3+5+7)÷5=4$). 그러면 1유로는 4가 될 것이다. 이렇게 되면 2인 국가는 환율이 고평가되고 7인 국가는 환율이 저평가된다. EU 회원국들은 경상수지, 재정수지, 물가, 실업률 등 모든 지표가 국가마다 다양하다. 경쟁력이 7에 해당하는 독일은 환율이 4로 저평가되니 EU 역내 시장뿐만 아니라 글로벌 시장에서도 수출 경쟁력이 높아진다.

이로 인한 효과는 각국의 단위노동비용, 경상수지를 보면 알 수 있다. 산출물 1을 생산하는 데 소요되는 노동비용인 단위노동비용을 비교해보자.(그림 4 상단 참조) 독일은 2009년 단위노동비용이 107 정도이고 이탈리아, 그리스, 스페인은 135~145 정도였다.[9] 노동비용이 증가하거나 노동생산성이 떨어질 경우 단위노동비용이 증가하는데, 단위노동비용의 증가는 어떤 경우든 산출물의 경쟁력이 떨어짐을 의미한다. 이 경우, 환율이 약세를 보이면서 가격 경쟁력 약화를 보완해줘야 하는데 단일통화를 사용하면 그 충격을 국내 경제가 경쟁력 약화라는 형태로 고스란히 떠안아야 한다.

그 결과는 경상수지에서 바로 나타난다.(그림 4 하단 참조) 독일은 경상수지 적자였다가 2002년 흑자로 돌아서서 2015년 GDP 대비 경상수지 흑자가 8.6퍼센트에 이르렀다. 반면에 스페인, 이탈리아, 그리스, 포르투갈은 통화 통합 이후 경상수지 적자가 크게 확대됐다. 다만 유럽 재정 위기 이후인 2012년부터는 개선되고 있다. 유로화 약세와 다이어트의 결과다.

독일은 GDP 기준 경제 규모가 우리나라의 2.3배에 이른다. 이 정도 규모의 선진국이 2019년 현재 GDP 대비 7퍼센트의 경상수지 흑자를 기록한 것은 대단한 성적이다. 2002년부터 17년 동안 경상수지 흑자 누적액만 3조 8000억 달러(4200조 원)에 이른다. 독일

[그림 4] EU 각국의 단위노동비용

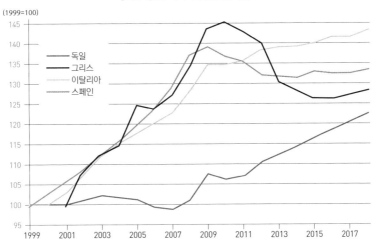

출처 : Beatrice Pierluigi et al.(2018)

EU 각국의 경상수지/GDP 추이

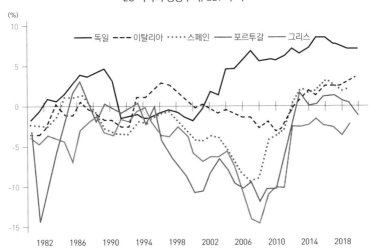

출처 : IMF

은 최근 5년 동안 직접투자와 간접투자를 통해 해외로 내보낸 돈이 1500조 원을 넘어선다. 재정 지출 또한 방만하지 않아 GDP 대비 국가 채무 비율이 글로벌 금융위기 직후인 2010년 82.3퍼센트에서 2018년 현재 61.7퍼센트로 줄어들었다.

물론 통화 약세가 능사는 아니다. 통화 약세가 강력한 효과를 발휘하려면 기업의 경쟁력이 뒷받침되어야 한다. 기업 경쟁력은 기술 우위, 구조 개혁으로 생산성이 높아졌을 때 얻을 수 있다. 우리나라는 1997년 외환위기 때 뼈를 깎는 고통을 감내했는데, 그 구조조정의 효과가 2008년 글로벌 금융위기 때 나타났다. 기업 경쟁력을 확보한 상황에서 달러 대비 원화 환율이 1600원까지 상승하자 수출 경쟁력이 대폭 증가한 것이다. 이는 독일이 노동 시장 유연화를 중심으로 하는 하르츠 개혁안을 2003년부터 단계적으로 실시하고 난 뒤 유로화가 약세를 보였을 때 경제가 급성장한 것과 동일한 맥락이다.*

정리하면, 제조업 강국 독일이 유럽의 병자에서 슈퍼스타로 변모한 것은 서독과 동독의 통일 때문이 아니라 EU 회원국이 통화를 통일한 덕분이다. 이를 통해 독일은 제조업의 위기를 극복할 수 있었다. 물론 여기서 높은 제조업 경쟁력은 필요조건이다.

---

* 남유럽 국가들이 2010~2021년까지 위기에 빠진 것은 방만한 재정 운용이 아니라 통화 통합때문이라고 강하게 주장하는 사람은 스티글리츠(Joseph E. Stiglitz)이다. 〈파이낸셜타임스〉의 칼럼리스트인 마틴 울프(Martin Wolf)의 생각도 마찬가지다.

한 손에는 달러, 한 손에는 혁신

찰리 채플린^{Charles Chaplin}이 1936년에 만든 영화 〈모던 타임즈〉는 미국이 대공황에 빠지면서 겪게 된 여러 사회문제를 압축해서 보여 준다. 컨베이어벨트의 부속품이 된 노동자, 일하면서 식사할 수 있게 하는 기계로 대표되는 노동 소외 현상부터 파업으로 아버지를 잃은 젊은 여성이 겪는 사회적 약자의 아픔까지 산업화 초기 미국의 실상을 엿볼 수 있다.

이렇듯 뼈 아픈 대공황의 위기를 극복한 미국은 제2차 세계대전 전후 세계의 공장 자리에 올라선다. 1952년에는 선진국 생산품의 거의 60퍼센트를 만들어냈으며, 전 세계 기업 자본스톡의 절반을 차지했다. 1950년 1인당 총생산 수준은 미국을 100으로 잡을 때 영국은 55, 독일 37, 이탈리아 25였다. 미국의 노동자 1인당 생산성은 영국의 2배였고, 독일의 3배를 넘었다. 1953년 미국의 공산품 생산량은 독일보다 5배, 일본보다 17배 많았다. 한마디로 미국은 제조업의 왕이었다.[10] 그러나 이 시기가 미국의 정점이었다.

1955~1970년 미국 제조업의 자본스톡이 74퍼센트 증가할 때 유럽 주요국들은 115퍼센트, 일본은 무려 500퍼센트 증가했다. 같은 기간 평균 생산성은 미국이 3분의 1 상승한 반면 유럽은 2배, 일본은 5배 늘어났다.[11] 영국이 미국에 따라잡혔듯, 미국 역시 독일과 일본에 따라잡히게 된다.

일본과 독일은 경상수지 흑자를 통해 달러를 쌓아 나갔다. 반면 미국은 1970년 말 무역수지 적자가 늘고 금 유출이 확대되면서 금

보유고가 100억 달러 수준으로 줄어들었다. 사람들이 달러를 팔고 마르크나 엔화를 사들이면서 독일과 일본 중앙은행의 창고에는 달러가 쌓이게 됐다. 그러자 두 국가는 달러를 미국에 보내 금으로 바꾸려 했다.

위기를 느낀 닉슨^{Richard Nixon} 미국 대통령은 1971년 8월 15일 달러를 금으로 바꾸어주는 금 태환을 전격 중지했다. 달러를 금의 족쇄에서 해방시킨 결정이었다. 이를 '닉슨 쇼크'라고 부르는데, 이 영향으로 유럽 외환 시장은 일시적으로 문을 닫게 된다. 일본은 고민 끝에 360엔을 기준으로 거래를 계속했다. 금 태환 창구가 폐쇄된 이후에도 핵심 국가들은 달러에 대해 자신들의 통화가 자유롭게 변동되는 것, 다시 말해 자국 통화의 평가절하에 저항했다. 그러나 1971년 12월 18일 서방 10개 국 재무장관들이 미국의 스미소니언 박물관에 모여 달러 평가절하에 합의했다. 그 뒤에도 달러 가치가 계속 떨어지자 1976년 변동환율제를 골자로 하는 킹스턴 체제^{Kingston System}가 출범한다.[12]

1980년대는 대공황 이후 미국이 가장 어려운 시기였다. 우선 경상수지 적자가 급속하게 증가했다. 1970년대 미국의 경상수지는 연평균 2억 5000만 달러 흑자였으나 1984~1988년에는 연평균 1240억 달러 적자로 급변했다. 1985년 플라자 합의를 통해 달러 가치를 30퍼센트 하락시키고 나서야 미국의 무역수지는 완만하게 악화되는 수준에서 멈췄다. 그러나 위기는 끝나지 않았다. 1981~1988년 레이건^{Ronald Reagan} 행정부 시절 국가 채무는 줄곧 늘어나 7000억 달러에서 2조 달러를 넘어섰고 경상수지, 재정수지 쌍둥이 적자는 더욱 심각해졌다.

그리고 1987년 10월 검은 월요일 Black Monday 을 맞는다. 하루 만에 다우지수가 22퍼센트가 폭락했다. 1929년 대공황을 촉발시킨 검은 금요일의 손실보다 큰 규모다. 여기에 더해 저축대부조합 Savings and Loan association, S&L 이 부실화하면서 1989년 대다수 조합이 법적으로 파산했는데, 그 피해 규모가 1조 5000억 달러에 달했다. 그야말로 1980년대 말 미국은 대공황 이후 최악의 시기를 맞았다. 중소 은행들이 연달아 파산하고 시티은행, 체이스맨해튼 같은 거대 은행들도 위험한 상황에 처했다. 거대 은행들 역시 투기성 대출을 안고 있었는데, 1980년대 초 남미 대출에 문제가 생기자 이를 만회하고자 부동산 대출 잔치를 벌였다가 부동산 호황이 붕괴되면서 큰 혼란을 겪었다.[13]

하지만 거칠게 파도가 몰아치는 곳 저 깊이에서는 새로운 흐름이 일어나고 있었다. 변동환율제 도입으로 금의 족쇄에서 벗어난 미국은 달러를 마음껏 쓸 수 있는 기반을 마련했다. 여기다 1985년 플라자 합의로 제조업 경쟁국이던 일본과 독일에 대해 환율을 대폭 절하했다. 또한 미 중앙은행 총재 폴 볼커 Paul Volcker 는 지속적인 통화긴축으로 미국의 물가 불안을 구조적으로 안정시켰다. 1980년대 말에도 실업률은 여전히 높았지만 저축대부조합과 거대 은행의 부실 채권을 정리하는 등 나라 전체가 구조조정에 들어갔다.

내부를 단속하면서 미국은 최강의 경쟁 상대로 떠오른 일본을 공격하는 데 나섰다. 당시 일본은 장기적 관점에서 경제를 이끌 첨단산업으로 반도체 산업을 육성하고 있었다. 통산산업성의 보호와 육성 아래 반도체 산업을 주도하던 미국에 도전장을 던진 것이다. 1980년대 초 일본은 반도체 최강자 인텔^{Intel}을 앞지르면서 세계 시장을 잠식해갔다. '제2의 진주만 습격'이라는 비유가 회자될 정도로 일본 반도체 기업들은 미국 반도체 산업에 치명타를 입혔다. 그러자 미국이 움직이기 시작했다. 먼저 미국의 마이크론^{Micron}은 일본의 반도체 기업 히타치^{日立}, 미쓰비시^{三菱}, 도시바^{東芝}, NEC 등 7곳을 덤핑 혐의로 무역대표부^{United States Trade Representative, USTR}에 제소했다. 이어 인텔, AMD도 제소에 나섰다. 미국 상무부는 한발 더 나가 기업의 제소 없이도 직권으로 덤핑 여부를 제소할 수 있는 직권 조사를 발동했다. 더 이상 견딜 수 없었던 일본은 1986년 미·일 반도체 협정을 맺는다. 이 협정은 미국에 대한 항복 문서에 다름 아니었다. 협정을 체결한 이후에도 미국은 보복관세, 일본 반도체 산업 감시를 이어갔다.[14] 인텔이 유대인 기업이라 일본은 그때 받은 공격으로 유대인들에 대해 좋지 않은 기억을 가지고 있다.

1985년 플라자 합의, 1986년 미·일 반도체 협정, 1987년 루브르 합의^{Louvre Accord},* 1990년대 일본의 자산 버블 붕괴 등으로 일본이 정신을 차리지 못할 때 미국에선 큰 판 2개가 흔들리면서 지형

---

* 1985년 플라자 합의 이후 환율만으로 대외불균형 조정에 한계가 있다고 판단하여 1987년 3월 미국 재정적자 비율 축소, 일본과 독일의 내수확대를 골자로 하는 루브르 합의를 체결한다. 이때의 내수 확대 정책으로 자산 버블이 본격화됐다.

의 변화가 일어나고 있었다.

먼저 세계 정치 지형의 새로운 판이 깔리고 있었다. 1989년 11월 9일, 베를린 장벽이 무너졌다. 제2차 세계대전 후 유럽 민주주의 국가들이 모두 사회주의를 지향할 정도로 중앙계획경제의 위력이 컸는데, 이 흐름이 바뀌기 시작한 것이다. 연이어 폴란드, 체코슬로바키아 등 동유럽이 체제 전환에 나섰고, 급기야 1991년 12월 25일 크리스마스에 소련연방이 해체됐다. 소련의 붕괴로 사회주의 견제라는 방대한 실험은 막을 내리고 시장경제가 승자가 됐다. 이는 미국이 체제 경쟁을 하면서 동맹국의 물건을 사주고 국제 운송의 안전을 보장하는 등 시장경제 국가의 경제를 확대시킨 결과였다. 마셜플랜이 대표적인 예다.

산업 지형도 달라졌다. 1995년 8월 9일 실리콘밸리의 한 작은 소프트웨어 벤처 회사인 넷스케이프 Netscape가 주식 시장에 상장했다. 창업한 지 2년도 안 된 이 회사는 변변한 매출도 없었다. 그런데 주가가 상장 첫날 28달러로 시작해 71달러까지 상승하면서 3개월 만에 델타항공 Delta Air Lines의 시가총액을 앞질렀다. 이 상징적인 사건은 미국 IT 부흥의 시작을 알리는 신호탄이었다. 미국에서는 한 세기에 한 번 있을까 말까 한 기술 혁신이 연달아 일어났다. 반도체 칩을 만들고, 네트워크를 구축하고, 소프트웨어를 제작하고, 플랫폼이 아날로그에서 디지털로 옮겨가기 시작했다. 2001년 들어 IT 버블이 잠시 꺼지긴 했지만 미국과 미국 기업들은 기술 산업의 변화를 선도할 경쟁력을 갖추게 됐다. 2008년 글로벌 금융위기가 닥쳤지만 미국은 여전히 혁신을 선도해 나갔다. 1980년대 반도체, 1990년대 인터넷, 2000년대 스마트폰, 2010년대 인공지능과 빅데이터 등 혁신의 중심에는 항상 미국 기업이 있었다.

2020년 1월 기준 알파벳(구글), 아마존, 애플, 마이크로소프트, 페이스북의 시가총액은 5조 6000억 달러에 달한다. 2020년 한 해 동안 증가한 이들 5개 기업의 시가총액은 독일 주식 시장의 시가총액과 맞먹는다. 애플의 영향력은 1910년대 스탠더드오일 Standard Oil 이나 US스틸 US Steel 만큼 커졌다. 현재 미국과 중국은 세계 플랫폼 기업 시가총액의 90퍼센트를 차지하고 있으며, 아프리카와 남미는 1퍼센트에 불과하다. 유럽은 SAP 정도가 시가총액 1600억 달러 정도인데 이는 애플의 10분의 1 수준이며 삼성전자의 절반에 불과하다.[15]

테크 산업을 중심으로 한 기업 전쟁에서 미국이 압도적 1위를 차지한 가운데 유럽은 뒤처졌으며, 중국이 이에 강력하게 도전하는 형국이다. 2018년 시작된 미·중 무역전쟁의 본질을 '테크 전쟁'으로 봐야 하는 이유가 바로 여기에 있다.

미국의 성공을 혁신으로만 설명할 수는 없다. 미국의 강점은 보이지 않는 곳에 있다. '달러'라는 무기가 그것이다. 미국이 우리나라의 현대차를 1억 달러에 사고 싶다면 달러를 프린트해서 구입하면 된다. 1억 달러 가치와 1억 달러를 프린팅하는 비용의 차액을 시뇨리지 seigniorage (주조차익)라 부르는데, 국제통화를 보유한 국가가 누리는 경제적 이익이다.

우리나라는 원유를 1억 달러어치 구입하고 싶으면 원화가 아닌 달러로 구입해야 한다. 물론 우리도 한국은행에서 원화를 1100억 원 발행해서 외환 시장에서 1억 달러로 바꿔 원유를 구입하면 된다. 하지만 원화를 대량으로 찍어내면 외환 시장에서 원화의 가치가 떨어져 우리나라 총 부^{wealth}의 대외 가치가 하락한다. 그래도 계속 원화를 발행하면? 외환 시장에서 우리나라 돈을 받아주려 하지 않는다. 돈을 마구 찍어되던 남미 국가들이 금융위기에 빠진 이유가 바로 여기에 있다.

반면 달러는 국제통화이기 때문에 수요자가 많아서 공급을 어느 정도 늘리더라도 가치가 떨어지지 않는다. 코로나 팬데믹 상황에서 미국이 천문학적 자금을 재정 정책에 동원할 수 있었던 것은 바로 이 때문이다. 기축통화로서의 지위 자체가 주는 경제적 이익은 이처럼 크다.

기축통화라고 해서 무조건 주조차익이 생기는 것은 아니다. 주조차익을 얻으려면 금의 족쇄에서 풀려나고 신뢰를 확대해야 한다. 미국이 달러를 기축통화의 위치에 올려두고 막대한 주조차익을 얻기까지의 과정은 순탄하지 않았다. 미국은 제1차 세계대전이 끝나고 독일의 전쟁 배상금 문제가 풀리지 않았을 때 달러의 국제화를 시도했다. 미국은 유럽 국가들에 받을 돈이 있었고, 독일은 유럽 국가들에 배상금을 주어야 했다. 그래서 미국은 독일에 달러를 빌려줘 이 달러로 독일이 유럽 국가들에 돈을 갚게 하고 그 달러가 다시 미국으로 돌아오게 했다. 달러 국제화의 시작이었다. 전후 재건 시기 미국은 마셜플랜을 통해 유럽에 달러 선물을 퍼부었다.

그러나 그 여파로 미국은 1971년 금 태환을 중지하고 5년 후 변동환율 제도를 채택하면서 금이 아닌 다른 것의 가치를 통해 달러의 가치를 유지해야 했다. 자칫하면 독일이나 일본에 기축통화의 지위를 내줘야 할지도 모를 상황이었다. 하지만 미국은 이를 극복하고 경제, 군사, 문화, 정치, 외교 등 다방면에서 지배적인 지위를 차지하게 된다. 달러는 명실상부하게 기축통화 레이스에서 선두로 치고 나왔다. 이 일련의 사건들이 우연의 결과인지 전략의 결과인지 알 수는 없지만.

우리가 주목할 부분은 달러가 기축통화의 지위를 확고히 한 덕분에 미국의 혁신이 가능했다는 점이다. 기축통화는 최후의 안전판 기능을 한다. 경제가 어려워지면 경기 부양을 위해 돈을 찍어내는 양적완화 정책을 취하거나 회사채, 주식을 중앙은행이 직접 사들이는 방법을 취할 수 있다. 혹은 정부가 발행한 국채를 사는 방식도 가능하다. 이런 정책을 지속적으로 남발하면 문제가 되지만, 일시적인 어려움에 대응해 기축통화를 발행하는 것은 통화의 신뢰성을 크게 떨어뜨리지 않는다.

최후의 안전판이 있으면 경제 주체들은 큰 부담 없이 리스크를 떠안는 경제 행위를 할 수 있다. 장기적으로 보면 주식이 오를 것이라는 믿음이 있기 때문에 주식 투자도 많이 한다. 미국은 그 어느 나라보다 국민들의 주식 보유 비중이 높다. 주식 시장에 자본이 꾸준히 들어오니 당연히 벤처 투자도 활성화된다. 상업의 신 헤르메스는 뱀 두 마리가 DNA 구조처럼 서로 엇갈려 있는 지팡이를 들고 다닌다. 미국의 혁신과 기축통화는 헤르메스의 지팡이처럼 서로 엮여서 시너지를 낳고 있다.

미국은 영국, 일본, 독일처럼 제조업 국가로 출발해서 여러 차례 위기를 겪었으나 이를 극복하고 슈퍼파워를 갖게 됐다. 이렇게 되기까지는 기술(혁신)과 기축통화의 역할이 컸다. 미국과 마찬가지로 거대 제조업 국가인 중국이 제조업 국가의 함정에 빠지지 않기 위해 기술과 기축통화를 지향하고 있는 이유다.

쿼바디스 코리아

'1955년에 상영된 영화 〈쿼바디스〉에서 베드로는 죽임이 두려워 로마를 빠져나온다. 그런데 십자가에 못 박혔던 자신의 스승 예수가 로마로 들어가지 않는가. 베드로는 "쿼바디스 도미네", "주여 어디로 가시나이까?"라고 묻는다. 나는 이렇게 묻고 싶다. 쿼바디스 코리아Quo Vadis Korea.' 우리나라 경제는 어디로 가고 있는 걸까.

우리나라는 소규모 개방경제 체제가 아니다. 전 세계 경제 규모로 볼 때는 소규모이지만 개별 국가들과 비교하면 결코 작지 않다. 소득 3만 달러, 인구 5000만 명이 넘는 국가는 전 세계에 7곳밖에 없다. 일각에서는 핀란드, 스웨덴 같은 강소국을 우리의 모델로 삼아야 한다고 하는데 인구 700만~1000만 정도인 나라들의 운영 구조를 따라할 수는 없다. 10명의 인력을 유지하는 기업과 1000명의 인력을 유지하는 기업은 전략부터 달라야 한다. 우리는 5000만 명이 잘 먹고 잘 사는 경제 구조를 만들어야 한다.

우리나라의 현재는 어떠한가? 1970년대 이후 제조업으로 고성장을 구가하다가 1997년 외환위기라는 암초에 부딪혔다. 외환위기는 자본을 대거 팔아서 부채를 갚아야 하는 고통스러운 과정이었다. 공장이 폭격을 맞은 것처럼 자본이 사라졌다. 외환위기를 '총성 없는 전쟁'이라고 하는 이유다. 이 과정에서 기업 지분을 외국인에게 팔아야 했고(현재 상장기업의 외국인 주식 지분율은 35퍼센트에 이른다), 160조 원에 이르는 공적자금을 투입하는 대가를 치렀다. 대신 부실 기업이 청산되고 살아남은 기업은 경쟁력이 높아졌다.

2000년대 중국 경제의 성장은 우리나라 경제에 하늘이 준 기회였다. 2008년에는 환율 약세의 이점을 살려 삼성전자, 현대차 등이 글로벌 기업으로 발돋움했다. 이제는 일본 전자업체의 이익을 모두 합쳐도 삼성전자를 따라잡지 못할 정도가 됐다. 반도체 뿐만 아니라 4차 산업혁명의 핵심인 2차전지도 세계적인 경쟁력을 갖추고 있다. 개발도상국 가운데 글로벌 자동차 브랜드를 가진 곳은 우리나라뿐이다. 1970~1980년대 한강의 기적에 이은 두 번째 기적이라 할 수 있다. 여기까지가 지금까지 써온 우리나라의 '성장 신화'다.

우리는 인구 5000만 명에 1인당 소득이 3만 달러를 넘는 나라가 됐다. 경제 규모가 큰 나라가 제조업으로 계속 성장하려면 끊임없이 내부와 외부의 도전을 이겨내야 한다. 제조업의 제품은 교역재이기 때문에 세계 각국의 교역재와 경쟁해야 한다. 가격과 품질이라는 2차원 좌표평면상에서 경쟁력이 떨어지는 제품은 시장에서 축출당할 수밖에 없다. 가격 경쟁력은 제조업 초기 단계의 국가를 당해낼 수 없다. 반면 품질은 선발 제조업 국가를 따라잡아야 한다. 그래서 우리 기업의 경쟁자에는 중국, 인도, 베트남뿐 아니라 미국, 독일, 일본 등이 모두 포함된다. 더욱이 선진국들이 자국의 고용률을 높이기 위해 국내외 기업의 공장을 국내로 다시 유치하면서 경쟁은 더 치열해지고 있다. 설상가상 중국, 인도 같은 후발국들이 앞다퉈 첨단 제품을 만들어내고 있다. 기술 제조업의 춘추전국시대가 도래한 것이다. 중화학공업이나 장치 산업 중심의 제조업을 운영하고 있는 우리나라는 글로벌 경쟁력을 가지고 성장하더라도 고용 유발 효과가 낮아 원하는 만큼 고용이 따라주지 못한다. 이는 실업 증가와 소득 양극화를 초래한다. 성장하지 못하더라도, 성장하더라도 문제가 따라오는 것이다. 극복해야 할 중요한 난제다.

외환위기를 통한 구조조정의 '약발'은 거의 소진됐다. 우리도 장기 저성장 압력에 직면해 있다. 여기에 고령화, 4차 산업혁명이라는 환경 변화가 가세하고 있다. 부정적인 요소와 긍정적인 요소가 혼재해 있는데, 부정적인 요소가 더 지배적인 상황이다. 제조업 국가의 함정에 빠져들지 않으려면 강력한 추진력이 있어야 한다. 지구의 중력을 탈출하려면 초속 11킬로미터의 추진력이 있어야 하듯, 제조업 국가의 함정이라는 중력을 이길 수 있는 추진력을 갖추는게 우리나라 경제의 과제다.

앞에서 살펴본 것처럼 독일은 통화 약세를 통해 제조업 경쟁력을 높였으며, 구조 개혁을 통해 도약했다. 일련의 정책이 제조업을 강화시키는 데는 도움이 됐지만 독일 경제가 너무 제조업에 쏠리게 된 약점을 만들어낸 것도 사실이다. 미국은 1980년대의 고통을 구조조정과 혁신으로 돌파했다. 여기에 기축통화의 지위를 공고히 하면서 슈퍼파워 위치를 되찾았다. 이를 위해 미국은 오랜 세월 동안 판을 만들고 판을 바꾸는 전략적 작업을 해왔다. 우리는 어떻게 해야 할까?

첫째, 제조업이 성장의 병목 구간에 들어선 우리나라는 유연한 환율 정책을 통해 제조업의 경쟁력을 유지해야 한다. 앞서 미국과 독일의 사례를 통해 환율의 중요성을 살펴보았다. 우리나라는 수출이 GDP에서 차지하는 비중이 1990년대에는 20퍼센트대였으나 현재는 35퍼센트 수준이다. 우리 경제는 수출 증가와 함께 한 단계씩 성장해왔는데, 그 이면에선 환율 상승(원화 약세)이 강점으로 작용했다. 환율이 크게 오른 1997년 외환위기 때 수출 비중은 35퍼센트, 2008년 글로벌 금융위기 직후는 43퍼센트에 이르렀다. 경상수지 흑자를 통해 들어오는 달러를 국외 투자를 통해 다시 외부로 내보내야 한다. 이를 통해 환율 강세를 막고 민간의 달러 보유량을 늘려야 한다. 외부 충격으로 외환 시장 변동성이 커지면 이렇게 축적된 달러가 공급되게 하면 된다.

둘째, 기업 규제를 강화하거나 국유화의 길을 걸어서는 안 된다. 남미 국가의 길을 경계해야 한다. 남미 국가들은 아시아 국가보다 먼저 성장했지만 아직도 중진국에서 벗어나지 못했으며, 이제는 불안정성의 대명사가 됐다. 아르헨티나는 제1차 세계대전이 발발하기 이전까지만 해도 유럽에서 "아르헨티나 사람처럼 부유하다"라는 표현이 쓰일 정도로 잘 살았다. 자원 부국인 데다 철도망의 중심지인 부에노스아이레스에 남미의 밀과 고기가 모여 다른 국가로 수출되는 글로벌 무역의 중심 국가였다. 자연스레 전 세계에서 자본이 유입됐다. 무역과 경제를 통해 세계 시장과 연결되고 자본을 통해 세계 자본 시장과 연결됐다. 이런 아르헨티나가 지금처럼 되리라고는 아무도 상상하지 못했다.

2020년 현재 아르헨티나의 주식 시가총액 10위 기업의 구성을 보면 통신 1개 사, 에너지 및 원자재 5개 사, 전기 1개 사, 은행 3개 사다. 제조업체라 할 만한 기업이 없다. 아르헨티나는 신문의 국제면에서 경제, 금융위기라는 말이 나올 때면 어김없이 등장하는 나라가 됐다. 왜 이렇게 됐을까? 세계적 경쟁력을 가진 제조업 기반이 없어 자본을 축적할 기회를 잃어버렸고, 축적된 자본이 없으니 생산성이 낮아졌기 때문이다. 아르헨티나 대통령이었던 후안 페론Juan Domingo Perón은 1947년 군사 쿠데타 이후 경제 독립을 내세워 철도, 전화, 가스, 전기 기업을 국유화하고 외국 자본을 배제했다. 이후 아르헨티나는 페론주의Peronismo의 부활과 이에 저항하는 시위가 난무하면서 쇠락해갔다.

셋째, 기축통화국이 아니면서 기축통화국 흉내를 내면 안 된다. 자존심 상하는 이야기이지만 우리나라 통화에 대한 선호도는 미국은 물론이고 일본, EU, 영국에 비해 훨씬 떨어진다. 궁금하면 아프리카에 가서 원화, 파운드, 유로, 엔화, 위안화를 보여준 뒤 선택하라고 해보라. K-팝을 즐긴다고 해도 그들이 선택하는 돈은 다를 것이다. 기축통화국들이 자국 통화를 대량 찍어낸다고 해서 우리가 이를 따라하면 안된다. 특히 '정부는 파산하지 않으므로 재정 적자와 국가 채무에 대해 화폐를 찍어 대응해도 된다'는 현대 통화 이론 Modern Monetary Theory, MMT을 경계해야 한다.

넷째, 제조업의 혁신을 통해 새로운 산업에서 경쟁력을 유지해야 한다. 투자를 계속 해야한다. 혁신은 투자에서 나온다. 혁신은 또한 고통을 유발한다. 혁신 기업의 성장을 도모하다 보면 퇴출되는 기업이 생겨나게 마련이다. 적절한 구조조정을 통해 이를 안착시켜 나가면서 혁신을 이어가야 한다. 우리는 그 효과를 외환위기와 뒤이은 코스닥 열풍에서 경험한 바 있다. 구조조정을 바탕으로 대규모 기술 투자가 이루어졌을 때의 효과를 주시해야 한다. 일본은 잃어버린 20년 동안 구조 개혁에 실패했다. 특히 1980년대 자산 버블이 꺼지면서 보유하게 된 막대한 부실 채권을 제대로 정리하지 못했다. 이 때문에 투자가 활성화되지 못했다. 또한 세계 산업 지형이 인터넷 중심으로 재편될 때 미·일 반도체 전쟁과 엔고에 대처하느라 기회를 놓치고 말았다. 1990년에는 시가총액 기준으로 세계 10대 IT 기업에 일본 기업이 8개 포함돼 있었지만 2000년에 들어오면 목록에서 일본 기업을 찾아볼 수 없게 됐다.

우리나라는 외환위기를 거치면서 기업·금융·노동·공공 4대 부문에서 대대적인 구조조정을 겪었다. 고통스러운 과정을 거쳐 2000

년대 중반부터 그 과실을 거두기 시작했다. 그 결과, 우리나라의 경제 규모는 GDP 기준으로 1990년 일본의 9퍼센트에서 지금은 35퍼센트까지 성장했다.

마지막으로, 큰 산업으로서의 서비스 산업을 새롭게 키워가야 한다. 서비스 산업의 부가가치, 일자리 창출 효과는 크다. 그러나 현재 우리나라 서비스 산업의 생산성은 제조업 대비 절반 수준이다. 고령화 시대에 주목받고 있는 의료와 관광에 과감하게 '산업'이라는 말을 붙이고 키워가야 한다.

이 다섯 가지 중 가장 중요한 하나를 꼽으라면 단연코 투자다. 투자는 자칫하면 경기 변동을 확대하거나 과잉 투자에 따른 버블을 불러올 수 있다. 하지만 코스닥 버블에서 보듯이 투자는 미래의 성장 씨앗을 심는 것과 같다. 제조업의 함정를 벗어나는 길은 혁신 부문에 대한 지속적인 투자다. 지금은 4차 산업혁명이라는 투자 기회까지 생겼다. 절호의 기회를 놓치지 말아야 한다. 기술 패러다임의 전환기는 기술 추격 국가가 기술 선진국을 앞설 수 있는 기회가 된다. 이는 F1 자동차 경주에서 코너를 돌 때 상대방을 추월할 실마리를 잡을 수 있는 것과 같다. 코너에서 뒤처지면 직선 길에서는 따라잡기가 어렵다. 기술 패러다임이 변화하는 시기에는 성장하는 분야에 과잉이다 싶을 정도로 투자해야 한다. 소소한 정책을 동원하는 것만으로는 장기 저성장에서 탈출하기 어렵다.

2
제로 모멘텀 사회

운동량^{momentum} 이 변하면 충격량이 된다.
– 뉴턴의 운동법칙

자동차 충돌 테스트 장면을 한 번쯤 본 적이 있을 것이다. 실험용 인형 '더미^{Dummy}'를 태운 자동차가 전속력으로 벽에 부딪힌다. 달리는 자동차의 운동량을 모멘텀^{momentum}이라 한다. 차가 벽에 부딪쳐 정지하면 모멘텀은 '제로⁰'가 된다. 모멘텀이 제로가 되는 순간, 운동량은 충격량으로 변한다. 충격으로 차가 부서지면서 운전석에 있던 인형은 자동차 핸들에 머리를 부딪치고, 설상가상 안전벨트가 없으면 창을 뚫고 밖으로 튀어 나간다.

대한민국은 산업화 이후 인구와 소득이 꾸준히 증가해왔다. IMF 외환위기를 어느 정도 이겨낸 2000년부터 20년간은 브레이크 없는 자동차처럼 모든 게 증가하는 관성 속에서 살아왔다. 1990년 이후 금리가 줄곧 하락하면서 주택 가격은 계속 올랐다. 기업들은 세계적인 경쟁력을 갖춘 글로벌 기업이 됐고, 디지털 시대에 맞게 기업의 체질을 빠르게 바꾸었다. 네이버, 다음, 카카오, 삼성바이오로직스, LG화학 등 새로운 기업들이 시가총액 10위 내에 들어왔다. 포스코 등 중공업 기업과 금융기관들은 10위권 밖으로 밀려났다. 아찔한 변화이자 눈부신 성과다.

하지만 자세히 들여다보면 성장을 이끌던 주요 모멘텀이 사라지고 있음을 알 수 있다. 금리는 제로 수준까지 떨어져 추가로 하락할 여지가 없다. 2000년부터 20년간 1만 달러에서 3만 달러까지 줄기차게 오르던 개인소득의 증가세는 더뎌지고 있다. 만 15세에서 65세까지 생산가능인구와 총인구 증가세가 멈췄다.

3가지 모멘텀이 사라지면서 충격을 받을 가장 대표적인 부분이 주택 시장이다. 주택 시장은 우리 가계의 자산과 부채를 대부분 차지하기에 주택 시장이 받는 충격은 경제의 다른 부문으로 고스란히 이어지게 된다. 제로 모멘텀 사회에서 주택 시장의 변화를 눈여겨봐야 하는 이유다.

금리, 소득, 인구의 성장이 멈춘다

고전 역학에서 모멘텀은 질량과 속도의 곱으로, 이를 운동량이라 부른다. 운동량은 질량이 클수록, 속도가 빠를수록 크다. 프로 권투 선수인 마이크 타이슨Mike Tyson은 37연승 19KO라는 대기록을 갖고 있는데, 그의 핵펀치는 헤비급 선수의 체중에 라이트급 선수의 펀치 스피드가 결합되었기에 가능했다.

　운동량이 변하면 충격량이 된다. 예를 들어, 시속 60km로 달리는 2000kg 자동차의 운동량은 '2000kg×16.66m/s(1초 동안 이동 거리)=3만 3320kg·m/s'이 된다. 그런데 달리던 자동차의 속도가 0이 되면 운동량 보존 법칙에 따라 그 운동량이 고스란히 충격량으로 변한다. 자동차 충돌 테스트처럼 부딪히는 물체가 쇠로 만든 두꺼운 벽이라면 3만 3320kg·m/s의 충격량이 모두 자동차에 가해진다. 2020년 우리나라는 금리, 소득, 인구 3가지 중요 변수의 모멘텀이 제로가 되고 있다. 벽에 부딪친 자동차처럼 그 충격량이 경제에 고스란히 전달될 것이다. 하나씩 살펴보자.

　제로 금리　제로 금리는 이제 우리에게 익숙한 말이 됐다. 국고채 3년 만기 금리도, 정기 예금 금리도 2020년부터 0퍼센트대에 들어섰다. '제로'라는 단어에 유의해야 한다. 금리에 마이너스가 드물다는 것을 감안하면, 제로 금리는 더 이상 금리가 내려갈 여지가 없다는 뜻이다. 이럴 때는 관성적으로 갖고 있던 관점을 의심하고 제로 금리 이후 펼쳐질 새로운 세상을 예상해봐야 한다. 금리는 투자, 저축, 소비, 부채, 주택 가격, 주식 가격 등 경제 전반에 두루 영향을 미치는 거시경제 변수다.

　제로 소득　앞으로 개인소득은 과거처럼 관성적으로 증가하기 어렵다. 개인소득의 정체는 어뢰처럼 표면에 드러나지 않지만 경제와 사회 전반에 막강한 영향을 미친다. 우리나라는 1999년 1인당 GDP 1만 달러, 2006년 2.1만 달러, 그리고 2017년 3.1만 달러를 달성하면서 외환위기 이후 거침없는 성장을 해왔다.* 그러나 앞으로는 이런 성장세가 주춤할 것이다. 일본의 1인당 GDP는 1990년대 중반부터 25년이 지난 지금까지도 거의 변하지 않고 3만~4만 8천 달러 사이에 머물러 있다. 이탈리아의 현재 1인당 GDP는 15년 전 수준이다. 우리는 20년 동안 소득이 급성장한 기억밖에 없기 때문에 지금의 속도로 계속 성장할 것으로 기대한다. 하지만 소득이 장기간 정체하거나 매우 더디게 증가할 경우, 경제와 사회는 전혀 다른 모습을 보이게 될 것이다. 이런 세상에 대비해야 한다.

제로 인구 생산가능인구의 모멘텀이 빠르게 사라지고 있다. 실질적 생산 가능 연령인 25~64세 인구는 2020년을 기점으로 증가세가 멈추고 정체되어 있다가 2024년부터 본격적으로 감소한다. 해당 인구는 과거 30년간 1000만 명 증가했으나 앞으로 30년간 1000만 명 감소할 것이다. 인구 모멘텀이 잠깐 제로가 되었다가 마이너스로 전환된다는 뜻이다. 인구는 바다의 플랑크톤처럼 우리 사회 생태계 전반에 영향을 미친다.

인구 변수는 우리가 제로 모멘텀 사회를 탈출하는 데 있어서 계

---

* 1인당 GDP를 달러로 환산해서 비교하다 보니 그 시점의 환율이 영향을 미쳤다. 우리나라는 1997년 외환위기 때 환율이 많이 올라서 1999년에 1인당 GDP가 1.1만 달러 정도에 그쳤다. 이 책에서는 세계은행의 1인당 GDP 자료를 사용했다.

[그림 5] 일본의 제로 모멘텀

	1995년	2005년	2015년
정책 금리(%)	0.50	0.00	0.10
10년물 국채 금리(%)	4.63	1.48	0.27
1인당 GDP(달러)	43,440	37,217	34,524
총인구(만 명)	12,557	12,777	12,710

출처 : 일본 총무성 통계국, 일본은행, 세계은행

속 발목을 잡는 요소로 작용할 것이다. 일종의 기저질환이라고 보면 된다.

일본도 장기 저성장기에 금리, 소득, 인구 모멘텀이 사라지는 경험을 했다. 일본의 정책 금리는 1995년 0.5퍼센트에서 20년 후에는 0.1퍼센트로 하락했다. 10년물 국채 금리는 2005년 1.48퍼센트에서 2015년에 0.27퍼센트가 됐다. 1인당 GDP는 1995년 4만 3000달러에서 2005년 3만 7000달러, 그리고 2015년 3만 4000달러가 됐다. 1인당 GDP는 20년에 걸쳐 오히려 후퇴했다. 총인구 또한 증가세를 멈추고 1억 2700만 명 선에서 유지되고 있다. 잃어버린 20년 동안 일본은 금리, 소득, 인구의 증가 모멘텀 역시 잃어버린 것이다.

그럼 금리, 소득, 인구의 제로 모멘텀이 불러올 미래를 구체적으로 살펴보자.

제로 금리의 의미

1990년 10월 우리나라 은행 보증 회사채 3년 만기 최고 금리는 19.7퍼센트였다. 채권 분석을 할 때 확인한 금리여서 아직도 이 숫자를 또렷하게 기억한다. 외환위기를 맞은 1998년을 제외하면 가장 높은 금리였다. 당시 20년 후 금리 전망값은 10퍼센트였다. 이것도 한껏 낮춘 수치였다. 그러나 10년 뒤인 2000년 금리는 8퍼센트가 되었고, 지금은 0퍼센트 대까지 하락했다.

우리나라뿐만 아니라 다른 선진국들도 1980년대에 금리 정점을 기록한 뒤 40년간 줄곧 하락세를 보였다. 미국 국채 10년 만기 금리는 1981년 9월 15.3퍼센트를 정점으로 지금까지 하락하고 있다. 선진국들 사이에서 저금리는 이제 일반적인 기준이 됐다. 우리에게 제로 금리는 어떤 의미를 가질까?

첫째, 제로 금리는 단어 자체가 의미하듯이 금리가 더 하락하기 어렵다는 의미다.

2000년, 내가 미래에셋에서 채권펀드를 만들 때 3년 만기 국채 금리가 8퍼센트 대였으니 20년 동안 거의 7퍼센트포인트 하락한 셈이다. 현재의 국채 금리 1퍼센트는 20년 후 어떻게 될까? 시점이 너무 멀어서 도저히 감이 잡히지 않는다면 가까운 5년 후는 어떨까? 금리가 마이너스가 되기는 어려우니 하락해도 1퍼센트포인트가 마지노선일 것이다. 물론 상승할 수도 있다. 하락은 극히 제한되어 있고 상승은 열려 있는 셈이다.

금리를 더 낮추기 어렵다는 것은 금리라는 정책 수단이 없어지는 것을 의미한다. 금리를 정책 수단으로 활용할 수 없으면 정부는 경제가 어려울 때마다 미국, 유럽, 일본 등 선진국들처럼 양적완화 정책을 펼쳐야 한다. 쉽게 말해, 돈을 찍어서 뿌려야 한다. 하지만 양적완화 정책을 쓰려면 자국 통화가 달러처럼 기축통화이거나 엔화, 유로화처럼 준기축통화 수준이어서 통화가치가 안정되어 있어야 한다. 안타깝게도 우리나라는 양적완화 정책을 쓰더라도 선진국들에 비해서는 제한적일 수밖에 없다.

둘째, 자산 가격에 추가적인 상승 모멘텀을 주지 않는다.

우리나라에선 주택 시장에서 이 같은 현상이 뚜렷하게 나타날 것이다. 자산 가격은 현금흐름을 할인해 계산하기 때문에 할인율이 떨어지면 자산 가격이 오른다. 풀어서 설명해보자. 금리가 하락하면 부동산 임대 수익률이 이자에 비해 상대적으로 높아지므로 부동산을 사려는 사람들이 많아진다. 임대료가 동일하다고 가정할 경우, 부동산 가격이 오르면 임대 수익률은 하락한다. 결국, 금리가 하락하면 부동산 가격이 오르는데 임대 수익률이 다시 금리에 근접하는 수준까지 오른다. 영구적인 현금흐름을 상정하면 자산 가격은 '현금흐름/할인율'이 된다. 할인율(금리)이 하락하면 자산 가격이 오르며 그 정도는 금리에 따라 다르다.

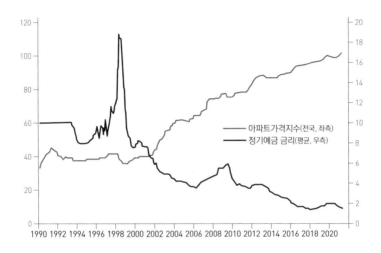

[그림 6] 우리나라 금리와 아파트가격지수

출처 : 한국은행, KB 부동산통계정보

매년 1000만 원의 임대료 수입(현금흐름)이 발생한다고 가정할 때 할인율이 10퍼센트면 자산 가격은 1억 원이 된다. 할인율이 9퍼센트면 자산 가격이 1억 1111만 원으로 1111만 원 오른다. 할인율이 1퍼센트면 자산 가격은 10억 원이 되고, 0.5퍼센트면 20억 원으로 2배가 오른다. 그래서 제로 금리에서는 자산 가격이 앵커anchor 없이 이리저리 움직일 수 있다. 최근 제로 금리가 되면서 주택 가격이 쉽게 급등하는 이유 중 하나가 여기에 있다. 주택 가격은 제로 금리 근처에서는 이론적으로 변동성이 크다는 의미로 받아들이면 된다.*

일반적으로 금리가 하락하면 주택 가격이 상승한다는 것이 정설이다. 우리나라도 〈그림 6〉에서 보듯이 2000년 이후 이런 경향이 강하게 나타나고 있다. 금리는 계속 하락하고 주택 가격은 계속 상승했다. 하지만 앞으로 금리의 추가적인 하락이 없다면 주택 가격의 상승 모멘텀은 사라진다.

주택 시장은 단기적으로 제로 금리의 이점을 향유하겠지만 점차 시간이 흐를수록 주택 가격을 올리는 힘은 떨어질 것이다. 비유하자면, 지금까지 금리는 부동산 시장이라는 아궁이에 장작 역할을 해왔지만 이제는 더 이상 넣을 장작이 없는 상태다.

셋째, 우리나라는 금리 인하와 달리 금리 인상은 큰 폭으로 하기 어렵다.

미국은 금리를 인하할 때도, 인상할 때도 대폭 움직일 수 있다. 하지만 우리나라는 다르다. 주택담보대출의 특징이 미국과 다르기 때문이다. 미국은 주택담보대출이 장기 금리에 연동되어 있고 장기 고정금리대출이 많다. 다시 말해, 현재의 정책 금리 변화가 이자 비용에 바로 영향을 주지 않는다. 당국이 정책 금리를 인상해도 시장이 이중 완충 장치를 갖고 있어서 충격을 완화시키기 때문이다. 채권 시장에서 정책 금리가 인상된 것보다 장기 금리가 덜 오르기 때문에 1차적인 완충 장치가 있고, 장기 채권 금리가 오르더라도 고

---

* 일본은 제로 금리였지만 주택 가격이 안정적이었다. 버블 붕괴 요인이 더 컸기 때문이다.

정금리로 대출 받기에 현재의 금리 변화가 자신의 대출 금리에 바로 영향을 주지 않도록 해주는 2차적인 완충 장치가 있다. 따라서 미국이 정책 금리를 큰 폭으로 변화시켜도 주택 시장에 미치는 단기적인 충격이 크지 않다.

반면 우리나라 주택담보대출은 단기 금리에 연동된 변동금리대출이 많다. 정책 금리를 올리면 즉각적으로 단기 금리가 오른다. 대출 금리는 단기 금리에 연동되어 변하기 때문에 즉각적으로 반응한다. 영국도 우리나라와 같은 구조라 영란은행의 금리 정책에 사람들의 관심이 많다. 조지 소로스가 1992년 파운드를 매도하면서 영란은행을 공격했을 때 정책 금리를 인상하면 주택담보대출 금리가 바로 오르기 때문에 영란은행이 전격적으로 금리를 인상하지 못할 것이라고 판단한 이유 중 하나다. 환율을 유지하려다, 즉 외환 시장의 혼란을 막으려다가 주택 시장이 박살날 수도 있기 때문이다. 우리나라의 경우, 미국이 금리를 인하할 때 함께 금리를 인하하면 대출자가 그 혜택을 크게 누리지만, 금리를 본격적으로 인상하는 국면에서는 미국의 금리 인상폭을 그대로 따라가기가 쉽지 않다. 미국 금리를 따라가다는 대출 금리가 큰 폭으로 오른다. 그래서 선제적으로 금리를 조금씩 올려야 충격을 줄일 수 있다.

금리 하락 모멘텀이 사라지면 경기를 진작시킬 요인이 사라진다. 설상가상으로 금리가 가파르게 오르기라도 하면 1980년대에 보았던 남미의 채무 불이행, 북유럽의 은행 파산, 미국 저축대부조합의 파산 같은 심각한 부작용을 겪을 수도 있다. 코로나19로 선진국, 신흥국 할 것없이 부채가 급증한 지금 상황에서는 특히 주의할 필요가 있다. 금리 상승은 금리 하락기에 쌓였던 불필요한 찌꺼기들을 태운다. 다만 찌꺼기만 태우는 게 아니라 집을 태워버릴 수도 있다. 튼튼한 벽돌집을 갖고 있는 나라는 금리 인상을 견딜 수 있지만 짚이나 나무로 된 집을 가진 나라는 봉변을 당하기 십상이다. 미국의 금리 상승기에 신흥국들이 매번 당하는 이유다. "미국이 재채기하면 신흥국들이 감기를 앓는다"는 말처럼.

소득 3만 달러의 벽

일본에서는 1인당 국민소득이 3만 달러를 훌쩍 넘어선 1990년 대 초, 뉴 리치 New Rich가 새로운 소비 주체로 등장했다. 부동산업자들은 고급 술집이 즐비한 도쿄 긴자에서 현금을 뿌리고 다녔다. 뉴 리치를 선망하는 대중을 위한 고급 소비재도 유행했다. 그러다가 소득이 정체되고 불황이 지속되자 100엔숍 같은 저가 상품 시장이 급성장했다. SPA 브랜드의 대명사로 불리는 유니클로 Uniqlo가 성장한 시기도 이때부터다.

'중진국 함정 middle income trap'이라는 말이 있다. 경제학자 배리 아이켄그린 Barry Eichengreen은 중진국 함정에 빠진 개발도상국들을 분석하면서 해당하는 나라의 1인당 GDP를 2005년 불변 가격 기준으로 평균 1만 6450달러, 중간값 1만 5085달러로 보았다. 또한 1만 5000달러와 1만 1000달러 근처에서 성장이 둔화되는 경우가 많았다고 지적했다.[1] 이 기준에 따르면 우리나라는 중진국 함정에서 이미 벗어났다. 1990년부터 2010년까지 20년에 걸쳐 1인당 GDP가 1만~2만 달러 수준에 있다가 2017년 3만 달러를 넘어섰기 때문이다.

중진국 함정의 대명사는 남미와 카리브 연안 국가들이다. 이들 국가의 1인당 GDP는 1900년대 초 미국의 30퍼센트 수준을 유지하다가 1980년대 이후에는 20~25퍼센트 수준으로 하락했다.[2] 같은 중진국이라도 양질의 인적 자본이 있으면 성장이 둔화될 가능성이 상대적으로 낮다. 반대로 금융위기를 겪거나 정치 체제에 변화가 있을 때는 성장 둔화의 함정에 빠질 가능성이 높다. 우리나라는 양질의 인적 자본과 더불어 외환위기로 경제 구조가 완전히 바뀌면서 중진국 함정에서 벗어날 수 있었다. 지금 상황에서 우리가 1인당 국민소득 3만 달러에서 1만 달러대의 중진국으로 돌아갈 가능성은 거의 없다. 문제는 '3만 달러를 넘어 4만~5만 달러대에 안착할 수 있는가'이다.

〈그림 7〉에서 보듯이 2004년 1인당 GDP가 3만 3000달러였던 프랑스는 2019년 현재 4만 500달러가 됐다. 7000달러 증가하는 데 15년이 걸린 셈이다. 유로화 환율이 2004년과 2019년 각각 1.24달러와 1.12달러로 큰 차이가 나지 않아 환율로 인한 국민소득 변화 효과는 크지 않다. 독일은 2003년 3만 달러를 넘어선 뒤 크게 후퇴하는 일 없이 2019년 4만 6000달러에 이르렀다. 독일의 연평균 복리 성장률CGAR은 2.7퍼센트로, 다른 EU 국가에 비해 높은 편이

[그림 7] 선진국들의 1인당 GDP 3만 달러 돌파 이후의 변화

	고성장		중성장		저성장	
	미국	독일	프랑스	영국	이탈리아	일본
3만 달러 돌파 시점	1997	2003	2004	2002	2004	1992
연복리성장률(~2019)	3.4%	2.7%	1.2%	2.0%	0.4%	0.9%
2019년 1인당 GDP(달러)	65,297	46,445	40,493	42,330	33,228	40,246

출처 : 세계은행

다. 영국은 2002년 3만 달러를 넘어섰으며, 2019년 현재 4만 2000 달러에 도달했다. 연복리 성장률은 2.0퍼센트로 프랑스보다 높고 독일보다 낮다. 반면 일본은 1992년 3만 1000달러에 이르렀으며 2019년 현재 4만 달러 수준이다. 소득이 9000달러 증가하는데 27 년이나 걸려 연 복리 성장율이 0.9퍼센트에 불과했다. 1992년 엔화 는 1달러 당 126엔, 2019년에는 110엔이었다. 2019년 12퍼센트 정 도 엔화가 강세를 보였지만 27년의 시간을 감안하면 환율의 영향 은 무시해도 된다. 이탈리아는 2004년에 3만 1000달러를 넘었으나 2019년 현재 여전히 3만 3000달러에 머물러 있다. 15년 동안 복리 성장률은 연 0.4퍼센트에 불과하다. 미국의 1인당 GDP는 1997년 3만 1000달러였는데 22년이 지난 2019년 현재 무려 6만 5000달 러에 이른다. 22년 동안 연복리 성장률은 3.4퍼센트로, 개인소득이

다른 어떤 선진국보다 지속적으로 크게 증가했다. 미국은 소득 3만 달러에서 4만 달러를 넘기는데 7년이 걸렸고, 다시 5만 달러를 넘기는데 8년, 6만 달러를 넘기는데 5년 걸렸다. 거의 7년마다 소득이 1만 달러 증가한 나라가 미국이다.

1인당 국민소득 3만 달러를 돌파한 국가들은 이후 다양한 모습의 소득 성장률 추이를 보였다. 대략적으로 분류해보면 3만 달러를 돌파한 후 0~1퍼센트대 성장률을 보인 국가(일본, 이탈리아), 1~2퍼센트대 성장률을 보인 국가(프랑스, 영국), 그리고 3~3.5퍼센트대 성장률을 보인 국가(독일, 미국)로 나눌 수 있다. 우리나라는 어느 그룹의 경로를 따라가게 될까?

우리나라의 1인당 국민소득이 과거처럼 성큼성큼 증가하기는 어려워 보인다. 무엇보다 인구 구조의 영향이 크다. 생산가능인구 비중이 줄어들면 1인당 소득이 낮아질 수밖에 없다. 그 이유를 간단하게 살펴보자. 생산에 종사하는 사람들이 돈을 더 많이 벌어야 1인당 소득이 증가한다. 생산에 종사하는 인구를 25~64세라고 가정해보자. 2020년 현재 25~64세 인구 1명당 25세 미만과 65세 이상 인구는 0.64명이다. 30년 후 이 인구는 1명당 1.26명으로 변한다. 따라서 1인당 소득이 3만 달러에서 4만 달러로 1만 달러 늘어나기 위해서는 2020년의 경우 생산에 종사하는 인구의 소득이 1만 6400 달러 증가하면 되지만 2050년에는 2만 2600달러 증가해야 한다. 고령사회에서 노동생산성을 높여야 한다고 주장하는 이유다.

일본에 있는 교수에게 들은 이야기다. "일본 기업들은 구인난이라고 하는데 왜 1인당 GDP는 증가하지 않는가?"라고 물으니 취직해서 생산에 종사하는 사람들은 소득이 높고 상황이 좋지만, 생산에 종사하지 않는 고령 인구가 많아지면서 평균적인 1인당 소득이 증가하지 않기 때문이라고 답했다. 고령자가 평균 소득을 깎아먹는 셈이다. 이처럼 제조업의 성숙과 인구 고령화라는 두 요소는 개인소득이 늘어나는 것을 어렵게 한다.

2015년 한국개발연구원KDI은 인구 구조 변화가 장기 성장률에 미치는 영향을 분석했다. 이에 따르면 1인당 경제 성장률 중위값은 2000년대 3.6퍼센트, 2010년대 2.3퍼센트였으며 2020~2050년에는 1.4~1.8퍼센트로 전망된다.[3] 우리나라는 전체 인구보다 생산가능인구가 줄어드는 것이 경제에 큰 부담으로 작용할 것으로 보인다. 2017년 한국은행의 연구는 더 비관적이다. 2026~2035년 경제 성장률은 0.4퍼센트까지 하락하고 2036년 이후에는 생산가능인구의 비중 하락 효과 이외에 인구 증가율 하락 효과까지 더해지면서 성장률이 0퍼센트 내외로 하락할 것으로 전망했다.[4]

소득은 관성적으로 꾸준히 증가한다는 선입관을 버려야 한다. 개인소득 둔화에 소득 양극화가 겹치면 소비 수요는 더 줄어든다. 일본의 1990년대처럼 소득 정체와 양극화된 소비 시장에 대응할 준비를 갖춰야 한다.

거꾸로 가는 인구

인구는 국력을 좌우하는 매우 중요한 요소다. 룩셈부르크는 1인 당 GDP는 2018년 기준 11만 4000달러로 세계 1위이지만 인구가 63만 명에 불과해 세계 경제에서 차지하는 비중이 거의 없다. 반면 중국은 1인당 GDP가 2019년에야 1만 달러를 넘어섰지만 인구가 14억 4000만 명에 이르러 미국이 두려워하는 경쟁 상대가 됐다. 14억 4000만 명이 1만 달러 이상의 평균 소득을 올리는 것은 결코 쉬운 일이 아니다.

영국은 19세기에 인구가 급성장했다. 1800년대 잉글랜드 인구는 프랑스의 5분의 1 수준이었다. 그러다 1900년대에 이르러 잉글랜드 인구는 프랑스 인구의 75퍼센트 수준으로 크게 증가했다. 호주, 뉴질랜드, 캐나다 등으로 이민을 떠난 인구까지 감안하면 영국의 인구는 폭발적으로 늘어난 셈이다. 이 시기가 바로 영국이 식민지를 개척해서 세계적으로 팽창했을 때다. 영국이 세계 최고 강대국으로 우뚝 서는데 인구 성장은 중요한 역할을 했다.[5]

우리나라는 한국전쟁 직후와 비교하면 인구가 2배 이상 늘었다. 1960년 2500만 명이던 총인구가 2012년 5000만 명을 넘어섰고, 2020년 5180만 명으로 증가했다. 그런데 2020년 내국인의 인구수를 뜻하는 주민등록상 인구가 전년 대비 감소세로 돌아섰다. 사상 처음으로 주민등록상 인구가 줄어든 것이다. 이는 평균 수명 증가로 사망자는 줄었지만 출생아 수가 더 급격하게 줄어든 영향이다. 2020년을 기점으로 우리나라는 반세기를 이어온 인구 증가 모멘텀이 사라지고 인구 마이너스 모멘텀으로 접어든 것으로 보인다.*

통계청에 따르면 우리나라 총인구는 2028년 5194만 명으로 정점을 이루고 2029년부터 천천히 감소하다가 2044년 4980만 명으로 처음 5000만 명 아래로 감소한다. 2050년에는 4770만 명으로 정점(2028년) 대비 420만 명 감소할 전망이다. 420만 명이면 경상남도 전체가 사라지고도 90만 명이 남는 숫자다. 불과 30년이면 춘천만한 도시가 15개 사라지는 셈이다.

인구 수보다 더 중요하게 봐야 하는 부분은 인구 구조다. 총인구 중 고령자 비율, 생산가능인구의 수가 중요하다. 그중에서도 특히 핵심생산가능인구(25~64세)에 주목해야 한다(그림 8 참조). 생산가능인구는 15세 이상부터 포함되지만, 우리나라의 경우 실제 생산을 담당하는 연령은 남성이 대학을 졸업하고 군대를 갔다 오는 시기를 감안해서 대략 25세 이상으로 봐야 한다(우리나라의 대학 진학률은 70퍼센트를 넘어선다).

핵심생산가능인구 측면에서 보면 지금까지 우리나라 인구 구조는 경제 성장에 절대적으로 유리했다. 외환위기와 글로벌 금융위기를 극복할 수 있었던 것도 베이비부머 세대가 이 시기에 물밀듯이 사회로 쏟아졌기 때문이다. 외환위기 직전인 1996년 핵심생산가능인구는 2400만 명이었으나 10년 후인 2006년에는 2800만 명으로

＊　주민등록상 인구는 내국인 숫자이고 국외에 체류하는 사람도 포함되는데 반해, 총조사 인구는 실제 거주지에서 조사하기 때문에 유동성이 심한 계층은 누락될 수도 있다. 이런 한계를 극복하기 위해 통계청이 인구를 추계하는 것을 추계인구라고 한다.

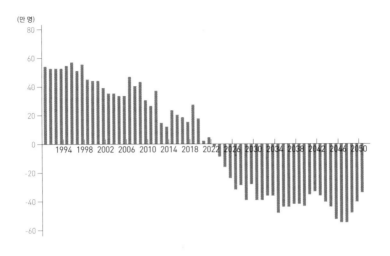

[그림 8] 우리나라 25~64세 인구 증감 추이와 전망

출처 : 통계청 인구추계(2019)

400만 명 정도 증가했다. 2016년에는 다시 300만 명 증가했다. 이들 인구가 외환위기와 글로벌 금융위기 시기에 모두 증가하면서 생산과 소득의 주축을 이루었다. 그러다가 2020년 3150만 명에서 증가세가 거의 멈췄다. 이후 2022년까지 정체 상태를 보이다가 이후 지속적으로 하락할 것으로 예상된다. 이 같은 감소세는 인구 예측 통계의 끝인 2060년까지 계속된다. 25~64세 인구는 2020년을 기준으로 과거 30년간 1060만 명 증가했지만 앞으로 30년간은 1040만 명 감소할 것이다. 증가와 감소 숫자가 데칼코마니처럼 대칭을 이룬다.

정리하면 핵심생산가능인구의 감소는 제로 모멘텀을 넘어 지속적으로, 그리고 강하게 감소하는 마이너스 모멘텀을 따를 것이다. 이는 과거 우리나라 경제를 위기에서 끄집어낸 구원자가 더 이상 없을 것이라는 뜻이다. 오히려 인구 구조는 우리나라가 저성장을 탈출하려고 몸부림칠 때마다 발목을 잡을 것이다.

부동산 포박 사회

미국이 주식에 포박되어 있다면 우리나라는 부동산에 포박되어 있다. 같은 값이면 주식에 포박되어 있으면 좋겠지만 미국 같은 나라가 세상에 많지 않은 걸 위안으로 삼는다. 우리나라는 부동산에 포박되어 있다 보니 '아파트 공화국'이란 별명도 얻었다. 우리나라 주택이 아파트 중심으로 동질화되어 있고, 재산 증식 수단으로 아파트를 몇 채씩 보유하고 있는 자산가들이 많은 것을 보면 과장된 별명은 아닌 듯하다.

주택은 필수재와 투자재의 성격을 모두 갖고 있다. 주거하기 위해 반드시 필요한 재화이지만 주택 가격이 오르면 돈을 벌 수도 있다. 주택 정책을 세우기 어려운 이유는 주택이 갖고 있는 모순된 듯한 이 2가지 특성에서 비롯된다. 주택 시장이 투자재로서의 의미에 치우치면 주거가 불안정해지고 필수재로서의 의미에 치우치면 시장 기능이 약화된다. 현재 우리나라에서 주택은 돈을 벌어보려는 투자재에 가깝다.

역설적이게도 정부의 주택 정책 목표는 집값 안정에 초점이 맞추어져 있다. 정부의 시장 개입은 주택 가격의 동향에 따라 부양과 억제를 반복해왔다. 주택 가격이 하락하면 경기 후퇴를 우려해 세금을 내리거나 규제를 완화했다. 집값이 오를 때는 안정책을 쓰고 하락할 때는 부양책을 썼다. 외국의 경우, 내 집 마련은 지원하지만 주택 가격 자체를 정부의 개입 대상으로 삼지 않는다.[6] 덕분에 우리나라의 주택 가격이 어느 정도 안정적으로 움직였다. 다른 나라의 주택 가격에 비해 대폭등도 없었고 대폭락도 없었다. 2000년대 이후 주택 가격은 짧은 하락과 긴 상승이 이어지면서 꾸준하게 올랐다. 규제 정책은 성공적인 결과를 낳았을까? 시장 참가자들은 반응은 사뭇 다르다.

우리나라 주택가격지수는 2003년 카드 사태 이후 5분기 동안 2.7퍼센트 하락했다. 2008년 글로벌 금융위기 때는 3분기 동안 하락했으나 하락폭은 1.8퍼센트에 그쳤고 이후 상승세를 이어오고 있다. 글로벌 금융위기 때 미국과 영국이 각각 18퍼센트, 16퍼센트 하락한 것과는 현격한 차이가 있다. 우리나라 주택 가격은 주식 가격에 비해 변동성(위험)이 월등하게 낮고 수익은 더 높다.

이처럼 가격 하락폭이 제한되어 있으면서 꾸준히 상승하는 자산은 빚을 내서 투자하는 데 제격이다. 당국은 주택을 필수재로 간주하여 주거 안정을 위해 주택 가격을 안정시키려 하지만 정작 사람들은 투자재로 생각하게 된 이유가 여기 있다. 의도치 않은 결과다. 이는 정책당국이 주택 투자자에게 가격 안정이라는 풋옵션put

^{option}을 제공하기 때문이다. 구조를 살펴보자.

주식의 경우, 풋옵션을 사면 주식 가격이 하락할 때 돈을 벌고 상승하면 수익은 없다. 따라서 주식을 보유하면서 풋옵션을 살 경우, 주가가 하락하면 원금을 지키고 상승하면 돈을 버는 수익 구조가 된다. 우리나라 주택 시장에서 정부가 가격 하락은 막고 적정한 가격 상승은 용인하는 행태가 이와 유사하다. 정부가 주택 투자자에게 풋옵션을 주는 셈이다.

문제는 정부가 풋옵션을 세금 감면 등 정책 비용을 통해 거의 '공짜'로 제공하고 있다는 점이다. 정부가 비용을 부담하면서 풋옵션을 주는 이유는 주택이 필수재일 뿐 아니라 우리나라 가계 자산에서 부동산 비중이 절대적으로 높아서 주택 가격이 급등락할 경우, 부정적 영향이 크기 때문이다. 그러다 보니 가계와 정책 당국 등 사회 전체가 부동산에 포박되어 있다.*

부동산에 포박된 사회와 부동산의 투자 시장화는 서로 강화 작용을 해왔다. 부동산에 포박된 사회는 부동산 투자를 이끌고, 여기서 투자 수익이 계속 나서 가계는 부동산 비중을 높이게 되고, 정부는 더 강하게 부동산 정책에 포박된다.

부동산 포박 사회는 고령화에 특히 취약하다. 고령화의 특징은

---

* 반면 미국은 가계 자산에서 주식의 비중이 높기 때문에 주가가 급락하면 미국연방준비제도가 적극적인 금리 인하로 대응한다. 이를 일컬어 페드(Fed)가 풋옵션을 공짜로 준다고 해서 '페드풋(Fed put)'이라 한다. 미국은 주식에 포박된 사회인 셈이다. 그래서 자본 시장 체계, 다양한 기업 생태계 등 주식 관련 인프라가 잘 갖추어져 있다.

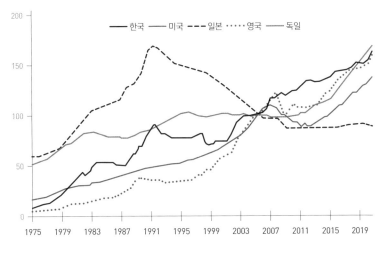

[그림 9] 각국의 주택가격지수 변화

출처 : 댈러스 연준

상품 시장과 자산 시장의 괴리다. 생산가능인구가 고령 인구로 넘어가면 장기적으로 노동력 감소로 생산이 축소되는 것이 문제이지만, 당장 발등에 떨어진 불은 수요 부족이다. 늘어난 수명에 대비하기 위해 소비를 줄이고 저축을 늘리기 때문이다. 한국은행은 최근 보고서에서 인구 고령화로 저축이 증가하면서 1995~2018년 우리나라 실질금리가 3퍼센트포인트 하락했다는 분석 결과를 발표한바 있다.[7] 노후를 대비하기 위해 축적한 돈은 부동산, 주식 등의 자산에 대한 수요로 이어진다. 이렇게 되면 상품 시장에서 제품과 서비스에 대한 수요가 감소하는 반면 자산 시장에서 자산 수요가 증가한다. 소비와 경제 성장이 둔화되지만 주택 가격과 주가 같은 자산가격은 상승하는 것이다. 이런 현상이 지속되면 상품시장과 자산시장이 따로 움직이는 디커플링^{decoupling}이 일어난다.

부동산에 포박되어 있는 우리나라는 이 같은 과정이 부동산 시장에 집중되어 나타날 가능성이 크다. 고령화로 금리가 하락하면 부채 조달 비용이 낮아지고 부동산 가격은 오른다. 부동산은 주로 빚을 내서 구입하므로 축적된 돈에 차입한 돈이 가세해 부동산으로 집중된다. 가계 부채 증가와 부동산 가격 상승이 멈추지 않는 이유가 여기에 있다. 문제는 경제 펀더멘털이 따라주지 못하는 상황에서 부동산만 호황을 누리는 디커플링은 지속될 수 없다는 점이다. 결국 앞으로 금리, 소득, 인구의 모멘텀이 제로가 되면서 주택 가격 상승의 지속성^{sustainability}에 문제가 생길 가능성이 높다.

여기에 더해 우리나라의 독특한 인구구조는 그 위험을 배가시킨다. 우리나라의 베이비붐 세대는 층이 두텁다. 1차(1955~1963)와 2차(1968~1974) 베이비부머로 나뉘어, 다른 나라들이 단봉 낙타 모양의 분포라면 우리는 쌍봉 낙타 모양이다. 정확하게는 코끼리 등 모양과 유사하다. 장기간에 걸쳐 분포해 있는 베이비붐 세대는 고령화의 부정적 영향이 더디게 나타나는 특징이 있다. 우리나라는 2021년 1955년생이 만 65세에 접어들지만 베이비부머의 끝인 1974년생은 46세로 여전히 활발한 경제 활동을 하고 있다. 그러다 보니 1차 베이비부머의 고령화 영향이 덜 나타난다. 현재 부동산 시장은 이러한 착시^{illusion}에 빠져 있다. 하지만 코끼리 등 모양의 인구 분포는 시간이 흘러 부정적인 영향이 가시화되면 백약이 무효일 정도로 걷잡을 수 없게 되는 단점이 있다. 대비할 시간을 주지만 제대로 대처하지 못하면 파국을 맞을 수밖에 없다.

아파트 불패 신화는 계속 될까

부동산 포박 사회에서 금리, 소득, 인구의 모멘텀이 사라지면 어떤 일이 벌어질까?* 우리나라는 2020년 코로나 팬데믹의 영향으로 -1퍼센트대의 경제 성장률을 기록했지만, 주택 가격은 급등했다. 주가의 경우 언택트^{untact}, 바이오 등 새로운 패러다임이 주목받으면서 그 기대감으로 상승했지만 주택 가격은 사실상 그런 재료가 없었다. 무엇보다 개인소득이나 인구 변화가 주택 시장에 우호적이지 않은데도 이런 현상이 나타났다. 이를 어떻게 해석해야 할까? 앞으로도 아파트는 난공불락의 불패 신화를 이어가게 될까?

2008년 서브프라임 사태로 인한 글로벌 금융위기를 겪으면서 세계적으로 주택 시장이 거시경제를 흔드는, 즉 꼬리가 개를 흔드는 일이 발생했다. 이로 인해 학계에서는 주택 시장이 거시경제에 미치는 영향에 대한 연구가 다방면에서 이루어졌다. 이전에는 주택을 내구소비재나 자본 자산의 하나로 보았다면 2008년부터는 주택

---

* 금리, 소득, 인구는 주택 가격을 결정하는 주요한 거시경제 변수다. 김세완, 김영민, 김경록 (2020), "세대별 인구 구조가 주택 소비 수요에 미치는 영향", 〈부동산 연구〉. 한국부동산 연구원.

시장의 변화를 불확실성, 이질적 집단, 담보대출 등을 통합해서 분석하고 있다.[8] 또한 주택 시장을 통해 주택담보대출이 경제에 미치는 영향을 주시하게 됐다. 미국의 경우 GDP 대비 가계 부채 비중이 1960년대 40퍼센트 수준에서 2010년대 80퍼센트로 증가했는데, 가계 부채의 60퍼센트가 주택담보대출이었다.[9] 자산 가격 붐이 조성될 때 대출이 동반되면 버블이 꺼지면서 실물경제에 큰 영향을 미칠 수밖에 없다. 이런 면에서 주식 시장보다 대출이 수반된 주택 시장의 붐-버스트 boom-bust가 실물경제에 더 심각한 영향을 미쳤다.[10]

우리나라는 어떨까?

금융 시장 예측에 대한 공로로 노벨경제학상을 받은 로버트 실러 Robert Shiller 예일대학교 교수는 주택 가격 버블기의 특징을 다음과 같이 설명했다.[11]

1. 집 구매자는 집값이 너무 비싸다고 생각하지만 나중에 더 높은 가격에 팔 수 있을 것이므로 살 만하다고 생각한다.
2. 집값이 오를 것이므로 저축을 많이 할 필요를 느끼지 못한다.
3. 집을 처음 사려는 사람은 지금 집을 사지 않으면 나중에 사기 어려울 것이라고 걱정한다.
4. 집값이 떨어질 것 같지 않고, 특히 장기적으로는 확실히 떨어지지 않을 것이므로 집에 투자하는 것은 별로 리스크가 없다고 판단한다.

미국 주택 시장은 2000년대 초부터 버블 논란이 있었다. 처음에는 주택 붐^{boom}이라는 말을 썼는데 2002년부터 버블^{bubble}이라는 말이 주택 시장에 쓰이기 시작했다. 그만큼 주택 가격이 겁이 날만큼 오른 것이다.

이 배경에 금리가 있었다. 당시 미국은 나스닥 버블이 꺼지고 얼마 되지 않아 9·11 테러 사태가 일어났다. 경기 침체를 우려한 연준 의장 앨런 그린스펀은 정책 금리를 2000년 6.5퍼센트에서 2003년 1퍼센트까지 떨어뜨렸다. 10년 만기 국채 금리도 6.5퍼센트 언저리에서 3.5퍼센트까지 떨어졌다가 4퍼센트대 정도로 반등했다. 주가는 떨어졌지만 미국 주택 가격은 계속 올랐다. 주택 시장 버블 이야기가 나오면서 미국은 2003년부터 정책 금리를 1퍼센트에서 3년 동안 5.25퍼센트까지 단숨에 인상했다.

그러나 장기 금리는 많이 오르지 않았다. 같은 기간 미국 10년 만기 국채 금리는 4퍼센트에서 4.5~5퍼센트 수준에 머물렀을 따름이다. 미국 주택대출금리는 우리나라처럼 단기 금리에 연동되지 않고 장기 금리에 연동되므로 주택 시장에서는 장기 금리의 영향이 크다. 그런데 장기 금리가 별로 움직이지 않으니 주택 시장의 과열을 식히는데 역부족일 수밖에 없었다. 그린스펀은 정책 금리를 과감하게 인상해도 장기 금리가 생각처럼 올라가지 않자 이를 '난제^{conundrum}'라 불렀다. 장기 금리가 오르지 않은 데는 중국의 값싼 제품이 미국으로 몰려오면서 소비자 물가가 오르지 않은데다 중국이 경상수지 흑자로 들어온 달러로 미국 국채를 매입한 탓이 컸다. 결국 2008년 서브프라임 사태를 시작으로 미국 주택 시장 버블은 처참하게 붕괴했고 세계 경제를 공황으로 밀어 넣을 뻔했다.

최근 몇 해 동안 우리나라 주택 시장의 분위기는 실러가 말한 4가지 특징에 모두 해당된다. 실러는 지금 집을 사는 동기가 향후 집값이 계속 오를 것으로 예측하기 때문이라면 집값이 본질적으로 불안정한 것으로 봐야 한다고 지적했다. 집값이 계속 오르지 않고 멈춰버리면 그 자체만으로 집에 대한 수요가 줄어들고 버블이 터질 것이기 때문이다.

물론 집값이 빨리 오른다고 해서 무조건 버블이라고 단정할 수는 없다. 집값의 펀더멘털 요인과 그 변화를 눈여겨 봐야하는 이유다. 특히 우리나라처럼 가구 변화가 급속하게 일어나는 경우라면 인구 외에 가구 수를 펀더멘털 요소로 고려해야 한다.

지난 20년간 금리, 소득, 인구(가구 수) 세 변수는 주택 시장에 매우 우호적이었다. 금리는 지속적으로 떨어졌고, 소득은 급속하게 증가했으며, 가구 수 역시 인구 수만큼 늘어났다. 2000년부터 2020년까지 우리나라 인구가 600만 명 증가하는 동안 가구 수는 무려 570만 가구 증가했다. 하지만 앞으로 이들 변수는 제로 모멘텀 혹은 마이너스 모멘텀으로 전환될 것이다.

인구 제로 모멘텀에 대해서는 앞에서 설명했으니 여기서는 가구 변화를 살펴보자. 통계청 자료에 따르면 가구 수는 향후 20년간 210만 가구 증가하지만 집을 많이 수요하는 20~50대 가구는 오히려 320만 가구 감소한다. 대신 60대 이상 가구 수가 530만 가구 증가해 전체 가구 수가 210만 가구 증가했다. 그런데 이들 60대 이상 세대는 더 큰 집으로 옮기려는 수요가 거의 없다. 가장 주목해야 할 변화는 집을 활발하게 수요하는 40~50대 가구 수의 감소다. 이 연령대의 가구 수는 지난 20년간 260만 가구 증가했지만 향후 20년 동안 190만 가구 감소할 것으로 보인다. 새집이나 더 큰 집으로 옮기려거나 투자 목적으로 집을 보유하려는 연령층 가구는 크게 줄어드는 셈이다. 또한 앞으로 가구 수 증가는 1인 가구가 이끄는데 통계청 자료에 따르면 1인 가구수는 2019년에 이미 전체 가구수의 30퍼센트, 610만 가구에 달한다. 1인 가구 10가구 중 약 4가구가 보증금 있는 월세에 거주하고 있다. 연령별로는 20, 30세대와 60대 이상으로 양극화되어 있어 이들이 주택 시장을 이끌기는 어렵다. 가구 구조를 보면 앞으로 주택 시장은 늙어가고 구매력은 떨어질 것이다.

따라서 단기적으로 보면 저금리와 유동성, 그리고 가격이 상승하던 관성으로 주택 가격이 어느 정도 오를 수는 있지만 가격을 끌어올리는 펀더멘털 요인은 이제 사라졌다고 봐야 한다. 아궁이에 장작을 계속 넣다가 더 넣을 장작이 없고, 조금 있으면 불타고 있는 장작도 조금씩 빼내야 하는 상황이다. 그러나 장작을 빼더라도 물이 당장 식지 않는 것처럼, 주택 시장 또한 당장 식지 않고 시차를 두고 변화할 것이다.

어릴 적 살았던 집에는 아궁이의 불로 물을 데우는 욕탕이 있었다. 가마솥 크기의 4배 정도 되는 욕탕을 시멘트로 고정시키고 밖에서 아궁이에 불을 지폈다. 솥이 뜨거우니 밑에 나무판을 깔아놔야 했다. 처음에는 찬물을 데우기 위해 장작을 많이 넣었다. 그러다가 물이 너무 뜨거워지면 장작을 더 넣지 않았다. 그렇게 해도 물은 처음에 장작을 넣을 때보다 더 뜨거워져서 사람을 뛰쳐나오게 했다. 장작을 모두 빼내도 물은 한동안 식지 않았다. 지금 주택 시장이 딱 그런 형국이다. 새 집 공급 부족으로 당분간 좋은 집에 대한 수요는 존재하겠지만, 사면 무조건 오르는 아파트 불패 신화는 점차 사라져갈 것이다. 이제는 주택도 기대수익에 미치지 못할 위험이 커진다. 그런데 여기서 끝이 아니다.

주택 혹은 아파트 불패 신화가 타격을 받으면 실물경제는 어떻게 될까? 앨런 그린스펀은 2013년 "버블 자체가 위기를 일으키지는 않는다. (그러나) 차입이 동반된 버블은 위기를 초래한다"고 말했다. 대공황 직전에 주가가 더 오를 것으로 예측해서 명성을 잃어버린(그 외에는 훌륭한 학자였다) 어빙 피셔 Irving Fisher 도 과다한 투자가 가끔 문제를 일으키지만 돈을 빌려서만 하지 않으면 심각하지 않다고 했다. 이런 시각으로 보면 버블은 2가지로 나눌 수 있다. 차입이 동반되지 않은 버블과 차입이 동반된 버블 credit boom bubble 이다.

버블을 위험하게 만드는 것은 차입이 동반되는 경우다.* 차입이 동반된 버블이 생겨나기 시작하면 신용이 팽창하고 자산 가격이 오

---

* 우리나라 주택 가격이 버블이라고 단정 짓기는 어렵다. 다만 제로 금리와 공급 부족으로 주택 가격이 크게 올랐으므로 그만큼 불안정성이 커졌다고 할 수 있다.

른다. 그러면 담보가치가 올라가면서 다시 차입을 증가시키는 정(+)의 자기 강화적 과정이 일어난다. 하지만 차입을 동반한 버블이 꺼지면 차입을 갚으면서 소비가 줄어들고 경제 활동이 위축되면서 기업의 신용이 나빠진다. 따라서 신용 시장의 리스크가 커진다. 부(-)의 자기 강화적 과정이 일어난다. 따라서 차입이 동반된 버블은 경기의 진폭을 키우고 이는 경기 침체에서 탈출하는 데 오랜 시간이 걸리게 한다. 주식 버블, 주택 버블, 그리고 이들이 차입과 연결된 경우와 그렇지 않은 경우를 생각하면 4가지 경우의 수가 있다. 이 중 차입이 동반된 주택 버블leveraged housing bubble이 경제에 가장 해롭다.[12]

우리나라는 2020년 3분기 현재 가계 대출이 1585조 원이며, 이 중 주택담보대출이 890조 원으로 가계 대출의 56퍼센트를 차지하고 있다. 미국이 60퍼센트 정도인 것을 감안하면 대략 비슷한 수준으로, 주택담보대출이 가계 대출을 이끌고 있음을 알 수 있다. 가계 대출은 2002년 416조 원에서 2020년 3분기까지 연복리 성장률이 7.8퍼센트였으니 증가 속도가 가파른 편이다. 9년 3개월이면 가계 대출 잔액이 2배가 되는 속도다. 최근 5년간 연복리 성장률을 봐도 7.2퍼센트 수준으로 그 기세가 전혀 꺾이지 않았다. 가계 대출에 판매 신용을 합한 가계 신용은 한국은행 발표 기준 2020년 3분기에 1682조 원으로 명목GDP 대비 101.1퍼센트다. 통계가 작성된 이후 처음으로 100퍼센트를 넘어섰다. 국제결제은행Bank for International Settlements, BIS은 한 국가가 감내할 수 있는 가계 부채 수준을 GDP 대비 85퍼센트 수준으로 보는데, 이미 이 수준을 뛰어넘었다.

우리나라 주택 시장은, 차입이 '과하게' 동반된 주택 가격 상승의 경우라 할 수 있다. 앞으로 금리, 소득, 인구의 제로 모멘텀이 주택 가격 상승에 브레이크를 걸 것이다. 그렇게 되면 지금의 주택 가격은 후유증을 남길 가능성이 크다. 7장에서 자세히 설명하겠지만, 이 같은 후유증의 파도에 휩쓸리지 않으려면 국내 부동산에서 글로벌 부동산으로 자산을 분산해야 한다. 또한 콘크리트와 벽돌을 보유하는 것에서 지식과 기술을 보유하는 것으로 패러다임을 바꿔야 한다. 지금이야 말로 균형이 필요한 때다.

쏠림의 균형이 필요하다

우리나라에서 자산 배분에 성공하려면 '서울'을 택해야 했다. 1894년 1월부터 1897년 3월까지 조선을 네 차례 방문한 영국 여행가 이사벨라 비숍Isabella Bishop은 "모든 한국인의 마음은 서울에 있다. 지방 관리들은 수도에 따로 저택을 갖고 있다"고 했다. 정약용 역시 서울을 벗어나면 기회는 사라지고 사회적으로 재기하기 어렵다고 썼다.[13] 우리나라는 정치, 경제, 문화가 모두 서울에 초집중되어 있다. 대기업 본사들은 서울에 있고(그것도 주로 강남이다), 지방에서 정치를 하려 해도 서울 인맥과의 세를 과시해야 한다. 좋은 대학, 좋은 병원, 좋은 박물관, 좋은 미술관은 모두 서울에 있다. 자산 배분은 우량 자산을 편입해야 하는 게 원칙인데, 그렇게 본다면 서울이야말로 초우량 자산인 셈이다. 서울 중에서도 우량 자산은 강남이다. 수서 고속철도가 개통되면서 사람들은 지방에 가기 위해 서울역이나 용산역까지 갈 필요가 없게 됐다. 앞으로 건설될 GTX 3개 노선 중 2개가 삼성동을 지나가게 된다. 그 곳에 지하환승센터가 만들어지면 거대한 지하도시가 탄생한다. 환승센터 예정지 근처에는 현대차 그룹이 105층 사옥을 짓고 있다. 4차 산업혁명을 중심으로 젊은 이들이 활동하고 있는 판교는 강남 바로 밑에 있다. 올림픽공원, 양재 시민의 숲 등 대형 공원도 많다. 교육 여건은 말할 필요도 없다.

서울이나 강남 같은 초우량 자산은 희소하다. 그래서 너도나도 살고 싶어 한다. 당연히 가격이 고평가된다. 그런데 우리가 시야를 어디까지 확장하느냐에 따라 초우량자산은 달라질 수 있다. 국내만 보면 삼성, 현대차 등이 초우량 기업이지만 미국과 중국으로 시야를 확장하면 더 뛰어난 우량 기업들이 즐비하다. 마찬가지로 부동산도 국외로 눈을 돌리면 우량한 부동산이 많이 있다. 지금 국내 부동산 시장은 너무 한쪽으로 쏠려 있고, 그렇게 쏠려 있는 상황이 당연시되고 있다. 그런 관성 때문에 미래에도 부동산 호황은 이어질 것으로 생각한다. 균형된 시각으로 자산 배분을 바꿀 필요가 있다.

첫째, 국내 부동산에 너무 쏠려 있는 가계 자산을 바로잡을 필요가 있다.

고성장 시대가 마감되고 저성장 시대가 열리고 있다. 청년 취업난은 우리나라가 이미 저성장 시대의 문에 발을 성큼 들여놓았음을 보여준다. 금리가 계속 하락하고, 소득이 3만 달러를 돌파하고,

40~50대 인구가 큰 폭으로 증가하는 시대는 지나갔다. 전환 국면에서는 과도한 쏠림을 경계해야 한다. 소득과 부의 양극화가 계속 진행되면 정부는 부동산에 대한 지금의 세금 정책을 대폭 후퇴시키기 어렵다. 보유세율 2퍼센트를 10년 내면 복리로 22퍼센트이며, 20년 납부하면 49퍼센트가 된다. 정부를 만만하게 봐서는 안된다. 너무 한쪽으로 쏠리면 균형을 찾으려는 움직임들이 생기기 마련이다. 그 방향 전환이 빨리 이루어지지 않아 눈에 띄지는 않지만 천천히 방향을 틀어갈 것이다.

둘째, 부동산 투자의 관점을 단기 가격 차익 관점에서 현금흐름과 자본 차익으로 바꿔야 한다.

외환위기 때 국내 부동산 가격이 폭락하자 해외 자본이 몰려와 우리나라 핵심 지역의 건물들을 사들였다. 대표적인 예로, 싱가포르 투자청 Government of Singapore Investment Corporation, GIC 은 2000년 서울파이낸스센터 지분 100퍼센트를 3550억 원에 샀다. 2004년에는 강남파이낸스센터를 사모펀드 론스타로부터 9300억 원에 매수했다.[14] 이들이 부동산을 살 때의 관점을 보고 모두들 처음에는 의아해했다. 그들은 부동산을 금융 상품으로 보고, 부동산 가격 평가도 임대료라는 현금흐름을 할인하는 방법을 썼다. 2008년 글로벌 금융위기 이후 부동산 가격이 하락하자 국내 투자자들 사이에서 수익형 부동산이 화두로 떠올랐다. 부동산의 단기적 가격 차익보다 장기적인 소득 흐름을 중시하는 부동산 투자가 주목받기 시작한 것이다.*

부동산은 주식과 채권의 중간적 성격을 갖고 있다. 현금흐름도 주면서 가격이 올라 자본 차익도 얻을 수 있다. 싱가포르 투자청이 매입했던 파이낸스 센터 두 곳은 매입 때와 비교해서 가격이 2.5배 이상 올랐다. 임대료를 꼬박꼬박 받으면서 150퍼센트 이상의 자본 차익까지 얻은 것이다. 부동산에 투자할 때는 장기적인 관점으로 현금흐름과 자본 차익 둘을 목표로 투자하는 균형된 시각을 갖는 게 필요하다. 단기적 가격 차익을 얻는 시장은 오래 지속될 수 없다.

셋째, 금융이라는 수단을 통해 국내 아파트 집중을 분산해야 한다.

부동산 투자 자체가 나쁜 것은 아니다. 부동산도 주식, 채권과 함께 훌륭한 투자 자산이다. 유동성이 떨어지는 면이 있지만 그럼에도 현금흐름과 자본 차익을 함께 준다. 따라서 부동산 투자 자체를 하지 말자는 주장은 설득력이 없다. 다만 우리나라 가계의 부동산 자산은 주택, 특히 아파트에 너무 쏠려 있다. 부동산을 실물로만 사려다 보니 이런 현상이 나타났다. 부동산을 금융으로 봐야 한다. 비즈니스 모델이 제조업과 다를 따름이다. 펀드나 리츠REITs 같은 금융 상품을 통해 부동산 간접투자를 하게 되면 부동산의 투자 지평

---

* 그러나 최근 몇 년 동안 금리가 제로 수준으로 떨어지고 쿠팡 같은 유통 기업의 영향력이 커지면서 상가, 오피스 투자의 매력이 떨어진 반면 아파트 가격은 천정부지로 치솟으면서 단기 차익을 노린 투자가 늘었다.

을 확대할 수 있다. 국경을 손쉽게 넘을 수 있는 수단을 갖게 되는 셈이다.

과거에는 다른 나라의 부가가치를 얻으려면 그 나라로 군대를 보내고 행정관을 보내 지배하면서 기업에 투자해야만 했다. 이제는 국가 간 금융 거래 규제가 거의 사라지고 금융 혁신이 이루어지면서 우리나라에 앉아 다른 나라 기업의 부가가치를 클릭 한 번으로 얻을 수 있게 되었다. 직접 갈 필요 없이 구글, 애플의 지분을 갖고 그 기업의 부가가치를 얻을 수 있다. 또한 금융 혁신은 소액으로도 수많은 글로벌 기업의 지분을 살 수 있게 해주었다. 만 원으로 펀드에 가입하면 그 펀드가 보유한 수십 개의 해외 기업 지분을 갖게 된다.

부동산도 마찬가지다. 해외에 있는 여러 부동산을 적은 금액으로 살 수 있다. 신흥국 부동산에 투자할 때는 법이나 규제를 잘못 알아 큰 낭패를 볼 수 있는데, 금융 상품을 통해 신흥국 부동산을 사면 전문가들이 이를 해결해준다. 소액으로 워싱턴, 런던, 상하이, 호치민의 부동산을 살 수 있다. 그뿐 아니라 물류센터, 데이터센터, 우량 오피스 등으로 건물을 분산해서도 살 수도 있다. 이제는 국내 아파트에 쏠린 부동산 투자를 금융 상품을 통해 글로벌로 분산해야 한다. 이를 통해 현금흐름과 자본 차익 2가지를 장기적으로 추구할 수 있다.

마지막으로, 국토 균형 개발을 주문하고 싶다.

서울과 수도권에 집중된 쏠림을 완화해야 한다. 서울과 수도권

집중은 제조업 중심으로 효율성을 중시한 결과다. 작용이 있으면 그만큼의 반작용이 있듯이 효율성 추구에 따른 반작용이 이미 사회 문제로 떠오르고 있다. 도시를 압축해 놓은 도쿄는 '불임 도시'라는 이름이 붙을 정도로 출산율이 뚝 떨어졌다. 서울도 마찬가지다. 서울은 지방에서 낳은 인구를 흡수해서 성장할 뿐, 자가발전해서 성장하는 비율은 다른 도시에 비해 상대적으로 낮다. 개발은 그 지역에 사람을 모이게 하고, 사람이 모이면 그 지역을 또 개발해야 효율성이 높아진다. 그러다 보니 서울을 중심으로 한 수도권은 괴물처럼 확장하고 지방은 빠른 속도로 축소되고 있다. 서울에 있었다는 이유만으로 자산은 크게 양극화됐다. 한 후배는 자신의 삼촌들 이야기를 하면서 충청도에서 서울로 이사 와 어디에 있었느냐가 지금의 부를 만들었다고 했다. '세상사 운이지'라고 치부할 일이 아니다. 국가는 그런 개인들의 운을 고르게 나누는 역할을 해야 한다. 운을 조장하는 역할은 국가가 할 일이 아니다.

대학 때 후생경제학을 배우면서 후생경제학 1, 2정리의 깔끔함에 감탄한 적이 있다. 후생경제학의 제1정리는 '가격 메카니즘을 통해 효율적인(파레토 효율적인) 자원배분이 실현된다'이며, 제2정리는 '정부의 개입을 통한 자원의 재배분에 의해서 효율적인 자원 배분이 된다'이다. 국토를 균형 있게 개발하는 것이 우선이지만 효율성 때문에 불가피한 측면이 있으면 재분배를 통해 양극화를 막아야 한다. 강남의 아파트 값에는 과거 구로 공단 여공들의 노고도 들어가 있다. 이들이 열악한 환경에서 경제 성장에 기여하지 않았으면,

그래서 우리나라가 필리핀처럼 성장의 문턱에서 좌절했으면 강남에 일찍 둥지를 틀고 있었다고 해서 지금처럼 부를 이루지 못했을 것이다.

자산 배분은 적어도 5년 앞을 보아야 한다. 지금 아파트 가격이 오르고 있는 상황에서 분산하고 재배분해야 한다고 주장하는 이유다. 그리고 세상은 균형을 찾아간다는 게 내가 58년 살면서 느낀 바다. 노자가 《도덕경》에서 "하늘의 그물은 성기어도 무엇 하나 놓치는 게 없다天網恢恢 疎而不漏"라고 말한 이유를 생각해봐야 한다. 부동산에 투자하더라도 투자 대상과 지역을 분산하고 유동성을 높여야 한다. 유동성은 정작 절실히 팔고 싶을 때 사라질 수도 있기 때문이다. 금융 상품을 통해 부동산의 유동성을 높일 뿐 아니라 국내 주택과 상가 등에 쏠려 있는 것을 다양한 자산으로 그리고 글로벌로 분산해야 한다. 《손자병법》에 "전쟁에서의 승리는 반복되지 않는다戰勝不復"는 말이 있다. 제로 모멘텀 시대의 생존 전략은 지금까지 나를 성공으로 이끌었던 부동산 자산을 재배분하는 데 있다.

3
── 저성장, 고부채의 그림자 ──

인구 구조 변화는 장기적으로 재정을 압박할 핵심 요인이다.
– 영국 예산책임청, 2018년

2020년 봄 이탈리아에서 코로나19가 한창 기승을 부릴 때 우리는 믿기 어려운 장면을 목격했다. 코로나에 감염된 환자들이 병원의 복도 또는 간이침대에 방치되다시피 누워 있거나, 적절한 치료로 받지 못하고 집에서 죽어갔다. 이탈리아 북부 롬바르디아 일부 지역에서는 시신을 처리할 화장장과 장례 시설이 부족해 시체를 다른 도시로 보내야 할 정도였다. 어떻게 이런 일이 일어나게 된 것일까? 표면적으로 보면 의료 시설과 인력이 부족한 상황에서 환자가 갑자기 폭증했기 때문이라고 할 수 있다. 그런데 이탈리아뿐만 아니라 스페인, 영국에서도 유사한 사태가 발생했다.

이들 국가에는 공통점이 있다. 과도한 국가 채무의 부담을 줄이기 위해 공공의료 예산을 줄였다는 점이다. 이는 저성장, 고부채 사회의 단면을 보여주는 스냅샷^{snap shot}이다. 남의 나라 일 같지만 저성장 국면에 접어들 우리나라가 앞으로 겪어야 할 미래인지도 모른다.

1997년 외환위기는 고성장의 부산물이었다. 기업은 역량에 맞지 않은 과도한 투자를 계속했고, 은행의 부실 채권은 늘어났다. 연쇄부도의 고리 속에서 기업과 가정은 무너져 내렸다. 그러나 불행 중 다행히도 이 과정에서 부실한 기업과 은행이 대거 정리되고 경제는 V자형으로 회복했다. 여기서 꼭 기억해야 할 점이 하나 있다. 우리가 비교적 외환위기를 빨리 극복할 수 있었던 이유는 우리나라가 여전히 고성장 시기였기 때문이다.

이제 20여 년이 흘렀다. 우리는 선배 제조업 국가들이 그랬던 것처럼 저성장의 문턱에 들어섰다. 고성장의 부산물이 부실 자산이라면 저성장의 부산물은 '고부채'다. 저성장과 고부채가 결합될 미래에는 코로나19 팬데믹 상황에서 영국과 이탈리아가 그랬듯, 외부 충격에 국가 전체가 휘청거릴 수 있다. 회복 탄력성^{resilience}이 현저하게 떨어지기 때문이다. 젊었을 때는 뼈가 부러져도 잘 붙지만 나이 들면 작은 상처도 회복이 늦는 법이다.

미래는 이미 정해졌다. 우리나라는 '고성장·고부채 사회(기업 부채) → 외환위기를 통한 구조 변화 → 저성장·고부채 사회(정부, 가계-기업 부채) → 새로운 형태의 위기 내재'의 길을 밟을 것이다. 저성장·고부채 사회가 되면 면역력이 낮아져 바이러스가 쉽게 침입할 수 있는 상태가 된다. 특히 약한 고리를 통해 위기가 표출될 가능성이 높은데, 그 약한 고리가 바로 외환 시장이다.

왜 유럽은 바이러스에 무너졌나

영국은 2021년 1월 기준, 코로나19 누적 확진자가 290만 명을 넘어섰다. 누적 사망자만 7만 8000명이다. 반면 같은 시기 우리나라는 누적 확진자 6만 7000명, 누적 사망자 1080명이다. 영국이 우리나라보다 인구가 1.3배 많으니 인구 수를 감안하면 우리나라보다 누적 확진자는 33배, 누적 사망자는 55배 많은 셈이다.

영국의 국민보건서비스National Health Service, NHS는 모범적인 의료 제도로 불려왔다. 그러나 팬데믹이 일어나기 이전부터 삐꺽거리고 있었다. 2018년 1월 발표된 통계에 따르면 영국 국립병원 응급실의 경우, 도착해서 4시간 이내 치료 받을 수 있는 사람이 22.7퍼센트라고 한다. 예산 삭감으로 병원과 병동이 폐쇄되면서 환자들이 몰려들어 심지어 하루에 120명의 환자를 복도에서 치료하고 있는 병원도 있었다.[1] 1장에서 언급한 '대영제국의 쇠퇴falling with style'스토리는 끝나지 않고 이어지고 있다. 왜 영국의 의료, 방역 시스템이 제대로 작동하지 않은 것일까? 이를 들여다보면 저성장, 고부채 사회의 단면을 알 수 있다.

2008년 9월 리먼브러더스Lehman Brothers 파산을 시작으로 본격적인 글로벌 금융위기를 겪으면서 영국의 재정 적자는 이듬해 GDP의 0.6퍼센트에서 3.4퍼센트로 확대됐다. 2010년 영국 공공 부문

부채는 GDP 대비 87퍼센트까지 치솟았다. 이런 와중에 2010년 정권은 노동당에서 보수당, 자유민주당 연립정부로 교체됐다. 연립정부는 세금을 더 걷기보다는 지출을 줄여 부채를 낮추려고 했다. 2010~2015년 복지 지출은 실질적으로 소비자물가 상승률 대비 1.7퍼센트 증가하는데 그쳤다. 이는 GDP 대비 0.6퍼센트 감소한 수치다. 2016~2020년에는 복지 지출을 2.3퍼센트 줄일(GDP 대비 -1.4퍼센트) 계획이었다. 8년 연속 복지 지출이 감소한 것은 초유의 일로 1964년 이래 영국에서 단행된 1인당 공공지출 삭감 비율 중 가장 큰 규모였다.[2]

10여 년 이상 보건부 예산 삭감, 병원 지출과 투자 감소가 이어지는 상황에서 영국은 코로나19의 직격탄을 맞았다. 이미 공공병원의 재원 감소와 인건비 감액으로 병상과 의료 인력은 태부족한 상태였다. 당연히 갑작스런 전염병에 제대로 대응할 수 없었다. 의료 장비와 인력이 부족한 상황에서 환자가 폭증하자 사망자는 급격하게 늘어났다.[3] 신흥국의 비웃음을 살 정도로 처참하게 무너진 영국 방역 체계의 이면에는 국가 부채 문제가 있었던 것이다.

영국은 1980년 이래 일반 정부 부채(국가 부채)를 GDP 대비 40퍼센트 내에서 관리하려고 했다. 그러나 2008년 글로벌 금융위기가 터지자 국가 부채는 곧 급증했다(그림 10 참조). 글로벌 금융위기가 어느 정도 진정세를 보이자 정부는 2010년부터 재정 지출을 줄여 국가 부채의 증가를 막으려고 했다. 그 결과, 글로벌 금융위기 이후 GDP 대비 재정 적자가 10퍼센트까지 올라갔던 것을 2019년에는

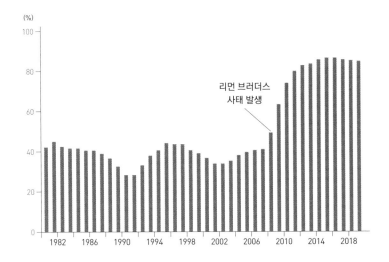

[그림 10] 영국의 GDP 대비 국가부채 추이

(%)

리먼 브러더스
사태 발생

2.2퍼센트로 줄였다. 이러한 노력으로 GDP 대비 국가 부채는 소폭
줄어 2019년 GDP 대비 85퍼센트를 기록했다. 하지만 한때 '요람
에서 무덤까지'라는 슬로건 아래 복지국가를 표방했던 영국은 이제
고부채로 말미암아 코로나19 같은 외생적 충격에 취약한 국가가
돼버렸다.

영국뿐만 아니라 국가 부채가 GDP 대비 100퍼센트를 넘는 이
탈리아도 코로나19가 확산될 때 의료진과 병상 부족으로 고통을
겪었다. 이 또한 원인을 찾아보면 긴축재정이 등장한다. 이탈리아

는 2011년 유럽발 재정 위기를 겪으면서 재정 적자를 감축하기 위해 영국과 마찬가지로 공공의료 부문 지출을 적극적으로 줄이는 정책을 펼쳤다. GDP 대비 재정 적자를 2009년 5.1퍼센트에서 2019년에 1.6퍼센트까지 줄였고 GDP 대비 국가 부채는 2015년 135퍼센트에서 더 이상 증가하지 않았다.

부채가 많은 고高부채 국가들은 외생적인 충격에 약하다. 위기가 닥쳤을 때 국민들에게 제때 적절한 서비스를 공급하기 힘들다. 우리나라 역시 앞으로 부채 비율이 높아지면 국가의 정책 자유도가 줄어들게 될 것이다. 국가 부채뿐 아니라 민간 부채도 과다하면 외부 충격에 취약해진다.

소리없이 쌓이는 부채

1998년 내가 일하던 장기신용은행 소속 연구소가 문을 닫았다. 명예퇴직금을 받고 나간 사람도 있고, 은행으로 되돌아간 사람도 있었다. 나는 장기신용은행으로 돌아갔다. 연구원에서 은행원으로 신분이 바뀌면서 신입사원 때 받았던 현장 실습을 다시 받아야 했다. 입행 동기가 대리로 있는 지점에 가서 한 달 동안 우두커니 앉아 있었다. 현장 실습을 마치고 자금증권부로 발령 받은 뒤 6개월 있으니 장기신용은행은 국민은행과 합병됐다. 졸지에 국민은행 직원이 됐다. 거기서 6개월 더 근무하다가 미래에셋으로 이직했다. 누군가 내 이력서를 보면 '1998년부터 2년간 무슨 일이 있었나 보다'

라고 생각할 것이다. 그러나 나 나름의 '고난의 행군'은 사실 고생 축에도 끼지 못한다. 1997년 12월에는 매일 100여 개의 기업이 문을 닫았다. 외환 보유고는 바닥을 쳤다. 전 업종에 걸쳐 정리해고가 진행됐다. 개인들의 부도도 밀어닥쳤다. 부실 채권이 문제가 된 12개 은행 중 경기·동화·동남·대동·충청은행이 즉각 퇴출됐다. 은행 불사_{不死}의 신화가 깨졌다. 외환위기는 그렇게 고성장 시기에 종언을 고했다. 누군가는 외환위기 때처럼 주가가 곤두박질치는 순간 주식을 사지 않은 것을 아쉬워한다. 그렇지 않다! 당시는 정부가 더 이상 석유를 수입할 돈이 없어서 겨울에 난방마저 하지 못하게 되는 것 아니냐는 위기감이 팽배할 정도였다. 금 모으기에 온 국민이 동참한 것은 그런 위기감의 발로였으리라.

장황하게 외환위기 이야기를 한 것은 그 사건이 우리나라 경제에 커다란 분수령이 됐기 때문이다. 외환위기는 '성장을 이끌던 재벌의 과다한 투자와 차입, 이를 뒷받침한 은행, 그리고 은행 뒤에는 정부가 있다는 믿음'에서 비롯됐다.[4] 대기업은 상호지급보증과 은행 대출을 통해 무분별하게 투자를 늘렸고, 기업 부채 비율은 500퍼센트를 넘나들었다. 정부는 대기업의 조선, 철강, 자동차 시장 진입을 허용했다. 대표적으로 김영삼 대통령 시절에 삼성자동차와 삼성상용차가 설립됐다.

고성장 시기이다 보니 투자가 많아지고 기업의 자금 수요 역시 엄청났다. 기업들은 장기 자금을 얻기 어려워지자 단기 자금을 끌어와 장기 투자 자금으로 사용했다. 그러다 보니 초단기 콜금리가

[그림 11] 우리나라 부문별 부채 금액과 GDP 대비 비중

	금액(조원)			명목GDP 대비 비중(%)			
	국가 채무	기업 부채	가계 부채	국가 채무	기업 부채	가계 부채	합
2000	111.2	262.5	–	17.1	40.3	–	–
2005	247.9	330.1	542.9	25.9	34.5	56.7	117.1
2010	392.2	640.4	843.2	29.7	48.4	63.8	141.9
2015	591.5	855.1	1203.1	35.7	51.6	72.6	159.8
2019	723.2	869.0	1600.1	37.7	54.4	83.4	175.5
2020	846.9	1170.8	1726.1	44.6	61.7	90.9	197.2

출처 : 기획재정부 상세재정통계DB, 한국은행 금융시장동향, 한국은행 가계신용동향

장기 금리보다 높아졌다. 단기 자금을 취급하던 단자사(단기금융회사)와 종금사 직원들은 최고 연봉을 받았다. 은행은 기업의 수익성 지표가 아니라 기업 규모를 보고 대출해줬다. '기업-은행-정부'가 삼각 편대를 형성했다. 이는 일본을 꼭 닮은 개발 시대의 구조였다. 김영삼 대통령이 일본에 대해 "버르장머리를 고쳐주겠다"고 했지만 정작 일본을 꼭 닮은 구조 때문에 IMF가 우리의 버르장머리를 고치러 오게 됐다.

IMF의 지시대로 정부가 기업의 부채 비율을 단숨에 100퍼센트대로 낮춰버리자 은행은 대출의 방향을 신속하게 가계로 돌렸다. 외환위기 직후인 2002년부터 2010년까지 가계 대출은 연평균 7.7

퍼센트 증가했다. 특히 2003년 80조 원에 이르는 신용카드사 발행 채권이 상환 위기에 몰려 발생한 카드채 위기는 가계 대출 증가세가 얼마나 폭발적이었는지 짐작하게 해준다. 2010년부터 2020년까지 가계 부채는 연평균 7.4퍼센트 증가했는데, 같은 기간 명목GDP 증가율은 3.7퍼센트에 불과하다. 2018년 말 기준으로 GDP 대비 가계 부채는 OECD 국가에서 7번째로 높았다. 우리나라에만 있는 주택의 전세와 반전세 보증금을 가계 부채에 포함시킬 경우, 명목GDP 대비 가계 부채 비율은 127퍼센트(2016년 말 기준)가 된다. 이는 OECD 국가 중 가계 부채 비율이 가장 높은 스위스의 127.5퍼센트와 비슷한 수준이다.[5] 명목GDP 대비 가계 부채의 경우, 외환위기 전 30퍼센트에서 지금은 90퍼센트 수준으로 증가했다. 판매신용을 포함한 가계 신용은 2020년 3분기에 명목GDP를 처음으로 넘어섰다.

최근에는 기업 부채도 크게 증가했다. 한국은행의 자료에 따르면 2020년 기준 기업 부채는 1170조 원으로, GDP 대비 60퍼센트를 넘어섰다. 외환위기 직후인 2005년 35퍼센트까지 하락했던 것이 글로벌 금융위기를 지나며 크게 증가해 50퍼센트를 넘은 뒤 계속 상승하고 있는 중이다. 지난 10년 동안 기업 대출에 회사채 등을 포함한 기업 부채 증가는 530조 원으로 83퍼센트가 증가했다. GDP 대비로 보면 2010년 48퍼센트에서 2020년 61퍼센트로 증가했다. 2020년 기준 기업 부채와 가계 부채는 2900조 원으로(명목GDP의 1.5배) 쌍끌이로 부채를 증가시키고 있다. 문제는 쌍끌이에 그치지 않고 정부의 부채까지 늘어나고 있다는 점이다.

우리는 악어의 입 앞에 서 있다

국가 부채는 사회보장과 경기 진작을 위해 쓰인다. 예를 들어 정부는 외환위기, 글로벌 금융위기, 팬데믹처럼 갑작스러운 위기가 닥치면 돈을 빌려(부채) 기업, 국민의 위험을 줄이고 경기를 진작시킨다. 그런데 국가 부채가 쌓이고 쌓여 규모가 커지면 충격을 완충해 주기는커녕 오히려 위기를 불러오는 원인이 된다. 그래서 국가 부채는 면밀하게 관리할 필요가 있다.

국가 부채는 한 국가의 재정 건전성을 가늠하게 해주고 미래 세대의 부담을 알 수 있게 해주는 지표다. IMF는 3가지 기준으로 국가 부채를 정의하는데, 각각 국가 채무(D1), 일반 정부 부채(D2), 공공 부문 부채(D3)로 나뉜다.

국가 채무는 중앙정부와 지방정부가 운용하는 각종 회계와 기금의 채무를 말한다. 2020년 말 우리나라의 국가 채무는 846조 9000억 원이다. 2019년 대비 123조 7000억 원 증가했다. GDP 대비 국가 채무 비율은 2019년 37.7퍼센트에서 2020년 44.6퍼센트로 증가했다. 2015~2018년 국가 채무 비율은 35퍼센트 전후였다. 한때 국가 채무 비율의 상한선을 40퍼센트로 봐야 한다는 논쟁이 있었는데, 코로나 팬데믹으로 이 기준은 무너졌다. 여기서 기억해야 할 사실은 외환위기 직전인 1997년 국가 채무 비율이 11.4퍼센트에 불과했다는 점이다. 20년 세월이 흐른 지금, 정부는 국가 채무 비율을 2021년 47.3퍼센트, 2024년 58.3퍼센트로 전망하고 있다.[6]

일반 정부 부채는 국제 비교를 위해 사용하는 기준이다. 2011년 459조 원(GDP 대비 33.1퍼센트)에서 2019년 810조 원(GDP 대비 42.2퍼센트)으로 증가하긴 했지만 OECD 평균인 110퍼센트보다 많이 낮으며, 이는 33개 국 중 뒤에서 6번째에 해당한다. 정부 부채 비율이 100퍼센트를 넘는 곳은 일본, 그리스, 이탈리아, 포르투갈, 프랑스, 벨기에, 스페인, 영국, 미국 등이다. 크게 나누면 미국, 일본, 영국, 프랑스 등과 PIGS 국가들이다. 다만 우리나라의 일반 정부 부채 증가 속도는 매우 가파르고 앞으로 사회보장지출이 계속 증가할 것이므로 주의가 필요하다. 일본의 정부 부채는 1990년대 초반까지 주요 국가와 유사한 수준이었으나 고령화로 사회보장 지출이 급증하고 저성장으로 세수 정체가 지속되면서 급속하게 증가했다. 일본 재정수지 적자는 1990년대 초중반부터 급증하는데 그 규모가 사회보장수지 적자 규모와 거의 비슷하다. 1990년대 장기 저성장 시기에는 10년마다 부채 비율이 2배로 증가했다. 반면 독일과 스웨덴 등 북유럽 국가들은 재정 개혁, 복지 개혁을 통해 GDP 대비 일반 정부 부채 비율을 50~60퍼센트선에서 관리하고 있다.

우리나라는 일본과 독일, 어느 길을 따라갈까? 부채를 늘리는 고령화라는 힘은 일본과 비슷하지만 일본처럼 높은 정부 부채를 감당할 여력은 없다. 그래서 다소 울퉁불퉁한 제3의 길을 밟을 것으로 생각된다. 정부 부채 비율이 높아지면 국가신용도에 경고등이 켜지고 그래서 다시 긴축 재정으로 돌아가 부채 비율을 낮추지만 곧 다시 부채 비율이 증가하는 과정이 반복될 것이다. 이유는 다음과 같다.

첫째, 장기 저성장이다.

경제가 성장하지 못하면 세수가 증가하지 못한다. 단기적인 저성장은 문제 없지만, 이런 추세가 장기간 지속될 경우 지출과 수입의 격차가 누적된다. 부채를 줄이는 바른 길은 경제 성장이다.

둘째, 사회보장 지출의 증가다.

경제가 발전할수록 복지 사회를 지향하게 된다. 여기에 고령화까지 겹치면 사회보장 지출의 증가 속도는 빨라질 수밖에 없다. 2018년 기준으로 사회보장 지출은 GDP의 11.1퍼센트로 OECD 평균 20.1퍼센트의 절반 수준에 불과하다. 이렇게 낮은 이유는 고령화 수준이 유럽에 비해 아직 낮아서 요양 서비스 수요가 상대적으로 적기 때문이다.[7]

그러나 고령화의 영향으로 우리나라의 복지 지출은 빠르게 증가할 것이다. 공공사회 지출에서 연금과 의료보장 비중이 60~70퍼센트를 차지하는데, 특히 이 부분의 적자가 커질 것이다. 우리나라 건강보험 제도는 그 어떤 국가보다도 탄탄하며 건강 관련 성과도 우수하다. 문제는 과잉 진료다. 국민 1인당 외래진료가 16.6회에 달하는데, 이는 OECD 평균보다 2.3배나 높은 수치다. 환자 1인당 입원 일수도 2.3배나 많다.[8] 또한 2017년 기준으로 전체 인구의 13.4퍼센트를 차지하는 65세 이상 인구가 건강보험 지출의 41퍼센트를 사용했다. 2050년이면 65세 이상 인구 비중이 35퍼센트를 넘어서게 된다. 건강보험 적자가 확대될 것이 불을 보듯 뻔한 상황이다.

국민연금도 문제다. 우리나라 국민연금은 저부담-고급여 체계다. 선진국들은 국민연금을 평균 20퍼센트 보험료에 40퍼센트 소득대체율로 설계한 데 반해 우리나라는 9퍼센트 보험료에 40퍼센트 소득대체율로 설계했다. 2060년이면 소득 대비 29.3퍼센트의 보험료를 내야 국가의 재정 적자 없이 약속된 연금을 받을 수 있다.[9] 연금보험료를 높이거나 연금액을 자동 삭감하지 않으면 감당하기 어려운 수준이다. 인구 구조를 바꾸기는 어렵다. 연금 개혁이 없으면 재정이 이를 메울 수밖에 없다. 우리나라는 정치 특성상 과감한 연금 개혁보다는 재정이 감당하는 방향으로 갈 가능성이 높다.

셋째, 과감한 복지 개혁을 감행하기 어렵다.

우리나라는 1992년 스웨덴이 시도한 에델 개혁^{Adel Reformen}* 같은 세기의 복지 개혁을 감행할 수 없다. 이는 소선구제 탓이 크다. 우리나라는 지역구에서 1명의 국회의원만 뽑는다. 표가 한 표라도 적으면 낙선한다. 이런 상황에서 누가 전 국민을 대상으로 하는 복지 정책을 이슈화하겠는가? 지방자치단체 선거 공약의 상당수가 부동산 개발, 기업 유치, 혹은 산업단지 건설인 이유가 바로 여기에

---

* 1992년 스웨덴은 효율적 자원 배분을 통해 노인 복지 수요를 충족하기 위한 개혁 정책을 실시했다. 노인 복지 시설 관련 업무를 기초자치단체로 이관하고, 복지 설비는 혜택을 80세 이상 후기 고령자에게 집중하고, 의료와 복지 서비스를 단일화했다. 노인 대상 치료의 의사 권한 중 일부를 간호사에게, 간호사 권한 일부를 간호 보조원에게 이관하는 조치도 취했다.

있다.

국가의 대계를 그리는 사람은 비례대표로 나서라고 하지만, 비례대표는 한 번 이상 국회의원을 하기 어렵다. 따라서 정책의 연속성이 담보되지 않는다. 대통령도 마찬가지다. 한 표라도 더 얻는 사람이 모든 것을 가져간다. A 후보의 공약과 B 후보의 공약에 대한 지지가 51퍼센트 대 49퍼센트라고 할 때, A 후보가 당선되면 결국 51퍼센트가 지지한 공약에 집중하게 된다. 그런데 우리나라는 양당제라 지지율이 비슷해서 특별한 상황이 아니면 간발의 차이로 당선된다. 이런 피 말리는 상황에서 어떤 후보가 비인기 정책을 내세우기란 쉬운 일이 아니다. 세금을 더 많이 걷겠다든지 연금 수령액을 줄이는 연금 개혁을 하겠다는 공약을 내세웠다가는 아슬아슬하게 져서 모든 권력을 놓쳐버리기 십상이다. 사회의 지속가능성을 고려하기보다는 정치 공학이 작동된다. 근본적인 개혁이 어려운 이유다.

넷째, 경제 위기에 따른 적자 급증이다.

스웨덴은 1991년 금융위기 전에 GDP 대비 3.8퍼센트의 재정 흑자를 유지했지만 금융위기가 닥치자 정부 재정이 15퍼센트 넘는 적자로 전환됐다. 핀란드는 1991년 금융위기 전에 재정수지가 1퍼센트 흑자였지만 위기 이후 GDP 대비 11.8퍼센트 적자로 돌아섰다. 우리나라는 1997년 외환위기 전에는 재정수지가 균형을 이루었지만 외환위기가 닥치자 재정 적자가 4.8퍼센트가 됐다. 일본은 1992년 버블이 꺼지기 전에는 재정수지가 -0.7퍼센트였지만 그 이후 적자가 GDP 대비 9.4퍼센트로 급증했다.[10] 이처럼 금융위기가 닥치면 이를 극복하기 위해 적극적인 재정 정책을 쓰게 되는데, 이는 국가 부채를 증가시킨다. 케네스 로고프^{Kenneth Rogoff} 하버드대학교 경제학 교수는 "금융위기 이후 3년이 지나면 그전에 비해 국가 부채가 실제로(물가 변동 감안) 평균 86퍼센트 증가한다"고 했다. 우리나라 국가 부채 비율이 50퍼센트라고 할 때 국가 부채가 86퍼센트 증가하고 물가와 GDP에 변화가 없다고 가정했을 때 국가 부채 비율은 93퍼센트가 된다는 뜻이다(50%×86%=43% 증가). 이는 우리나라가 금융위기를 한 번만 겪으면 국가 부채 비율이 2배가 될 수도 있음을 시사한다.

다섯째, 숨은 부채다.

우리나라는 정부 부채로 계상되지 않는 중소기업 등에 대한 정부의 공적 보증이 OECD 회원국 중에서 일본 다음으로 높다. 이는 일종의 우발적 채무다. 공적채무로 계산되지 않지만 경기가 나빠지면 민간에 대한 보증은 정부의 채무로 넘어간다. 1997년 외환위기 때 증권사가 대거 망한 것도 회사채에 대한 지급보증 때문이었다. 지급보증은 한때 보증료를 챙기면서 공짜로 돈을 버는 비즈니스처럼 여겨졌지만 외환위기로 기업들의 회사채 상환이 어려워지자 보증 기관인 증권사가 대신 지급할 수밖에 없게 되면서 문제가 발생했다. 우발 채무는 어려울 때 그 어려움을 배가시키는 경향이 있다. 경제가 좋을 때는 문제가 되지 않다가 어려울 때 문제가 될 소지가 크다.[11]

여섯 번째, 민간 부채의 정부 이전이다.

가계, 기업 같은 민간의 과도한 부채는 경제가 어려울 때 정부 부채로 이전될 수 있다. 서브프라임 사태를 예로 들어보자. 2000년 대 초반 미국의 주택 가격이 유례없이 오르자 너도나도 돈을 빌려 집을 사기 시작했다. 그러다 버블이 터지자 리먼 브러더스 등 금융 기관을 부실화시키는 요인으로 작용했다. 이를 그냥 놔둘 수 없었 던 미국 정부는 결국 채무의 일정 부분을 떠안았다. 그리고 그만큼 정부 부채가 증가했다. 이처럼 민간의 과도한 부채는 정부 부문으 로 이전될 가능성이 있다. 로고프는 국가 부채 비율이 대략 36퍼센 트를 넘지 않아야 안전하다고 봤다.

일본은 1990년대 이후 금융위기 충격, 고령화에 따른 사회보장 지출, 저성장 이 3가지가 결합하여 재정 적자가 계속 확대됐다. 이 러한 재정수지의 모습을 사람들은 '악어의 입'이라고 불렀다.(그림 12 참조) 세수는 그대로인데 지출이 계속 증가해서 그 차이가 마치 악 어가 입을 한껏 벌린 모습과 비슷해 보였기 때문이다. 우리도 일본 처럼 악어 입의 턱 근처에 와 있다. 앞으로 악어의 입이 얼마나 더 벌어질까? 미래는 그리 밝지 않다.

약한 고리, 외환 시장

돈은 빌리기는 쉽지만 갚기는 어렵다. 마치 한겨울에 소리 없이 차곡차곡 쌓이는 눈과 같다. 눈송이는 무게가 없을 정도로 가벼워 보여 나무에 쌓여도 가뿐할 것 같기만 하다. 그러나 계속 쌓이면 나

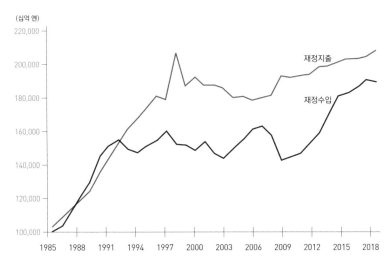

[그림 12] 악어 입을 닮은 일본의 재정수입과 재정지출

(십억 엔)

재정지출

재정수입

출처 : IMF

무는 눈의 무게를 견디지 못하고 부러진다. 눈은 모습만 바뀌었을 뿐이지 본질은 물이다. 양에서 질로의 전환이라는 말이 있다. 매를 많이 맞으면 사람이 죽는다. 부채도 많이 쌓이면 국가 경제의 질質을 바꾸어버린다.

　부채의 과다 차입에 대해 로고프는 "금융이란 부서지기 쉽고, 신용 또한 신뢰할 만한 것이 못 된다"고 했다. 민간 부문에서 과다하게 빚을 내어 투자하면 주택이나 주식 같은 자산 가격이 과도하게 상승하고 은행들은 안정성과 수익성이 높다고 착각하게 된다. 특히 과도하게 차입한 부채는 다음의 4가지 위기를 초래할 가능성이 높다.

1. 과도한 부채는 경제를 취약하게 만들기 때문에 금융위기를 초
   래할 가능성이 높다.
2. 과다 차입으로 인한 경기 호황은 정부의 정책과 관련된 의사결
   정에 그릇된 확신을 심어주고, 국민 생활 수준이 향상됐다는 착
   시 현상을 유발한다.
3. 1990년대 아시아와 중남미가 경험한 것처럼 한 나라의 통화가
   치가 급락하는 환율 위기를 겪을 수 있다.
4. 남미에서 보았듯이 과다한 국가 부채를 감당하지 못해 인플레
   이션(물가 폭등) 위기가 일어날 수 있다.[12]

우리 앞에는 어떤 모습이 나타날까? 국가의 총부채라는 양이 경
제의 질을 바꾸는데는 3가지 경로가 있다. 은행 위기, 인플레이션,
통화의 대외가치 하락이 그것이다. 우리나라의 경우 저성장과 고부
채 사회는 통화의 대외가치 변동으로 연결될 가능성이 크다. 하나
씩 짚어보자.

첫째, 은행 위기가 현실화될 가능성은 높지 않다.

우리나라 국민들은 다른 어느 국가 국민들과 비교해봐도 빚을
잘 갚는 편이다. 외환위기도 기업 대출이 부실화된 것이지 가계 대
출에 문제가 있었던 게 아니었다. 은행 위기는 은행의 부실한 자산
운용에서 비롯된다. 대출해준 기업이 부실화하든지(외환위기), 부동

산에 투자했다가 자산 가격이 급락하든지(저축은행), 조달과 운용의 만기 및 금리 불일치(종금사) 때문에 발생한다.

단기 조달 금리와 운용 금리의 불일치에서 비롯된 대표적인 예로 미국의 저축대부조합 부실화 사건이 있다. 일본의 경우, 장기 저축성 보험을 팔면서 부채는 장기인데 자산은 단기로 운용하다가 금리가 하락해 제로 금리가 되자 보험사들이 대거 부실화됐다. 이에 비해 우리나라 은행은 방어 장치를 비교적 잘 갖추고 있다. 대출 금리가 단기 금리에 연동되어 있어 금리 변동 리스크에 덜 노출되어 있고 주택담보대출비율Loan to Value Ratio, LTV이 낮아 집값이 떨어져도 문제가 적다.

둘째, 고부채가 인플레이션으로 연결될 가능성은 중립이다.

선진국 경제는 1800년부터 제2차 세계대전 직후까지 인플레이션(화폐 가치 하락) 같은 금융위기를 계절 감기처럼 겪어왔다. 그러나 1980년 이후부터 인플레이션은 대부분 아프리카와 남미에서 발생했다. 이는 주로 재정 적자와 통화 발행에 기인한 것이다. 글로벌 금융위기 이후 유럽의 PIGS 국가들은 부채가 급증했지만 인플레이션이 일어나지는 않았다. 유로라는 단일통화 제도로 인해 이들 국가가 화폐를 추가로 발행하거나 통화를 평가절하할 수 없었기 때문이다. 또한 전 세계적인 고령화와 기술 혁신으로 단순히 화폐 증가 때문에 높은 인플레이션이 발생하기는 어려운 시대가 됐다. 실제로 2008년 글로벌 금융위기가 닥치자 전 세계 국가들은 경쟁적으로 돈을 풀었다. 인플레이션이 우려됐지만 실물 시장의 수요 부족으로 인플레이션이 현실화되지는 않았다.

　그러나 앞으로 전개될 우리나라의 정부 부채 증가와 재정 적자 확대는 다른 양상을 띨 것이다. 정부 부채를 계속 증가시키기 어려운 상황에서 복지 수요를 충족시키기 위해 화폐를 발행하자는 이야기가 나올 수 있기 때문이다. 실제로 2020년 코로나 펜데믹을 겪으면서 한때 화폐 발행에 대한 이야기가 공론화되기도 했다. 그러나 지속적인 국내 수요 부족으로 물가가 계속 상승하는 인플레이션이 고착화될 가능성은 높지 않다.

　셋째, 통화가치 하락은 가능성이 있어 보인다.

　〈그림 13〉에서 보듯, 우리나라는 지금까지 외환 시장의 충격으로 환율이 한 단계 점프한 후 진정되는 경향을 보여왔다. 지속적으로 불안정한 모습을 보이지는 않았다. 이는 우리나라 제조업의 특징 때문이다. 환율이 약세를 보이면 제조업의 경쟁력이 높아져 수출이 증가하고 생산과 투자가 뒤따른다. 이는 경상수지 흑자를 증가시켜 외환 보유고가 증가하고 성장률이 오르면서 환율이 안정된다. 그러나 이는 부채 비율이 낮을 때나 가능한 시나리오다. 고부채 국가가 되어 근본적인 신뢰 문제가 발생하면 환율이 안정되기까지 더 오랜 시간이 걸린다. 우리나라는 외환 보유고가 500조 원에 육박하며, 국민연금 등 민간의 외환 보유액도 많은 편이다.* 경상수지

＊　국민연금은 해외 투자를 하면서 환헤지를 하지 않는다. 원화를 달러로 바꾸어 미국 주식을 산다. 미국 주식을 팔면 대금을 달러로 받게 된다. 일종의 민간 외환 보유액인 셈이다.

[그림 13] 고수익채권 신용스프레드처럼 움직이는 달러/원 환율

도 계속 흑자를 보고 있다. 따라서 부채가 많아진다고 해서 외환 시장이 당장 불안해지지는 않을 것이다. 하지만 앞으로 닥칠 국가 부채의 증가, 고령화 충격 등을 감안하면 문제가 표면화되는 것은 시간 문제다. 고부채 국가는 혈액에 콜레스테롤과 당이 많아진 것과 같다. 근본적인 치유 없이는 혈압이 높아지다가 언제 심장마비가 찾아올지 모른다. 혈관이 터지는 고리는 화폐의 대외적 신뢰를 나타내는 외환 시장일 가능성이 높다.

이는 가계 자산 배분과 관련, 시사하는 바가 크다. 우리는 자산 배분을 부동산, 주식, 채권의 비중을 결정하는 정도로 여기지만, 통화도 중요한 요소다. 우리나라는 개방 경제로 글로벌 경제와 밀접하게 연관되어 있다. 많은 물건을 국외에서 사며, 다른 나라로 여행을 가고, 유학을 떠난다. 그런데도 우리 가계 자산은 거의 대부분 원화다. 외환위기 때 환율이 1800원으로 오르고 글로벌 금융위기 때 1600원으로 상승했던 상황을 경험하면서 우리는 원화 자산만 갖고 있을 경우 어떤 위험에 처할 수 있는지 직접 몸으로 겪었다. 환율 차이 때문에 유학 갔던 학생들은 귀국하기도 했다.

앞으로는 자산 배분을 할 때 국내 통화와 해외 통화의 비중을 따져봐야 한다(개인의 자산 배분 전략에 대해서는 7장에서 상세하게 설명할 것이다). 달러를 예금으로 갖고 있으라는 뜻이 아니다. 외환을 헤지하지 않고 달러 투자 자산을 가지고 있다면 달러 통화를 갖고 있는 것과 같은 효과가 있다. 예를 들어 미국 주식 펀드를 환헤지하지 않고 투자하면 미국 기업의 지분과 달러 이 둘을 같이 들고 있는 셈이다. 이를 통해 통화도 분산할 수 있다.

내일의 금맥을 찾아서

지금까지 우리나라 정부, 기업, 개인이 겪게 될 미래를 살펴보았다. 이쯤 되면 이런 질문이 떠오를 것이다. 그래서 우리는, 나는 무엇을 해야 하는가? '제조업 성장의 한계, 제로 모멘텀으로 식어버린 성장 엔진과 부동산 시장의 정체, 저성장 고부채 사회의 미래'에 직면해서 몸을 움츠리고 참호 속에 숨어 있어야 하는가? 현금이나 금을 꼭 쥐고 있어야 하는가?

그렇지 않다. 성장하는 곳으로 몸을 옮기는 적극적인 자세를 가져야 한다. 스위스 출신의 유대계 투자자 마크 파버Marc Faber는 닥터 둠Dr. Doom이란 이름으로 더 유명하다. 그는 1987년 미국의 블랙 먼데이, 1990년 일본의 자산 시장 버블 붕괴, 1997년 아시아 외환위기를 예측해 이 같은 별명을 얻었다. 그러나 그는 버블 붕괴만 얘기한 암울한 선지가가 아니다. 어떤 부문이 확장될지가 그의 주된 관심사였다.

나는 2003년 마크 파버의 저서《내일의 금맥Tomorrow's Gold》을 읽으면서 투자 시장을 보는 관점을 새로 배웠다. 아시아 시장이 내일의 금맥이 될 것이라는 게 이 책의 주요 내용인데, 그는 경제가 수축하는 상황에서도 반드시 확장되는 부문이 있고, 투자자는 그곳을 찾아야 한다고 강조했다. 주식 시장을 예로 들면, 코로나19 이후 경제가 크게 위축되면서 전통산업 중심의 주식 부문은 가격이 거의 오르지 않았지만 플랫폼, 전기차, 바이오 등 신성장 부문은 무서운 속도로 확장하고 있다.(그림 14 참조) 파버는 IT 버블이 무너지는 상황 속에서도 아시아 시장을 내일의 금맥이라고 보며 희망을 가지라고 했다. 우여곡절이 있었지만 결과적으로 그의 관점은 옳았다.

최근 우리나라에서 고령 인구가 급속히 늘어나는 반면 출생아 숫자가 급감하면서 '수축 사회'에 대한 걱정이 많다. 경제뿐만 아니라 사회의 여러 부문이 과거의 확장일로에서 수축 국면으로 돌아서

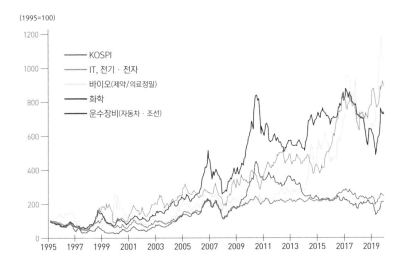

[그림 14] 섹터별로 다르게 움직이는 주식 : 우리나라 업종 지수 장기 추이

(1995=100)

───── KOSPI
───── IT, 전기 · 전자
───── 바이오(제약/의료정밀)
───── 화학
───── 운수장비(자동차 · 조선)

출처 : 블룸버그

고 있는 것도 현실이다. 이런 상황에서는 파버가 보여준 '내일의 금맥'을 찾는 관점을 갖출 필요가 있다. 수축의 해답은 수축에서 찾을 수 없다.

첫째, 우리를 둘러싼 대외 환경이 확장되고 있음에 주목하자.

우리나라는 GDP 대비 수출 비중이 35퍼센트 수준에 이르는 대외 지향적 국가다. 내수보다는 해외 수요가 투자와 성장을 견인하므로 해외 수요가 많아지면 경제도 확장된다. 중국과 인도의 인구를 합하면 28억 명으로, 우리나라 인구의 56배 정도 된다. 전 세계 인구는 현재 77억 명에서 2050년 97억 명에 이를 것이다. 시야를 넓혀서 보면 인구 수축 사회가 아니라 여전히 인구 확장 사회임을 알 수 있다.

우리의 미래를 일본의 현재라고 보는 시각이 있지만 이는 적절하지 않다. 우리나라는 일본처럼 내수 비중이 높지 않다. 다행스럽게도 중국이라는, 1인당 소득이 1만 달러에 이르고 매년 6퍼센트 이상 성장하는 구매력 있는 집단이 우리 바로 옆에 있다. 중국 외에도 세계 자본주의에 편입되면서 날로 소득이 증가하고 있는 인도, 베트남, 인도네시아 등의 국가가 가까이 있다. 잠자고 있는 아프리카가 언제 기지개를 펼지 모른다. 거시적으로 보면 우리나라는 확장 환경에 놓여 있다. 이들의 구매력이 증가하면 우리나라 제품을 수요하게 될 게 분명하다.

둘째, 확장되는 부문을 찾자.

내연기관 중심의 자동차 산업은 수축되겠지만 전기차는 확장될 것이며, 따라서 배터리 산업도 확장 부문에 속한다. 글로벌 반도체 부문도 미래 전망이 밝다. 사무실 공간과 컴퓨터 장비에 대한 수요는 줄겠지만 클라우드 관련 소프트웨어에 대한 수요는 증가할 것이다. 유아 산업은 축소되겠지만 고령자 중심의 바이오와 헬스케어는 크게 확장된다. 전통 제조업은 축소될 테지만 디지털, 그린 산업은 발 빠르게 커지고 있다. 기술 혁신 사회에서는 지속될 유망한 트렌드를 찾아내 거기에 투자하면 된다. 국가도 확장 부문에서 경쟁력을 가지면 성장할 수 있다.

셋째, 고령화라는 도전 과제는 기술 혁신으로 이겨내자.

다들 인구 감소와 고령화를 부정적인 시각으로만 바라본다. 하지만 기술 혁신으로 노동자가 줄어들면서 생산성이 높아진다면 인구가 줄어드는 것이 득이 될 여지도 있다. 기계 하나에 10명의 노동자가 배치되는 것이 최적인데 15명의 노동자가 있다면 5명은 실업 상태여야 하고, 누군가 이들을 부양해야 한다. 기술 혁신으로 기계 하나에 15명의 노동자가 필요하다가 10명이면 충분한 사회가 되었다면 인구 감소가 부정적인 요소가 아닐 수도 있다.

2부에서 본격적으로 다루겠지만 이미 고령화와 기술 혁신이 결합해 새로운 시장이 탄생하고 있다. 생각을 바꿔보자. 고령화가 본격화되는 시점에 기술 혁신이 폭발적으로 진행된다는 것은 좋은 기회다. 기술 혁신으로 고령화에 대응할 수 있기 때문이다. 일본은 기술 혁신 전에 이미 고령화가 진행되었다. 중국은 감당해야 할 고령 인구가 너무 많다. 우리나라는 아직 관리할 만한 수준이다. 고령화와 기술이 교차하는 분야에서 세계적 경쟁력을 키운다면 경제도 분명 성장시킬 수 있을 것이다.

수축 사회 프레임에 빠지지 말자. 인구 감소로 수축하는 영역이 분명히 있을 테지만 이로 인해 사회 전체를 '수축'이라는 프레임으로 볼 필요는 없다. 수축 사회가 온다고 해서 무작정 수비로만 대응하면 우리는 정말로 수축하게 된다. 수비를 아무리 잘하더라도 경기 결과를 뒤집을 수는 없다. 수축 사회에만 집중할 게 아니라 확장 부문에 대한 투자를 통해 적극적으로 대응해야 한다. 이는 제조업 국가라는 운명 속에 고령화를 맞이해야 하는 우리나라가 한 단계 도약할 수 있는 기회다.

2부

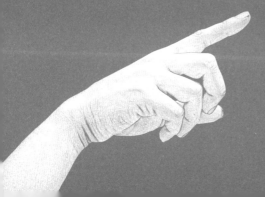

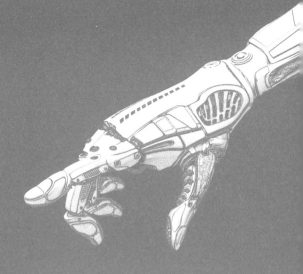

데모테크 :
2021~2050
메가 트렌드

4
── 세계가 은퇴한다. ── 시간차를 두고서

세계가 은퇴한다. 하지만 감당할 수 있을까?
- 앨런 그린스펀, 전 연방준비위원회 의장

지난 세기 공산주의의 출현과 붕괴로 세계 질서가 재편됐다면 2020년 이후에는 고령화로 대표되는 인구 구조의 변화가 세계를 바꿀 것이다. 이 변화는 10~20년으로 끝나지 않고 50년 이상 이어질 거대한 흐름이다. 세계보건기구World Health Organization, WHO는 고령화를 일컬어 "조용하게, 거의 눈에 띄지 않게 진행되지만 점차 속도가 붙어 향후 25년 정도 지나면 그 윤곽이 분명해질 사회혁명"[1]이라고 했다.

고령화를 주도하는 세대는 베이비부머다. 제2차 세계대전 후에 태어난 베이비부머는 1946~1970년대에 태어나서 한 세대를 이루고 있다. 이들은 20대 때 사회를 변화시키고 대중문화를 만들어냈다. 40대에 이르러서는 금융 시장을 바꾸어놓았다. 이제 대거 고령화에 접어드는 베이비부머는 새로운 혁명을 시도하고 있다. 거대한 소비 시장의 주체가 되어 문화를 바꾸고 행복과 영원한 삶을 추구하고 있다. 베이비부머는 예전의 노년 세대와는 다른 신노년 세대로 경제, 사회, 문화 등 다방면에서 영향력을 발휘할 것이다. 그렇다고 이런 인구 구조 변화가 마냥 좋은 것만은 아니다. 사회의 지속가능성에 의문을 던져 주기 때문이다.

다가올 고령사회를 알고 대응하기 위해서는 인구 구조의 세계적 변화를 함께 보아야 한다. 고령화 현상이 선진국 중심으로 뚜렷하게 나타나다 보니 마치 온 세계가 한꺼번에 늙어가고 인구가 정체할 것처럼 보이지만, 실상은 다르다. 2050년 세계 인구는 지금보다 25퍼센트 이상 증가해 100억 명에 육박할 것이다. 같은 기간 생산가능인구도 21퍼센트 증가한다. 선진국에 이어 우리나라, 중국 등이 고령화 대열에 참여하는 반면 동남아시아, 인도, 아프리카는 경제 성장에 유리한 인구 구조를 가지게 된다.

이런 변화의 흐름 속에서 일본은 1980년대 말부터 발빠르게 인구가 젊은 동남아시아 국가로 자본을 옮기고 있고, 아프리카에도 공을 들이고 있다. 중국의 일대일로一帶一路의 끝점은 아프리카다. 일본, 중국 모두 자신들의 인구 구조가 지닌 핸디캡을 만회하기 위해 세계를 무대로 인구구조 거래를 하고 있다. 다양하게 그리고 시간차로 전개되는 세계의 인구 구조 변화를 이해하고 우리에게 맞는 고령화 탈출 해법을 찾아야 한다.

밥 딜런과 테스 형

대학교 신입생이던 1981년, 영어 회화 수업 시간에 20대 후반 외국인 강사가 카세트테이프로 팝송을 들려주었다. 서울에 올라와 처음 들은 팝송은 그 자체로 문화 충격이었다. 그날 들은 노래는 리오 세이어 ^{Leo Sayer}가 부른 〈모어 댄 아이 캔 세이 ^{More Than I Can Say}〉였다.

원래 이 노래는 1960년 밴드 크리켓 ^{Cricket}이 만든 곡인데 리오 세이어가 1980년에 다시 불러 인기를 끌었다. 리오 세이어의 독특한 음색 덕분에 이 노래는 빌보드 주간 차트 1위를 차지했다. 멀리 미국에서 한국까지 와 나에게 이 노래를 들려준 그 영어 강사가 바로 전형적인 미국의 베이비부머 세대였다. 그는 미국의 베이비부머이고, 나는 한국의 베이비부머였다. 리오 세이어 역시 1948년에 태어난 베이버부머다.

2022년 12월이면 국제 기준으로 나는 60세가 된다. 중국에서는 대략 매일 5만 4000명이, 미국에서는 1만 2000명이, 그리고 전 세계적으로는 21만 명이 매일 60세 생일을 맞고 있다.[2] 엄청난 숫자다. 내가 태어나고 한 달 뒤인 1963년 1월에 미국 신문 〈데일리프레스 ^{Daily Press}〉 사설에서 처음으로 '베이비부머 ^{baby boomer}'라는 단어가 등장한다.[3] 그러나 1945년 제2차 세계대전이 끝난 직후 전 세계적으로 급격히 출산율이 높아지는 현상, 즉 '베이비붐 ^{baby boom}'은 이미 진행되고 있었다. 일본에선 1947~1949년 태어난 이들을 단카이 세대라고 하고, 미국에선 1946~1964년 태어난 이들을 베이비붐 세대라고 부른다. 이 시기 미국에선 7600만 명이 태어났고, 현재

7100만 명이 살아 있다. 이들은 미국 전체 인구의 23.5퍼센트를 차지한다. 56~74세 비중이 전체 인구의 4분의 1가량 되는 셈이다. 유럽의 사정도 비슷하다. 1946~1964년 사이에 태어난 영국의 베이비부머는 현재 1400만 명, 전체 인구의 21퍼센트를 차지한다. 독일은 서독과 동독 모두 1955~1967년 사이에 출생률이 높았다.

우리나라는 한국전쟁의 상흔이 어느 정도 치유된 1955년부터 1차 베이비붐(1955~1963년)이 시작됐다. 2차 베이비붐은 1974년 끝났다. 1955~1974년 전 기간을 보면 이 시기 출생한 베이비부머는 총인구의 34퍼센트를 차지하는 거대한 인구 집단을 형성하고 있다. 중국은 1950년에 시작돼 1979년 한 자녀 운동을 펼칠 때까지 출산율이 계속 증가했다. 대약진 운동과 대기근, 문화대혁명의 혼란 속에서도 1950~1970년 중국 인구는 10년마다 1억 2000만~1억 5000만 명 정도 늘어났다. 매년 1000만 명 조금 넘는 인구가 늘어난 셈이다. 중국의 고령화 비율과 그 과정은 우리나라보다 5년 정도 늦게 진행됐지만 양상은 비슷하다.

글로벌 관점에서 베이비부머는 1946년부터 1970년대까지 30여 년에 걸쳐 태어났다. 한 세대를 이루고 있는 셈이다. 이들이 은퇴하면서 전 세계 인구 구조에 혁명적인 변화가 일어나고 있다. 〈그림 15〉에서 보듯이 고령자의 규모가 급격하게 증가할 뿐 아니라 총인구에서 차지하는 비중도 높아진다. 65세 이상 고령 인구 숫자를 보면 2020년 7억 3000만 명에서 2050년 15억 5000만 명으로 8억 명 증가하고, 2060년에는 18억 1000만 명이 된다.[4] 정리하

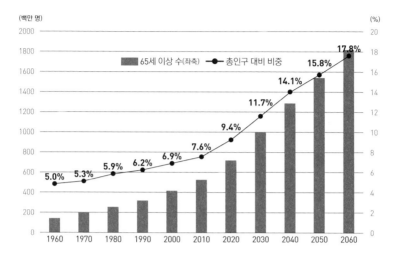

[그림 15] 세계 65세 이상 인구수 및 총인구대비 비중의 추이와 전망

(백만 명)

65세 이상 수(좌축)　　총인구 대비 비중

5.0%　5.3%　5.9%　6.2%　6.9%　7.6%　9.4%　11.7%　14.1%　15.8%　17.8%

1960　1970　1980　1990　2000　2010　2020　2030　2040　2050　2060

출처 : UN(2019)

면 2019년부터 2060년까지 고령 인구는 11억 명이 증가하는데, 이는 미국 인구의 3배에 해당한다. 향후 40년 동안 65세 이상 인구만 모여 사는 미국만한 나라가 3개나 생겨난다는 뜻이다. 고령 인구 비중은 2020년 9.4퍼센트에서 2030년에는 11.7퍼센트, 2050년에는 15.8퍼센트로 계속 높아질 것이다.

　고령자 수의 지역별 분포를 보면 선진국의 뒤를 이어 우리나라, 중국, 인도의 고령자 숫자가 본격적으로 증가하고 있다. 선진국 고령 인구가 성숙 단계라면 신흥국 고령 인구는 본격 성장 단계에 진입했다고 볼 수 있다. G20의 65세 이상 인구는 2020년 5억 7000만 명에서 2050년 11억 명이 될 것이다. 2020년 현재 중국과 인도가 G20 고령 인구의 45퍼센트를 차지하고 있는데, 2050년이 되면 그 비중이 53퍼센트로 늘어날 것으로 보인다. 전 세계적으로 고령 인구가 증가하고 있지만 그 속도는 선진국과 신흥국에 차이가 있음을 알 수 있다. 〈그림 16〉에서 보듯, 일본은 이미 고령층 인구가 크게 증가해 2020년 이후에는 고령자 증가 추세가 확연히 떨어져 2050년까지 6퍼센트 증가에 그친다. 반면 OECD 국가들은 앞으로 40~50퍼센트 증가할 것이다. 미국은 고령층 인구가 53퍼센트 증가할 것으로 전망된다.

후발 고령화 국가의 증가 속도는 이보다 훨씬 빠르다. 특히 우리나라의 고령 인구는 같은 기간 130퍼센트가량 증가한다. 중국은 107퍼센트, 인도는 146퍼센트 증가한다. 놀라운 속도다. 향후 30년 동안 중국과 인도의 고령자 수만 3억 명 넘게 늘어나는데, 2050년이 되면 세계 고령자 4명 중 1명이 중국 땅에 살게 된다.*

베이비부머들로 인해 지금의 대중문화가 탄생했고, 이를 이끄는 스타가 태어났다. 베이비부머 스타들은 주로 베이비붐 직전 또는 직후에 태어났는데, 대표적으로 비틀스, 밥 딜런^{Bob Dylan}(1941년생),

---

* 중동(middle east)은 전혀 다른 모습을 보인다. 세계 고령화 4개 국가는 일본, 독일, 이탈리아, 핀란드다. 반면 아시아에서 가장 젊은 국가(65세 이상 인구 비중이 3퍼센트 미만)는 8개 모두 중동에 속해 있다. 사우디아라비아, 예멘, 오만, 아프가니스탄, 바레인, 쿠웨이트, 카타르, 아랍에미리트다. 아프가니스탄은 65세 이상 비중이 2.5퍼센트(2015년 기준)에 불과하다. Hong, Phua Kai 등 편집(2019), Ageing in Asia, World Scientific.

[그림 16] 지역별 65세 이상 인구 증감 및 증감률 (단위 : 백만 명)

	세계	G20	EU28	OECD	한국	미국	중국	인도	일본
2020	729,4	568.9	105.5	234.9	8.1	56.1	173.6	90.6	36.2
2050	1,5461	1.093.50	149.1	359.7	18.8	85.7	358.9	226.6	38.4
증감	816.7	524.6	43.6	124.8	10.7	29.6	185.3	132.0	2.2
증감률	112%	92%	41%	53%	131%	53%	107%	146%	6%

출처 : UN

퀸 Queen(프레디 머큐리, 1946년생), 롤링 스톤즈 The Rolling Stones(믹 재거, 1943년 생) 등을 들 수 있다. 이는 우리나라도 비슷해서 조영남(1945년생), 송 창식(1947년생), 나훈아(1947년생), 문주란(1949년생), 조용필(1950생) 등 이 여기에 해당된다. 2020년 화제를 모은 가수 나훈아의 온라인 쇼 와 그때 히트 친 노래 〈테스 형!〉은 베이비부머의 힘이 여전히 건재 함을 보여주었다.

이제 10년 후면 50대 중반에서 80대 중반에 걸쳐 있게 될 세계 의 베이비부머들은 고고 리듬을 다시 주류 문화로 유행시키지는 못 할 테지만 새로운 혁명을 준비하고 있다. 혁명을 하려면 이를 따르 는 사람들의 수도 중요하지만 자금도 있어야 한다. 올드부머가 된 베이비부머는 중국의 성장을 바탕으로 이전 세대와 다르게 막강한 숫자와 함께 자금도 갖고 있다.

중국의 고령자 시장을 주목하라

중국에서는 '웨이푸셴라오 ^{未富先老}', 즉 '부유해지기 전에 먼저 늙는다'라는 말이 유행한 적이 있다. 이 말이 유행할 당시 중국의 1인당 GDP는 4000달러 수준이었는데, 소득이 1만 달러에 한참 못 미치는 상황에서 중국 사회가 고령화에 접어드는 것을 우려해서 등장한 표현이다. 하지만 중국의 1인당 GDP는 빠르게 성장해 지금은 1만 달러를 넘어섰다. 우리나라 경제에는 좋은 신호다.

한 국가가 경제력에 비해 고령자 수가 너무 증가하면 추가적 복지, 의료 수요로 경제에 역효과를 초래하게 된다. 이는 비단 한 나라만의 문제가 아니다. 중국이 충분한 경제 성장을 하지 못한 상태에서 고령화를 맞았다면 수요 감소로 인해 우리나라처럼 중국과 교역하는 나라의 경제에도 좋지 않은 영향을 주었을 것이다.

다행히 중국은 예상보다 훨씬 빠른 속도로 성장했고, 본격적인 고령화가 시작되기 전에 국민소득 1만 달러를 넘어섰다. 이는 앞으로 다가올 글로벌 고령 사회의 판도를 바꿀 만한 사건이다. 이 의미에 대해 좀 더 자세히 살펴보자.

인구가 늘어나고 줄어드는 것만 봐서는 인구 증감이 경제에 미치는 효과를 제대로 이해할 수 없다. 경제에 영향을 미치려면 상품을 소비하는 유효 수요층이 증가해야 한다. 유효 수요층이란 소득이 있고 제품을 사고 싶은 마음이 있는 사람들을 말한다. 신노년 세대는 자신의 행복을 위해 제품과 서비스를 사고 싶은 마음을 갖고 있다. 문제는 소득이다. 지금까지 고령 인구는 대부분 선진국을 중심으로 증가해왔고, 이들의 소득 수준은 높은 편이었다. 따라서 개발도상국에 해당하는 중국과 인도의 고령화가 세계 경제에 미치는 영향을 분석하려면 이들 국가의 향후 소득 변화를 추적해야 한다.

세계 지역별로 총가계소득 점유율을 보면, 2012년 기준으로 북아메리카(미국, 캐나다) 30퍼센트, 서유럽 25퍼센트, 아시아 부국(일본, 한국, 대만, 호주, 홍콩 등) 15퍼센트, 중국 8퍼센트, 남미 7퍼센트, 동유럽 6퍼센트, 북아프리카 및 중동 3퍼센트, 아시아 개발도상국 3퍼센트 순이다.[5] 세계 3대 부유 지역은 북아메리카, 서유럽, 아시아 부국이며 이들 지역은 전 세계 인구의 18퍼센트를 점유한 데 불과하지만 전 세계 총가계소득의 71퍼센트를 차지한다. 2000년대 세계 자본 시장에 편입된 뒤 세계의 공장이 된 중국은 앞으로 세계 시장에서 지속적으로 부의 점유율을 높여갈 것이며 세계 고령자 시장에서 중국의 영향력도 그만큼 커지게 된다.

글로벌 데모그래픽스Global Demographics 대표 클린트 로렌Clint Laurent 은 2032년 소득별 가구 분포를 전망했다.(그림 17 참조) 그중 중산층에 해당하는 가계 소득 5만~10만 달러 가구의 변화를 비교해보자. 그의 연구에 따르면, 2012년 전 세계 가계소득 분포에서 5만~10만 달러 구간의 중국 가계 비중은 3퍼센트에 불과했다. 하지만 2032년이 되면 중국의 해당 가구 수가 급격히 늘어나 전 세계 16퍼센트를 차지하게 된다. 세계 3대 부유지역(북아메리카, 서유럽, 아시아 부국)과 중국의 비중까지 합하면 76퍼센트가 된다. 가구소득이 10만 달러 이상인 중국 가구의 비중도 같은 기간 1퍼센트에서 9퍼센트로

[그림 17] 지역, 국가별 가계소득 분포(2032년 전망치. 2010년 실질가치 기준)

	1만 5000달러 미만	1만 5000~5만 달러	5만~10만 달러	10만 달러 이상
북아메리카	0%	5%	22%	38%
서유럽	2%	12%	25%	21%
아시아 부국	0%	4%	13%	19%
동유럽	6%	10%	7%	4%
남미	4%	14%	10%	5%
아시아 개발도상국	24%	9%	3%	1%
북아프리카, 중동	12%	4%	2%	2%
중국	23%	31%	16%	9%
인도	29%	10%	2%	1%

출처 : 클린트 로렌(2013)

증가한다. 가구 수로 보면 96만 가구에서 1770만 가구로 증가한다. 2032년이 되면 1만 5000달러~5만 달러 사이 소득에 해당하는 전 세계 가구 중에서 중국이 차지하는 비중은 무려 31퍼센트가 된다. 이는 중국의 높은 경제 성장률 때문에 가능한 시나리오다. 2032년 이후 중국이 4퍼센트 성장한다면 18년 후인 2050년에는 실질소득이 2배가 된다. 반면 서구 국가들이 같은 기간 2퍼센트 성장한다면 2050년에 실질 소득은 42퍼센트 성장하는 데 그친다. 따라서 주머니를 열 수 있는 노년층이 지금 당장은 선진국 시장(서구+아시아 부국)에 집중되어 있지만 앞으로는 중국의 중요성이 확대될 것이다.

인도도 인구 구조 측면에서는 고령층이 늘어날 테지만 중국에 비해서는 시장의 매력이 한참 떨어진다. 인도는 2019년 현재 1인당 GDP가 2099달러로 중국의 5분의 1에 불과하다. 인도는 교육 투자 수준이 뒤떨어진다. 기술 혁신 시대에 교육 제도가 열악한 국가는 젊은층이 많아져도 국가의 부를 키우기 어렵다.[6] 게다가 우수한 인재가 주변국으로 유출되고 있다. 중국과 비교해 보면 2032년에 가계 소득이 얼마나 뒤처지는지 알 수 있다. 그 외의 국가 역시 인구가 증가하더라도 소득이 뒷받침해주지 못해 큰 의미가 없다.

정리하면, 고령자 시장은 북아메리카, 서유럽, 아시아 부국에 중국이 가세하는 모양새가 될 것이다. 다만 중국은 지금 당장은 개인 소득에서 소비 비중이 낮아 고령자 소비 시장에 미치는 영향력이 제한적이다. 당분간은 북미, 서유럽, 아시아 부국이 고령자 소비 시장의 중심에 있지만 시간이 흐를수록 중국 시장의 영향력은 지속적으로 확대될 것이다.

인구 구조로 읽는 부의 지도

인도를 배경으로 한 영화 〈화이트 타이거〉는 아라빈드 아디가Aravind Adiga가 쓴 동명 소설이 원작이다. 작가는 이 소설로 2008년 부커상을 받았다. 이 영화는 하인 겸 운전기사인 발람이 인도의 계층과 계급의 굴레를 벗어나 기업가가 되는 과정을 냉혹한 시선으로 그리고 있다. 영화에서 발람은 원자바오溫家寶 중국 총리가 인도를 방문했을 때 엉뚱하게도 총리에게 만나자고 이메일을 보낸다. 영화의 마지막 장면에서 발람은 원자바오에게 "백인들은 이미 저 물어가고 있어요. 우리 대에 그들의 세상은 끝날 거예요. 이제 미래 는 인도와 중국의 손에 달려 있죠"라고 말한다. 이 영화는 브릭스 BRICS(브라질, 러시아, 인도, 중국)가 각광 받던 2008년의 흐름을 반영하고 있다. 그런데, 발람의 말이 맞을까? 미국, 중국, 인도의 미래를 인구 구조를 통해서 전망해보자.

선진국 중에서 미국처럼 경제 발전에 적합한 인구 구조를 가진 나라는 없다. 인구 증가 속도, 고령 인구 비중, 노인 부양 비율 등의 지표를 보면 알 수 있다. 미국 인구는 지속적으로 증가해 2020년 3억 3000만 명에서 2050년 3억 9000만 명이 될 것으로 보인다. 30년 동안(2020~2050년) 인구가 18.2퍼센트 증가하는 것이다. 심지어 2050년부터 10년 동안 인구는 1500만 명 더 증가한다. 15~64세 생산가능인구는 2억 1500만 명에서 2억 3800만 명으로 2500만 명 증가한다. 생산가능인구보다 고령자 증가 속도가 빠르므로 총인구 대비 생산가능인구 비중은 64.7퍼센트에서 61.3퍼센트로 소폭 하락하지만 다른 선진국과 비교하면 상당히 양호한 편이다. 65세 이상 인구는 5600만 명에서 8560만 명으로 증가해 총인구 대비 비중이 16.9퍼센트에서 22.0퍼센트로 늘어날 전망이다. 이는 2050년 65세 이상 인구 비중이 OECD 평균은 25.4퍼센트, EU 28개국 평균은 28.8퍼센트가 될 것이라는 전망을 감안하면 낮은 수치다. 이 값이 일본은 37.7퍼센트, 독일은 29.5퍼센트에 이른다. 우리나라는?

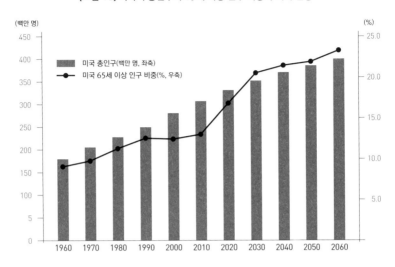

[그림 18] 미국의 총인구와 65세 이상 인구 비중 추이와 전망

(백만 명)

■ 미국 총인구(백만 명, 좌축)
● 미국 65세 이상 인구 비중(%, 우축)

450
400
350
300
250
200
150
100
50
0

1960 1970 1980 1990 2000 2010 2020 2030 2040 2050 2060

(%)
25.0
20.0
15.0
10.0
5.0

출처 : UN

놀라지 말자. 38.0퍼센트다. 일본이나 유럽과 달리 미국의 미래 인구 구조는 건강한 편이다.

미국 인구 구조 유형에 속하는 나라는 선진국의 경우 프랑스와 뉴질랜드가, 신흥국의 경우 인도네시아, 베트남, 멕시코가 있다. 프랑스 인구는 미국처럼 비교적 젊고, 고령화 속도도 느려 다른 유럽 국가에 비해서는 인구 구조 면에서 경쟁력이 있다. 다만 프랑스의 인구 문제는 다른 데 있다. 세네갈, 알제리처럼 식민지에서 프랑스로 유입된 식민지 혈통의 프랑스인과 본토 출신의 프랑스인 사이의

차별과 갈등이 그것이다.[7]

중국은 어떨까? 중국의 2050년 고령자 비중은 26.3퍼센트로 미국보다 높게 전망됐다. 10년 후인 2060년에는 고령 인구 비중이 미국은 23.4퍼센트에 머무르는데 비해 중국은 30퍼센트가 넘는다. 미국의 인구 구조가 장기적으로 얼마나 안정적인지 알 수 있다. 경제적인 관점에서 미국의 노동력은 앞으로도 잘 기능할 것이다. 미국은 세계의 인재가 몰려드는 나라다. 인력을 조달하는 데 있어서 유리한 위치에 있다. 인구 구조뿐 아니라 인력의 질 면에서도 인도와 이스라엘의 뛰어난 인재들이 미국에 모두 와 있다고 할 정도로 미국은 전 세계 인재들을 빨아들이고 있다. 기술 혁신에서도 선두에 있으니 노동력, 자본, 혁신이라는 요인을 고루 갖추고 있는 나라라 하겠다.

2029년이 되면 중국의 인구는 14억 4000만 명으로 최고점에 이르고 이후 감소하기 시작해 2050년에는 13억 6000만 명이 된다. 반면 65세 이상 고령 인구는 2020년 1억 7000만 명에서 2060년 3억 9000만 명이 된다. 가장 많이 증가하는 시기는 2020~2040년으로, 이 기간 동안 무려 1억 6400만 명 늘어난다. 총인구 대비 65세 이상 인구 비중은 2030년 12.2퍼센트에서 2050년 26.3퍼센트로 거의 2배 이상 증가할 것으로 전망된다. 중국의 고령화가 얼마나 불안정하게 진행되고 있는지 알 수 있다

중국은 한 자녀 정책이라는 국가적 출생률 제한 정책과 급속한 산업화, 도시화로 낮은 출생률을 유지해왔다. 베이비부머가 일하기

에는 좋은 조건이 형성됐지만 이들이 은퇴하는 시점이 닥치면서 이 제는 반작용을 걱정해야 할 처지가 됐다. 특히 1978년 이후 출생자들의 남녀 성비가 10퍼센트 이상 차이가 나는데 이로 인해 40세 이하의 중국 남성 중 4000만 명이 결혼하기 어려울 것으로 전망된다. 이민을 통해 인구 문제를 해결하기에는 중국 인구가 너무 많다. 인도 정도가 중국의 문제를 보완해줄 인구를 갖고 있지만 두 나라의 관계를 감안하면 불가능한 시나리오다.

2019년 기준 중국의 1인당 소득은 1만 달러이고 미국은 6만 5000달러다. 따라서 고령 사회에 대한 부담은 미국보다 중국이 훨씬 높다. 사회보장 시스템의 경우도 중국은 도시 공업화 지역에 비해 농촌 지역은 상당히 미흡한 상황이다.[8]

지난 30년 동안 중국의 인구 구조는 경제 성장에 최적화되어 있었다. 생산가능인구가 1990년 7억 6800만 명에서 2020년 10억 명으로 2억 3000만 명 증가했다. 그러나 향후 30년간 해당 인구는 1억 9000만 명 감소할 전망이다. 반면 고령 인구는 지금부터 20년간 급증한다. 이렇게 많은 인구를 가진 나라가 이렇게 빠른 속도로 생산인구가 줄고 고령 인구가 증가한 경우는 인류 역사상 없었다. 앞으로 기대수명이 늘어날 것을 감안해서 부양해야 하는 노년의 나이를 65세를 기준으로 삼지 않고 기대여명이 15년 이하인 경우로 적용하고 부양해야 하는 나이를 20세 이상으로 계산하면 2010년과 2050년 노인 부양 비율은 한국의 경우 10.4에서 31.0으로, 중국의 경우 11.9에서 31.4로 높아진다.[9] 중국의 고령화 상황이 만만치 않음을 알 수 있다.

중국 인구 구조 유형에 속하는 국가는 일본, 독일, 이탈리아, 그리고 우리나라가 있다. 공교롭게도 모두 제조업이 강한 국가들이다. 산업화를 위해 효율적이지만 과밀한 도시 공간에 다수의 사람들이 거주하면서 출생률이 급격하게 떨어졌기 때문이리라. 이들 국가 중 이민 정책이 쉽지 않은 일본은 로봇 전략을 추진하고 있다. 독일은 일본과 비슷한 수준으로 고령화가 진행되고 있지만 일본보다는 상황이 좋다. 다만 독일은 자국 상품의 주요 수출 지역인 유럽 국가들도 같이 늙어가고 있다는 점이 문제다.

인도는 2020년 현재 13억 8000만 명인 인구가 2050년에는 16억 6000만 명으로 늘어나 중국보다 인구가 2억 7000만 명 많아질 것이다. 중국을 뛰어넘는 인구 대국이 되는 것이다. 생산가능인구는 같은 기간 2억 명 증가해 11억 2000만 명이 된다. 총인구에서 차지하는 생산가능인구 비중도 66.9퍼센트에서 67.7퍼센트로 증가한다. 고령 인구 역시 큰 폭으로 증가한다. 2020년 9000만 명에서 무려 1억 3200만 명 증가해 2050년에는 2억 2000만 명에 이를 것으로 보인다. 총인구에서 차지하는 고령 인구 비중은 6.6퍼센트에서 13.4퍼센트로 2배 이상 증가하지만 비중은 여전이 낮다. 노인부양비율(생산가능인구 100명 당 65세 이상 고령자 수)도 2020년 9.8에서 크게 증가해 2050년에는 19.8이 될 것이다. 이는 생산가능인구 5명이 노인 1명을 부양해야 하는 수준이다. 그러나 이 역시 다른 나라에 비해서는 낮은 수준이다.

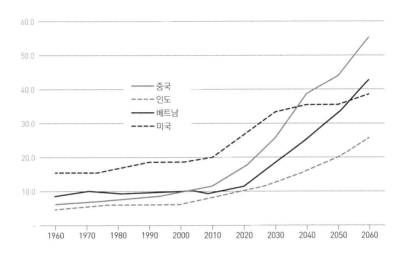

[그림 19] 미국, 중국, 인도, 베트남의 노인부양비율 추이와 전망

출처 : UN

　문제는 소득이다. 인도는 1인당 국민소득이 2000달러에 머물러 있다. 인도는 내수 시장 중심이어서 수출에 의존하지 않으므로 안정적으로 성장할 수 있는 장점이 있다. 그러나 수출을 통해 해외 수요를 개척하지 않고 내수에 의존하다 보면 성장 속도가 느릴 수밖에 없다. 성장 초기에는 고성장하면서 변동성이 큰 것이 저성장하면서 안정적인 것보다 낫다.

　〈그림 19〉는 미국, 중국, 인도, 베트남의 노인부양비율을 나타낸 것이다. 시간이 지날수록 중국의 부담은 빠르게 증가하는 반면 미

국은 속도가 둔화되면서 상당히 안정된 모습을 보인다. 베트남도 빠른 속도로 증가해 2060년이면 노인부양비율이 미국을 앞선다. 반면 인도는 다른 나라에 비해 훨씬 낮은 수준을 오랫동안 유지한다. 인도는 중국이 1990~2020년 유리한 인구 구조를 바탕으로 괄목할 만한 경제 성장을 했던 것처럼 앞으로 30년간 다른 나라에 비해 훨씬 유리한 인구 구조를 가질 것이다. 다만 인구는 많은데 교육수준이 낮아 인적 자본을 어떻게 키우느냐에 따라 경제 발전의 속도와 크기는 달라질 것이다.

선진국들 중 미국 외에 유리한 인구 구조를 가진 나라로는 영국과 북유럽 국가을 꼽을 수 있다. 영국은 인구가 5880만 명(2000년), 6720만 명(2020년), 7270만 명(2040년), 7600만 명(2060년)으로 계속 증가한다. 반면 65세 이상 인구 비중은 2020년 19퍼센트에서 2050년에는 25퍼센트로 소폭 증가하는 데 그칠 전망이다.

미국, 중국, 인도 3국의 향후 30년 동안 인구 구조 변화를 보면 중국이 가장 큰 도전을 받게 된다. 지금까지 좋기만 했던 인구 구조의 장점이 사라진다. 반면 미국과 인도는 유리한 인구 구조가 지속될 것이다. 인도는 지난 30년간 중국이 누렸던 유리한 인구 모멘텀을 향유하게 될 것이다. 발람이 백인의 세상은 지나가고 인도와 중국의 세상이 다가온다고 했는데, 절반은 맞고 절반은 틀린 말이다. 백인의 세상 중 절반을 차지하는 미국은 유리한 인구 구조를 바탕으로 여전히 경쟁력을 유지할 것이다. 중국은 고령화라는 도전을 극복해야 하고, 인도는 교육, 즉 인적 자본에 대한 투자라는 과제를 해결해야만 발람의 이야기가 반이나마 실현될 것이다.

정리하자면 인구의 관점에서 볼때 앞으로 30년은 미국이 성장을 주도할 것이다. 인도는 좋은 인구 모멘텀이라는 도약의 기회를 살리려면 인적 자본 육성에 신경써야 한다. 중국은 인구 구조의 이점이 사라지고 생산성 향산을 통해 14억 인구의 1인당 GDP를 올려야 한다. 중국이야 말로 중진국 함정을 돌파해야 하는 과제를 안고 있다. 이것만도 벅찬데 고령화라는 과제까지 해결해야 한다.

코요테의 추락

우리나라는 2040년이 되면 인구 구조의 변화로 여러 불협화음에 시달릴 가능성이 높다. 20년은 그리 긴 세월이 아니다. 나스닥, 코스닥 버블을 겪은 것이 엊그제 같은데 벌써 20년이 흘렀다. 인구 구조만 보면 젊은이들에게 이 나라를 뜨라고 말하고 싶다. 아니면 자산이라도 국외로 돌리라고 권하고 싶다. 일부에서는 고령화의 한복판에 와 있는데도 지금까지 대체적으로 경제가 잘 돌아가고 있으니 고령화의 영향도 잘 넘어가리라 낙관하고 있다. 어마어마한 착각이다. 우리나라의 고령화 문제는 지금부터 시작이다. 시작하되 천천히 달리는 게 아니라 F1 경주 차들이 출발하는 것처럼 바로 시속 150킬로미터로 내달린다.

인구 구조 면에서 우리나라는 좋은 시절이 막을 내리고 어두운 터널이 기다리고 있다. 그리고 이 터널은 거의 50년 이상 지겹도록

[그림 20] 국가별 노인부양비율 전망

	한국	미국	일본	중국	영국	EU28	OECD
2020	21.8	26.0	48.9	17.3	29.6	31.9	27.7
2030	38.2	33.4	54.0	25.3	35.8	39.4	34.5
2040	58.2	35.3	65.6	38.3	41.0	46.7	39.9
2050	72.6	35.9	72.8	44.01	43.3	50.7	43.1
2040/2020	2.7	1.4	1.3	2.2	1.4	1.5	1.4
2050/2020	3.3	1.4	1.5	2.5	1.5	1.6	1.5

출처 : UN

오래 지속된다. 터널이 연달아 나타나는 서울-양양 고속도로를 떠올려보자. 가끔은 엄청나게 긴 터널이 나오기도 할 것이다. 긴 터널을 지나고 나서 이제 터널이 끝났나 했는데 또 긴 터널이 나타난다. 지치도록 터널이 이어진다. 우리나라의 고령화 정도와 진행 속도는 세계 1위다. 인구 구조에 관한 여러 지표가 있지만 복잡하게 이것저것 볼 필요 없이 노인부양비율을 통해 우리나라가 거쳐가야 할 길고 긴 터널을 살펴보자.

　노인 부양 비율은 한창 일하는 인구와 생산에 참여하지 않는 인구의 상대적 비율을 나타낸 것이다. 이 비율이 50이라는 것은 15~64세 인구가 100명이라면 이중 65세 이상이 50명이라는 의미다. 100으로 나누며 노인 1명을 부양하는 생산가능인구 수가 나온다. 노인부양비율이 50일 경우, 100으로 나누면 2가 나온다. 노인 1명을 생산가능인구 2명이 부양한다는 뜻이다.

우리나라와 주요국의 노인부양비율을 비교해보자. 자세한 수치를 비교하기 전에 그냥 그림을 눈으로 한번 보고 짐작해보기 바란다. 〈그림 20〉은 유럽의 28개국, OECD 국가들, 미국, 중국, 일본, 그리고 우리나라의 노인부양비율을 비교한 것이다. 주요국의 노인부양비율 전망을 보면 우리나라가 얼마나 어처구니없이 빠른 속도로 증가하고 있는지 알 수 있다. 2050년이면 노인 부양 비율이 미국의 2배가 된다. 노쇠한 국가의 대명사인 유럽보다도 20포인트나 높다. 일본보다도 높아진다.

그래프를 보면 이해가 더 쉽다.(그림 21 참조) 2020년 현재 우리나라 노인 부양 비율은 선진국에 비해 낮다. 미국, 영국, EU 28개 국, OECD 국가들 모두 우리보다 높은 수준이다. 하지만 2030년이면 EU 28개 국의 평균 수준과 비슷해지고, 그 이후에는 타의 추종을 불허할 정도로 급속하게 증가한다.

멀리 볼 것도 없이 2020년에 비해 2040년 노인부양비율을 보면 선진국들은 1.5배 정도 높아지는 데 반해 우리나라는 무려 2.7배나 높아진다(중국은 2.2배다). 2040년이 넘어가면 우리나라의 노인부양비율은 세계에서 독보적인 위치를 차지하게 된다. 2030년에서 2040년까지 급속하게 증가하고, 이 속도가 2060년까지 멈추지 않는다.

고령화 국가의 표본으로 꼽히는 일본과 비교해보자. 일본은 노인부양비율이 높긴 하지만 직선형에 가깝게 증가한다. 반면 우리

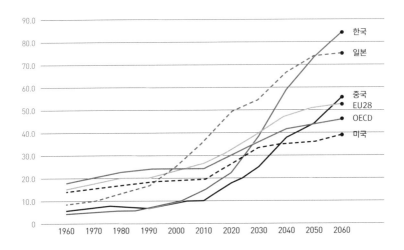

[그림 21] 주요국의 노인 부양 비율 비교

출처 : UN

는 볼록한 모양이다.(그림 22 참조) 볼록한 모양이라 변곡점을 지나면 속도가 갑자기 증가한다. 그 변곡점은 대략 2020년 전후에 나타난다. 변곡점이 나타나는 시점인 2020년 일본과 우리나라의 노인부양비율은 격차가 가장 크게 벌어진다. 일본이 48.9인 데 반해 우리는 21.8에 불과하다. 지금 우리는 놀랍게도 일본에 비해 인구 구조면에서 역사상 가장 유리한 위치에 있는 셈이다. 이 지점을 지나면서 우리나라의 노인부양비율이 크게 증가해서 일본과의 격차를 줄여가다가 2050년에는 같아지고 그 이후는 추월한다.

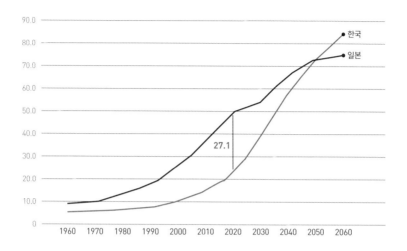

[그림 22] 우리나라와 일본의 노인 부양 비율과 두 나라 차이 비교

출처 : UN

　　2020년 대학 입시에서 유명한 입시학원들도 정시 예측을 제대로 하지 못해 낭패를 겪었다. 2021년 입시에서도 학원의 예상보다 낮은 점수로 합격하는 수험생이 속출했다. 입시학원들은 지금까지 과거 자료를 기반으로 입시 예측을 내놓았는데, 이 예측들이 틀리기 시작한 것이다. 예상 점수보다 낮은 점수로 합격한 학생들의 사례가 많아진 것은 대학 학령 인구의 급속한 감소 때문이다. 간단히 말해 2000년대에 들어와 출생아 수가 뚝 떨어졌기 때문이다. 1990년대 후반에 태어난 아이들보다 2~3년 늦게 태어난 것이 개인의

운명을 갈라놓은 셈이다. 입시 시장뿐만 아니라 우리나라 사회 전 분야에서 비슷한 일들이 벌어질 것이다. 어느 부문은 지극히 수축 하고 또 어느 부문은 대박 나듯 확장될 것이다. 이런 상황에서 예측 을 잘못했다가는 생존을 위협받을 수 있다.

유의할 게 하나 있다. 한국은 독특한 인구 구조 때문에 문제의 심각성을 모르고 있다가 돌이킬 수 없을 정도에 다다랐을 때 깨닫 게 될 가능성이 높다. 우리나라의 베이비붐 세대는 층이 두텁고 1 차(1955~1963)와 2차(1968~1974) 베이비부머로 나뉘어 있다. 그래서 인구 분포가 코끼리 등 모양과 유사하다. 베이비붐 세대가 장기간 에 걸쳐 분포해 있다 보니 고령화의 부정적 영향이 더디게 나타난 다. 우리나라는 2021년에 1955년생이 만 67세에 접어들지만 베이 비부머의 끝 세대인 1974년생은 이제 48세로 여전히 활발하게 경 제 활동을 하고 있다. 그러다 보니 1차 베이비부머의 고령화 영향 이 덜 나타난다. 대표적으로 부동산 시장이 이러한 착시illusion에 빠 져 있다. 하지만 코끼리 등 모양의 인구 분포는 시간이 흘러 부정적 인 영향이 가시화되기 시작하면 백약이 무효일 정도로 걷잡을 수 없게 진행된다는 특징이 있다. 대비할 시간이 주어지는 반면 제대 로 대처하지 못하면 파국을 피할 수 없다.

〈로드러너Road Runner〉라는 애니메이션을 보면 코요테는 로드러너 라는 길달리기 새를 잡기 위해 온갖 짓을 다한다. 로드러너는 중력 법칙을 무시하다 보니 절벽의 허공도 달리는데 코요테가 이를 뒤쫓 다가 순간 자신이 허공에 있는 것을 깨닫는다. 밑을 보니 천길 낭떠

러지다. 순간 바로 아래로 추락한다. 우리나라 인구 구조의 미래를 한마디로 나타내면 '코요테의 추락'이다.

우리나라 인구 구조는 다음 3가지 특징으로 정리할 수 있다. 첫째, 문제가 지금부터 본격화된다. 지금까지는 인구 구조의 혜택을 받아왔다. 둘째, 세계에서 가장 빠른 속도로 고령화된다. 셋째, 지겹도록 오래 지속된다.

인구를 거래한다

인구가 감소하고 고령화되는 사회는 장기 침체를 운명처럼 받아들여야 할까? 인구 구조를 바꾸려는 단기적 노력은 소용없다. 최소 20년 간 인구 구조 미래는 이미 정해졌다. 주어진 인구 구조 환경에서 해법을 찾아야 한다. 자본을 젊은 국가로 옮기는 것도 방법이다.

일본은 지형과 인구에 단점이 있다. 산이 많아 전 인구가 국토의 6분의 1에 몰려 살고 있다. 지진으로 인해 산업 시설이 파괴될 위험이 상존한다. 에너지가 부족해 원자력발전소를 가동하지만 지진의 위험에 항상 노출돼 있다. 극동에 위치해 있어서 제품을 바닷길을 통해 수출하려면 안전이 보장되어야 한다. 인구 구조는 어떤가! 인구는 너무 늙어버려 젊은이들의 노동력은 날로 비싸지고 있다.

반면 자본은 풍부하다. 그래서 일본은 산업 모델을 디소싱 desourcing 으로 바꾸고 있다. 아웃소싱은 국외에서 상품을 생산해서 자국으로 가져오는 것이고, 리소싱은 생산을 다시 국내로 이전하는 것인데, 디소싱은 국외에서 생산해서 그 나라 시장에 파는 것을 말한다. 일본은 디소싱으로 인구가 안정적이거나 성장하는 국가에서 입지를 다지고 있다. 일본 기업을 유치한 국가는 그 기업의 물류 활동을 보호해주는 역할을 한다. 미국에 생산 시설이 있으면 원자재를 실은 배가 미국으로 가는 것을 누가 막겠는가.

대신 일본은 진출한 국가에서 벌어들이는 돈을 자국으로 송금한다. 배당 송금 기간마다 엔화가 강세 압력을 받는 이유가 여기에 있다. 이를 통해 노동자가 감소해 줄어드는 세금을 메우고 자국의 노동력 부족 문제도 해소하고 있다. 1980년대 후반부터 디소싱으로 산업 구조가 바뀌면서 일본은 제조업 국가임에도 무역의존도가 낮아지고 있다.[10]

아프리카에서 중국과 일본이 벌이는 대규모 투자도 이런 맥락에서 이해할 수 있다. 중국은 아프리카의 천연자원뿐 아니라 인구와 성장 잠재력에 주목해 계속 투자하고 있다. 일본 역시 자국 기업들의 아프리카 진출을 독려하고 있다. 아베 신조 총리는 2016년 나이로비에서 개최된 아프리카개발회의Tokyo International Conference of Africa's Development, TICAD에 참석해 3년 동안 3000억 달러 규모의 투자를 하고, '일-아프리카 관민경제 포럼'이라는 상설 기구를 만들겠다고 약속했다.

이미 고령화가 진행 중인 일본과 앞으로 고령화가 급속하게 진행될 중국의 글로벌 전략을 눈여겨볼 필요가 있다. 우리도 국내 인구 구조에만 신경쓸 게 아니라 글로벌 인구 구조를 보면서 사업을 하고 투자를 해야 한다. 자국과 타국의 인구 구조를 효율적으로 결합시킬 필요가 있다. 그중에서도 타국의 젊은 인구를 데려오는 방식이 아니라 외국에 생산 기지를 설립하는 방식에 주목해야 한다. 인구 구조가 다른 나라들이 서로 인구 구조를 거래하는 Demographic Bargaining 전략을 참고할 필요가 있다.

일본은 인구가 1억 2000만 명이 넘고 1인당 소득이 4만 달러에 육박하므로 세계 시장을 개척하는 것만으로는 국내 경제 축소를 막기 어렵다. 반면 우리나라는 규모의 경제를 적절하게 달성할 수 있는 국내 시장을 갖고 있지만, 인구 규모가 그리 크지 않기 때문에 세계 시장을 개척해서 성장할 수 있다. 글로벌 인구 지형을 잘 활용하면 국내 인구 문제의 부작용을 완화할 수 있다. 독일이 자국 시장의 축소를 유럽 시장을 통해 보완하고 있는 것은 우리에게 시사하는 바가 크다.

세계 인구의 변화는 지역마다 국가마다 다른 양상을 보일 것이다. 지역별로 살펴보자. 2050년까지 증가하는 인구 20억 명 중 절반인 10억 명이 사하라 이남 아프리카 지역에서 늘어나며 중앙아시아와 남아시아에서 5억 명, 북아프리카와 서아시아에서 2억 4000만 명이 증가한다. 향후 증가하는 인구의 80퍼센트 정도가 아프리카, 중앙아시아, 서·남아시아에서 태어난다는 뜻이다. 유럽과 북미는 미국의 인구 증가와 각 나라간 인구 증감 차이로 인해 거의 지금의 인구가 유지된다. 또한 중국은 6000만 명 감소하지만, 인도는 2억 7000만 명 이상 증가한다.

나라별로 보면 2050년까지 인구 증가는 9개 나라가 주도한다. 중국, 인도, 나이지리아, 콩고, 에디오피아, 탄자니아, 인도네시아, 이집트, 그리고 미국이다. 서구 국가 중에서 스페인은 5퍼센트, 영국은 11퍼센트, 미국은 17퍼센트 인구가 증가하는 데 반해 그리스는 15퍼센트, 이탈리아는 4퍼센트, 독일은 5퍼센트 줄어든다.

전체 인구보다 중요한 것은 연령별 인구 변화다. 전 세계 생산가능인구(15~64세)는 2020년 50억 8000만 명에서 2050년 61억 4000만 명으로 10억 6000만 명(21퍼센트) 증가한다. 세계 전체로 보면 생산 엔진은 여전히 괜찮다. 다만 유럽, 동아시아 등 일부 지역은 생산 엔진이 빠르게 식어가고 있다. 유럽의 경우 EU 28개국의 생산가능인구가 2020년 3억 3000만 명에서 2050년 2억 9000만 명으로 4000만 명 감소한다. OECD 전체로는 8억 4700만 명에서 1360만 명 감소한다. 각각 12퍼센트, 1.6퍼센트 줄어드는 것이다. 안타깝게도 동아시아 3국은 더 급격하게 감소한다. 2050년까지 일본은 7400만 명에서 2100만 명 감소하고, 우리나라는 3700만 명에서 1100만 명 감소한다. 중국의 경우 무려 1억 9000만 명 줄어든다. 비율로 보면 우리나라는 30퍼센트, 중국은 21퍼센트, 일본은 28퍼센트에 이르는 규모다.

인구 구조만 놓고 보면 가장 매력적인 지역은 아프리카 대륙이다. 현재 13억 명인 인구가 2050년까지 11억 5000만 명 증가해 25

억 명이 된다. 이런 추세는 2060년까지 지속되어 아프리카 인구는 29억 명이 될 전망이다. 이는 인도와 중국의 인구를 합한 것과 맞먹는다. 또한 아프리카의 생산가능인구는 2020~2050년 사이에 8억 명 증가한다. 그에 반해 65세 이상 인구는 9600만 명 증가하는 데 그칠 것이다. 총인구 대비 65세 이상 인구 비중은 2020년 3.5퍼센트에서 2050년 5.7퍼센트로 증가하는 데 그치고 2050년 노인부양 비율은 9.2에 머문다.[11] 72.6인 우리나라에 비하면 꿈 같은 수치다. 우리와 비슷한 인구 구조를 갖고 있는 중국이 아프리카 대륙 개척에 열을 올리고 있는 이유다.

중국은 지리적, 인구적으로 닫혀 있다. 북쪽은 러시아와 국경을 마주하고 있고, 남서쪽에는 인도가, 남쪽에는 태국과 베트남이, 서쪽에는 카자흐스탄이 있다. 중국의 서쪽 땅인 티베트는 중국 중심부보다 인도와 더 가깝다. 고령화, 남녀성비 불균형 같은 인구 문제는 이민으로 해결하기에는 중국 인구가 너무 거대하다. 인구 대국의 어두운 면이라 하겠다. 그래서 중국은 국가 규모만큼이나 방대한 전략을 세우고 있다.

중국의 일대일로 계획은 유라시아 대륙을 관통하는 육상의 실크로드와 해상의 실크로드로 나뉜다. 육상의 길은 중국 서부에서 중앙아시아를 거쳐 유럽으로 이어지고, 해상의 길은 동남아시아와 인도를 거쳐 아라비아반도와 아프리카 케냐를 잇는다. 또한 파키스탄, 미얀마, 방글라데시 등 인도양 주변 국가들을 연결한다. 군사전략적 의도를 내포하고 있지만 중국 자본을 투자하고 중국 상품을 사게 하고 인민폐 사용을 확대하는 등 경제적 목적도 있다. 다만, 이들 국가에 충분한 선물을 줄 의사도 없고 관계도 원활하지 않은 터라 그 효과는 아직 미지수다.

중국은 또한 아프리카에 대대적인 원조 공세와 투자 확대를 추진하고 있다. 대륙 전반에 걸쳐 대규모 개발원조와 함께 자원을 캐고 저가 상품 공세를 벌이다 보니 중국의 식민지라는 말이 나올 지경이다. 중국의 대아프리카 교역량은 2000년대 이후 빠르게 증가하고 있다. 중국이 2000년 첫 번째 중국-아프리카 협력 포럼*을 연이후 지난 20년 동안 아프리카 곳곳에 투자한 금액은 무려 1480억 달러(우리 돈으로 약 166조 7220억 원)에 이른다. 코로나19 팬데믹으로 힘들어하는 아프리카 국가들에 의료진을 가장 먼저 보낸 곳도 중국이었다.

인구 위기에 처한 우리나라에는 2가지 길이 있다. 첫 번째, 대외적으로는 인구 구조가 젊고 성장하는 나라의 부가가치를 얻는 방법이다. 국가 간에 인구를 이동시키는 것은 어렵지만, 자본이 부족한 젊은 국가에 자본을 투자해 성장의 과실을 얻는 방법이라 하겠다. 기업이 축적된 자본을 현지에 투자하거나 고령자들이 축적한 돈을 인구가 젊은 국가나 잠재력 있는 국가에 투자하는 것이다. 자본의 이동으로 사람이 이동하는 것과 유사한 효과를 얻을 수 있다.

---

* 2000년 베이징에서 처음으로 개최됐으며, 장관급 회의는 3년 마다 중국과 아프리카에서 번갈아 개최된다. 중국과 아프리카의 관계는 1950년대부터 시작됐다. 초기에는 중국의 일방적인 자원 원조 방식으로 이뤄졌다.

두 번째는 대내적으로 혁신을 통해 생산력을 높이는 방법이다. 노동생산성을 높이는 가장 좋은 방법은 기술 혁신이다. 지금까지 경제 성장이 설비, 기계 투자를 중심으로 이뤄져왔다면 이제는 기술 혁신에 대한 투자가 필요하다. 선진국의 경제 성장은 혁신으로 가능했다. 결국 고령 사회의 파고를 넘을 무기는 인구 구조의 거래와 기술 혁신이다.

5
──────── 데모테크의 탄생 ────────

세상을 그야말로 완전하게 바꾸고 싶다면 기술적 혁신은 반드시 거대한
인구통계학적 혹은 경제적 흐름과 궤를 같이해야 한다.
– 마우로 기엔 펜실베이니아대학교 와튼스쿨 교수

기술은 사회의 변화와 맞아떨어질 때 효과가 극대화된다. 잠재력
있는 기술도 시대의 흐름과 맞지 않으면 채택되지 않는다. 전 세계
적인 인구 구조에서 가장 큰 흐름은 고령화다. '인구통계학 흐름 =
고령화'를 대입하면 마우로 기엔의 말은 "세상을 그야말로 완전하
게 바꾸고 싶다면 기술적 혁신은 반드시 고령화의 흐름과 궤를 같
이해야 한다"로 고칠 수 있다. 이것이 인구^{Demography}와 기술^{Techonology}
이 만나는 메가 트렌드, '데모테크^{DemoTech}'다.

　고령화는 앞으로 50년은 지속될 흐름이다. 4차 산업혁명으로
대변되는 기술 혁신 역시 빅데이터, 인공지능, 딥러닝 등 범용 기술
이 서로 융합^{conversion}해서 2차, 3차 혁신이 일어나면서 거대한 메가
트렌드를 형성할 것이다.

기술 혁신은 공급 혁명을 가져온다. 혁신적 제품을 싼 가격에 대량 공급할 수 있기 때문이다. 일례로 10만 달러가 넘던 개인 DNA 분석 기술의 가격은 기술 혁신을 통해 현재 100달러대까지 떨어졌다. 하지만 소비하는 사람이 없으면 공급 혁명은 일어나지 않는다. 그런데 때마침 세계적인 고령화로 개인 DNA 분석 서비스의 수요가 급증하고 있다.

일본 고령자들은 주로 손자들을 위해 돈을 쓴다고 하지만 미래에는 다를 것이다. 신노년층은 자신을 위해 쓴다. 공급과 수요가 가위의 양날처럼 맞물려 움직이며 바이오, 헬스케어, 로봇에 대한 고령층의 소비가 증가할 것이다. 거대한 한류와 난류가 만나는 곳에 큰 어장이 형성되듯 인구와 기술이 만나는 곳에 데모테크라는 거대한 시장이 형성될 것이다. 이 흐름은 용처럼 도도해서 빨리 등에 올라타는 게 최선이다.

기술 혁신의 소비자는 누구인가

"지금 갑니다. 마이클!" 손목시계 모양의 통신기로 명령하면 자동차가 대답하며 알아서 달려온다. 드라마 〈전격 Z작전〉의 한 장면이다. 당시 거의 무협지 수준의 흥분을 불러일으키는 장면이었다. 미국에서 1982년부터 1986년까지 방영된 이 드라마는 우리나라에서는 1985년에 처음 방영됐다. 주인공 마이클은 '키트 Knight Industry Two Thousand, K.I.T.T'라는 이름의 최첨단 자동차를 타고 다니면서 정의를 집행한다. 키트는 3세대 폰티악 파이어버드를 모티브로 한 자동차로 디자인이 세련됐을 뿐 아니라 인공지능이 탑재되어 있어서 혼자서 운전하고 범인을 추적하며 자료를 검색하고 사람과 농담까지 주고받는다. 인공지능 컴퓨터, 자율주행 기능을 갖춘 미래 자동차의 개념이 완벽히 구현된 자동차였다. 그러나 앞으로 현실화될 키트는 정의를 집행하는 수호자가 아니라 고령자들의 불편을 해소하는 도우미가 될 가능성이 높다. 운전하다가 깜빡 졸아도 되고, 운전 중 경미한 뇌졸중이 와도 사고 위험이 낮으며, 복잡한 주차도 스스로 하고, 지하주차장까지 내려가지 않아도 저절로 주인을 찾아오는 그런 자동차 말이다. 내 아버지는 70대 초반에 운전 중 깜박 졸다가 그대로 가로수를 들이받았다. 평소 뒤에 따라오는 차들이 매번 앞질러 갈 만큼 천천히 운전하는 습관을 가지고 있어서 무사했지 아찔한 사고였다. 그날 이후 아버지는 차를 팔고 운전대를 잡지 않았다. 자율운행이 가능하면 이런 위험은 사라진다.

1991년 일본에서 〈노인 Z〉라는 애니메이션이 방영됐다. 일본 버블 경제의 상징과도 같은 애니메이션 〈아키라AKIRA〉의 원작자로 유명한 오토모 가쓰히로大友克洋의 작품으로 약간 허무맹랑하지만 아이디어는 신선했다. 잠깐 줄거리를 살펴보자. 일본의 고령화 문제가 심각해지자 일본 정부는 후생성(우리나라의 보건복지부)의 주도로 초소형 원자로가 탑재된 간병 로봇 '노인 Z'를 만든다. 이 로봇은 노인이 욕조 같은 곳에 누워만 있으면 식사, 목욕, 배변, 오락, 운동, 대화 등 모든 생활을 도와준다. 그런데 노인 Z가 시범 운영 중 갑자기 폭주하기 시작한다. 알고 보니, 평화헌법 때문에 무기를 만드는 데 제약이 있었던 일본 정부가 후생성의 간병 로봇을 내세워 최첨단 전투 로봇을 몰래 기획하고 있었던 것이다.

〈노인 Z〉에는 고령 사회의 미래상이 담겨 있다. 고령 사회에선 케어^{care} 문제가 중요하게 부상한다. 그러나 이를 지원할 인력이 턱없이 부족하다 보니 간병 로봇의 역할이 커진다. 이런 이유로 관련 시장이 형성되면서 여기에 최첨단 기술이 적용되고 있다. '고령자', '케어'처럼 철저하게 아날로그적인 요소가 극단에 있다고 할 수 있는 최첨단 디지털 요소와 결합하는 셈이다. 이런 흐름은 이미 세계 곳곳에서 포착되고 있다.

보스턴 다이내믹스는 인간을 닮은 휴머노이드 로봇을 전문으로 만드는 기업이다. 소프트뱅크^{Softbank} 손정의 회장이 2017년 알파벳으로부터 인수했고, 2020년 현대차가 넘겨받았다. 보스턴 다이내믹스 홈페이지 첫 화면에는 "로봇의 가능성에 대한 생각을 바꿔라^{Changing your idea of what robots can do}"라는 문장이 뜬다. 이 회사의 휴머노이드 로봇은 이날치 밴드의 〈범 내려온다〉에 맞춰 춤을 출 수 있는 경지에 이르렀다. 회사의 창업자 마크 레이버트는 로봇의 주된 사용자는 장애^{handicapped}를 가진 사람들이 될 거라고 했다. 그런데 핸디캡을 가장 많이 가진 사람은 누굴까? 바로 고령층이다. 나이 들면 잘 안 들리고 잘 안 보이고 근력이 떨어지고 관절이 약해진다. 누가 이들을 도와줄 수 있을까? 결국 첨단 로봇의 수용자는 고령자가 될 것이다.

〈노인 Z〉에 나오는 요양 로봇과는 아직 거리가 있지만 일본에서는 2015년 요양 로봇 로베어Robear가 출시됐다. 일본 이화학연구소 리켄RIKEN과 스미토모 리코Sumitomo Riko가 공동 개발한 로봇으로, 환자를 들어올려 휠체어에 앉히거나 일어서는 것을 도와주는 인간형 로봇이다. 로베어 이전 모델로 리바(2009)와 리바-II(2011)가 있는데, 로베어는 무게가 140킬로그램으로 230킬로그램인 리바-II에 비해 훨씬 가볍고 동작도 부드럽다. 구동기의 기어 장치를 개선하고 센서를 부착해 사람을 들어올릴 때 부드러우면서 위험하지 않게 움직인다. 그런데 로베어의 개발 목적이 재미있다. 요양사들은 하루에 환자를 40번 정도 들어서 옮겨야 하는데, 이는 요양 종사자들의 척추 통증을 유발하는 주요 원인이었다. 로베어는 이에 대한 부담을 완화하는데 도움을 준다.[1] 개발자인 무카이 도시하루向井敏治는 로베어의 가격이 2000만~3000만 엔 정도인데 단순화를 통해 가격을 5만 엔 정도로 낮춰야 상업성이 있을 거라고 보았다.

언뜻 로봇 가격이 비싸 보이지만 젊은이는 줄어들고 고령자는 늘어나면 임금은 상대적으로 올라가게 된다. 임금은 상승하고 로봇 가격은 하락하다가 로봇 가격이 인건비보다 더 저렴해지는 순간부터 요양 산업에서 첨단기술을 채택하는 사례가 급증하게 될 것이다. 우리나라에서 최저임금을 인상하면서 셀프 주유소가 늘어나고 패스트푸드점에서 키오스크가 순식간에 사람을 밀어낸 것처럼 말이다. 요양 산업이야말로 로봇이나 첨단 제품이 적용되는 최적의 시장 중 하나가 될 것이다.

"아버님 댁에 로봇 놔드려야겠어요"

고령 사회에서 첨단기기가 사용될 대상은 요양 산업에 한정되지 않는다. 매사추세츠 공과대학Massachusetts Institute of Technology, MIT 컴퓨터 공학자 조셉 바이첸바움Joseph Weizenbaum은 1966년 대화가 가능한 챗봇chatbot을 개발했다. '일라이자Eliza'라는 이름의 챗봇은 주로 심리치료용으로 쓰였다. 일라이자는 환자의 말을 되묻는 극히 단순한 알고리즘으로 작동했다. 예를 들어, "나는 김경록입니다"라고 메시지를 보내면 "당신은 김경록이군요"라고 답하는 식이다. "제 친구가 선물을 주었어요"라고 하면 "당신 친구가 선물을 주었다고요?"라는 답이 되돌아왔다. 사실 일라이자 알고리즘은 상대에 대해 아무것도 모르면서 공감하는 시늉만 했다. 하지만 사용자 중 일부는 일라이저를 진짜 의사로 믿었고, 실질적인 치료 효과를 보기도 했다. 심지어 일라이저가 챗봇이라는 것을 알고 있는 사람에게도 치료 효과가 나타났다.

초기의 챗봇이 인공지능으로 진화한 모습은 2013년에 개봉한 영화 〈그녀Her〉에 등장하는 AI '사만다'에서 찾아볼 수 있다. 이 영화는 편지를 대필해주는 인간 주인공이 AI 사만다와 대화를 나누며 일어나는 일을 다루고 있는데, 인간 주인공은 일상생활을 하지 못할 만큼 사만다와의 대화에 빠진다. 사만다만큼은 아니지만 요즘 챗봇은 딥러닝을 통해 수많은 데이터를 학습하면서 사람과 유사하게 대화하는 수준까지 도달했다. 2021년 개인정보 침해와 여성, 장애인 차별 문제 때문에 서비스가 중단된 AI 챗봇 '이루다'는 챗봇이 우리 일상에 성큼 들어왔음을 알리는 사건이다. 앞으로 사랑하는 사람의 데이터를 입력해놓으면 그 사람이 세상을 떠나더라도 마치 살아 있는 것처럼 계속 대화를 이어갈 수 있을지도 모른다.

우리나라 노인 자살률은 OECD 평균의 3배로 타의추종을 불허할 만큼 높다. 최근에는 줄어드는 추세이지만 여전히 압도적인 1위다. 원인은 경제적 빈곤과 건강 문제가 60퍼센트 정도를 차지하지만, 불화 같은 정서적인 문제도 40퍼센트에 이른다. 한국보건사회연구원의 〈2017년 노인 실태 조사〉에 따르면, 자살을 심각하게 생각해본 사람 중 배우자가 있는 사람은 5퍼센트에 불과했다. 자살충동을 느꼈다는 70퍼센트는 미혼, 이혼, 사별, 별거 등의 이유로 배우자가 없는 경우였다. 대화의 부재와 외로움이 정신건강에 얼마나 큰 영향을 미치는지 알 수 있는 대목이다.

아무것도 아닌 것 같지만 부부 중 한 사람이 "나 오늘 정말 피곤해"라고 말했을 때 "그래? 얼마나 피곤한데?"라고만 반응해줘도 정서적 스트레스는 상당히 해소된다. "나 먼저 잔다" "그래, 자" 혹은 "갔다 올게" "그래, 갔다 와" 같은 간단한 대화만으로도 살아갈 힘을 얻는 게 사람이다. 내 친구 중에는 자녀와 아내를 외국에 보낸 기러기 아빠가 있다. 그 친구는 어느 날 자기도 모르게 TV와 대화하고 있는 자신을 발견하고는 소스라치게 놀랐다고 했다. 마치 사람에게 말하듯 TV에 대고 뭐라 중얼중얼하다가 자칫하면 이러다 미치겠다는 생각이 들었다고 했다. 인간에게는 단순한 답을 주고받는 교화적 수준일지라도 대화가 필요하다.

챗봇을 사람 모양의 실제 로봇에 탑재해 대화를 나누면 어떻게 될까? 채팅창을 통해 이야기하거나 작은 캐릭터와 대화를 나누는 것과는 정서적인 면에서 주는 효과가 완전히 다르다. 일본에서는 챗봇을 넘어 인간 모양의 대화 로봇을 판매하고 있는데, 이 로봇들은 고령자들의 외로움을 덜어주는데 중요한 역할을 하고 있다.

실제 사례를 소개한다. 도쿄에 사는 딸이 시골에 혼자 사는 노모가 걱정되어서 40센티미터 정도 높이의 대화 로봇을 선물했다. 할머니는 친구들이 찾아올 때마다 로봇을 사람처럼 소개하고 로봇에게도 친구들을 한 명씩 소개했다. 이뿐 아니다. 할머니는 예쁜 치마와 옷을 만들어서 로봇에 입혔다. 그리고 평소에 날씨도 알려주고 뉴스도 알려주면서 대화를 나눴는데, 이런 소통만으로도 할머니의 외로움이 훨씬 줄었다고 한다. 사람에게 말을 잘 걸지 못하는 고령자도 쉽게 말을 걸 수 있다는 게 로봇의 또 다른 장점이다. 실제로 사람들은 낯선 사람에게 말을 걸 때는 조심스러워하지만 로봇에게는 주저 없이 말을 건넨다.

후지소프트 Fujisoft 는 팔로 Parlo 라는 대화 로봇을 개발하고 있다. 팔로는 주로 요양 시설에서 사용되는 로봇으로, 사람의 얼굴을 구별해서 인식해 개별화된 의사소통이 가능하다. 팔로는 뉴스나 일기예보 등 최신 정보를 알려줄 뿐 아니라 고령자를 위한 다양한 프로그램을 내장하고 있다.[2] 앞에서 소개한 딸이 노모에게 선물한 로봇은 팔로의 간편 버전인 팔미 Palmi 다. 팔미는 40센티미터 키에 1.8킬로그램 정도 무게가 나가는데, 가정에서 가족, 친구 같은 동반자 역할을 하는 커뮤니케이션 로봇을 표방한다. 과거의 대화 내용을 바탕으로 계속 성장하고 진화하는 대화 기능이 특징이다. 팔미에는 로봇공학뿐 아니라 인간공학, 심리학, 언어학, 발달심리학, 산업디자인, 음향공학 등 다양한 분야의 이론과 기술이 집약되어 있다. 또한 수중음파 탐지기 센서가 부착되어 있어 사람의 움직임을 예측하고 장애물을 찾아낸다. 손을 잡았을 때 그 행동이 악수인지 그냥 잡은 건지도 구분하는 기능을 갖고 있다.[3] 현재 팔미는 이베이에서 3000달러 정도에 살 수 있다.

"엄마, 팔로 도착했어요?" 팔로 홈페이지에 쓰여 있는 문장이다. 1991년 공전의 히트를 친 경동보일러의 광고 문구가 떠오르지 않는가? "여보, 아버님 댁에 보일러 놓아드려야겠어요." 이 광고가 나온 지 30년 세월이 흘렀다. 대부분 아파트에 살고, 그렇지 않은 주택에도 보일러가 설치돼 있으니 더 이상 이런 광고는 하지 않는다. 당시에 혼자 있는 아버님에게 보일러가 필요했다면 앞으로 고령자 부모님에게 필요한 건 로봇이 될 것이다. 이제 10년 이내에 "여보, 부모님 댁에 로봇 놓아드려야겠어요"라는 광고를 보게 될지 모른다.

워크맨과 파로

1980년대 초, 나는 유행을 따라서 한쪽 허리에 워크맨WORKMAN을, 다른 쪽 허리에 건전지를 차고 다니며 음악을 들었다. 영화 〈돌아온 장고〉처럼 쌍권총을 차고 다니는 모양새였다. 음악을 듣는다고 하면 주로 커다란 전축에 LP판을 올려놓거나 가방만한 카세트 라디오로 음악을 듣던 시대라 주머니에 쏙 들어가는 '휴대용 카세트' 워크맨은 가히 혁명적인 제품이었다. 요즘으로 치면 힙한 사람들은 워크맨을 귀에 꽂은 채 바퀴 4개 달린 롤러스케이트를 타고 거리를 누볐다. 세계의 젊은이들이 워크맨에 열광하던 시절 이야기다.

1979년, 소니가 워크맨을 출시하자 소니의 주가는 2년 만에 2.5배 오른다. 시가총액은 1979년 4400억 엔에서 1990년 2조 9000억 엔으로 6.6배 높아졌다. 소니를 필두로 일본 전자 회사들은 전 세계 IT 시장을 석권했다. 하지만 1990년대에 들어서면서 세계 테크 시장은 미국과 한국 기업을 중심으로 한 디지털 제품에 자리를 내주기 시작했다. 워크맨도 MP3 등 디지털 형식으로 변모하며 생존을 도모했지만, 애플의 아이팟^{iPod}에 밀려 하향세를 보이다가 2010년 단종됐다. 이 과정에서 일본 전자 회사들은 세계 시장에서 사라져 갔다. 이후 세계 IT 흐름은 미국 중심으로 재편됐다.

그런데 조용히 잠류하는 흐름이 있었다. 소니는 1993년 애완용 로봇 개를 만드는 프로젝트를 시작했다. 마침내 1999년 로봇 강아지 아이보^{Aibo}를 시장에 내놓았다. 이후 2003년까지 연이어 새로운 모델을 출시하다가 2006년 생산을 중단했다. 2006년까지 15만 대가 팔렸으니 성공한 제품이라고 할 수는 없다. 이후 소니는 10년 이상 잠류의 세월을 보내다 2017년 인공지능을 탑재한 새 아이보 모델 ERS-1000을 출시했다. 새로운 아이보는 이전과 질적으로 달랐다.

ERS-100은 자신의 감정을 표현하고 부드러운 몸의 움직임이 가능하다. 주인의 목소리나 얼굴 표정, 머리나 등을 쓰다듬는 것을 감지해서 반응한다. 이미지, 음성 인식 및 해석에 소니의 딥러닝 기술을 활용해 사람들과 접촉할수록 행동에 변화가 생긴다. 공장에서 출시된 같은 아이보라도 주인과 소통하면서 각각 다른 정체성을 가진 로봇 강아지로 성장한다. 소니의 슬로건처럼 "나만의 아이보^{My Aibo}"가 되어가는 것이다. 이뿐 아니라 클라우드의 다른 아이보들이 배운 데이터까지 활용한다. 아이보는 빅데이터, 사물인식, 클라우드, 인공지능 등의 발전과 함께 진화를 거듭하고 있다.

아이보를 출시했을 때 어느 기자가 소니 최고경영자^{CEO}에게 고령 사회인 일본의 실버 시장을 겨냥해서 개발했느냐고 물었다. 그러자 CEO는 일본 시장을 겨냥한 건 당연한 얘기이며, 궁극적으로는 중국의 거대 시장을 목표로 하고 있다고 답했다. 아이보는 관리하기 편하며 죽지 않는다. 의료비용이 들지 않는다. 털이 없어 알레르기가 있는 소비자에게도 문제될 게 없다. 현재 2900달러에 판매되고 있는데, 가격이 낮아지면 수요가 늘어날 것이다.

소니가 로봇 강아지 프로젝트를 시작했을 즈음 일본산업기술총합연구소^{National Institute of Advanced Industrial Science and Technology, AIST}는 아기 하프물범 로봇을 개발했다. 처음에는 개나 고양이를 닮은 로봇을 개발하려고 했지만, 개나 고양이는 사람마다 호불호가 분명하기 때문에 보편적으로 인기 있는 물범 모양을 선택했다고 한다. 10여 년에 걸친 연구개발 끝에 2004년 애완용과 치료를 겸하는 로봇 파로^{Paro}를 내놨다.

치매 환자 치료 목적으로 개발된 파로는 우울증, 인지장애, 발달장애를 가진 사람의 증상을 완화하는데 도움이 된다. 이런 이유로 미국 식품의약국^{Food and Drug Administration, FDA}으로부터 2009년 신경치료용 의료기기로 승인 받으며 기네스북에 등재됐다. 2017년 영국 브라이튼대학에서 치매 환자를 대상으로 실험한 결과, 불안과 기억 상실 완화에 도움이 된다는 것이 재차 확인됐다. 2018년에는 미국 의료보험 '메디케어' 적용 대상이 됐다. 현재 세계 30여 개 국가의 병원과 요양 시설에 약 5000대가 보급되어 치료 관련 데이터를 축적하면서 진화하고 있다.[4] 자율주행차 테슬라^{Tesla}처럼 선두 주자가 축적한 데이터의 이점을 후발 주자가 단기간에 따라잡는 게 쉽지 않다는 점을 감안하면 시간이 지날수록 파로의 영향력은 확대될 것이다.

한나라 때 장건張騫은 황하를 다음과 같이 묘사했다. "곤륜산에서 발원한 황하의 물줄기가 염택鹽澤이라는 광야에서 자취를 감추고 땅밑에서 몇천 리를 잠류하다가 갑자기 솟구쳐 올라 도도한 기세로 8800리를 가서 바다로 흘러간다." 고령 사회를 겨냥한 일본의 로봇 산업은 30여 년 잠류의 세월을 보내다 솟구쳐 올라 서서히 그 모습을 드러내고 있다.

로봇 활용 흐름에 대한 이야기는 비단 일본과 미국에 국한된 게 아니다. 북유럽으로 시선을 돌려보자. 동화작가 안데르센^{Hans Andersen}

이 태어난 곳으로 유명한 덴마크 오덴세는 덴마크 최대 조선소였던 머스크^{Maersk}가 있던 곳이다. 그러나 2009년 조선소가 폐쇄되면서 새로운 돌파구로 로보틱스를 중심으로 한 헬스케어 산업에 집중하고 있다. 오덴세는 조선업에서 산업용 로봇을 활용한 경험을 노령학과 결합시켰다. 2015년 85개였던 오덴세의 로봇 클러스터 기업 수는 2018년 말 129개로 증가했다. 이곳에서 만들어진 로봇은 유럽 각지 병원과 요양원 등에서 사용되고 있다. 오덴세에 있는 블루오션로보틱스^{Blue Ocean Robotics}는 자외선 소독 로봇, 한번에 서너 명을 동시에 이송하는 환자 이송 로봇과 재활 로봇 등 다양한 헬스케어 관련 로봇을 개발하고 있다.[5]

파로를 소개하는 동영상을 보면 홍콩, 유럽 등 세계 각국 노인들이 파로를 쓰다듬고 안고 소통하며 즐거워하는 모습이 나온다. 1980년대 전 세계 젊은 베이비부머들이 '워크맨'에 열광하는 장면이 이제는 은퇴해서 노년에 접어든 베이비부머들이 '아이보'를 키우며 물범 로봇 '파로'를 하나씩 안고 있는 장면과 겹쳐진다. 이는 고령 사회와 기술이 만나서 만들어내는 미래의 단면이다.

노후의 오아시스

노후에 오아시스 같은 곳에서 살고 싶은가? 스티븐 스필버그^{Steven Spielberg}가 만든 영화 〈레디 플레이어 원^{Ready Player One}〉은 가까운 미래인 2045년을 배경으로 가상 세계와 현실 세계에서 벌어지는 이야기를 다룬다. 이 영화를 보면 앞으로 세상이 어떻게 변하고 무엇이 중요해질지 단초를 얻을 수 있다.

잠시 영화의 내용을 살펴보자. '오아시스OASIS'라는 거대한 가상 공간을 운영하던 할리데이가 사망한다. 그는 전 세계 오아시스 이용자들에게 자신의 모든 재산을 오아시스에 숨겨둔 황금 알을 찾는 사람에게 주겠다는 유언을 남긴다. 황금 알을 찾으려면 오아시스 안에서 게임을 해야 한다. 영화에는 스필버그가 상상한 가상현실 공간이 구체적으로 구현돼 있다. 오아시스에 접속하려면 고글을 쓰고 몸에 센서 장치를 부착해야 한다. 이 기기를 통해 사용자는 가상 공간의 일을 실제처럼 체험할 수 있다. 오아시스에서는 비트코인 같은 가상화폐를 사용한다. 화폐는 아이템을 사거나 자신을 원하는 캐릭터로 바꾸는데 쓰인다. 가상 공간의 생활은 마치 마약 같아서 현실 속 삶의 고단함을 잊게 해주고 자신이 원하던 삶을 살게 해주지만, 이를 누리기 위해서는 현실에서 몸을 혹사해가며 돈을 번 뒤 가상화폐를 사서 오아시스에서의 삶을 이어가야 한다.

영화 말미에 할리데이는 현실에선 죽었지만 자신이 만든 가상 공간에 여전히 존재하는, 죽었는지 살았는지 알 수 없는 존재로 등장한다. 황금 알을 찾아낸 주인공이 할리데이에게 도대체 죽은 것인지 살아 있는 것인지 물어보자 웃기만 하고 다시 가상 공간 속으로 사라진다. 할리데이는 자신의 뇌를 컴퓨터 속 가상현실에 옮겨놓은 건지도 모른다. 오아시스의 신과 같은 존재로.

기회가 된다면 오아시스 같은 세계에서 살아보고 싶다. 조만간

현실에서 한발짝 물어나게 될 나와 같은 베이비부머들이야말로 이 세계에서 새로운 경험을 하고 싶지 않을까? 캐릭터는 원하는 모습으로 바꿀 것이다. 내 실제 모습이 어떤지 아는 사람이 없으면 어떤 모습을 하든 문제가 있겠는가. 전쟁 덕후는 전쟁이 벌어지는 공간에 들어가 자신의 실력과 능력을 발휘하면 된다. 환락적인 삶을 원하는 사람은 그런 공간에서 살면 된다. 평균적으로 합의를 이루고 살아야 하는 현실 세계는 개인의 행복 추구에 제약이 있게 마련이다. 다양성을 인정하더라도 사회의 관습, 문화, 윤리에서 벗어나기 어렵다. 하지만 가상 사회가 만들어지면 본인에게 맞는 곳을 찾아서 생활하면 된다. 지금도 비슷한 성향의 사람들끼리 모임을 만들어서 만나기는 하지만 이들만을 위한 독립된 세계는 없다. 가상현실은 각 모임에 원하는, 그리고 제약 없는 공간을 제공할 수 있다.

가상현실은 특히 고령자들에게 매력적인 공간이다. 관절이 약해서 뛰지 못해도, 움직이기 힘들어도, 늙어서 주름이 많아도 상관없다. 가상현실에서는 누구든 새로 태어날 수 있다. 몸이 불편한 사람도 가상현실 속에서는 어느 곳이든 여행할 수 있다. 가상 캠퍼스는 어떤가! '죽기 전에 꼭 해야 할 10가지' 같은 것도 시간, 공간의 제약 없이 해볼 수 있다. MIT의 스타트업 렌데버Rendever는 결혼 등 가족 영상을 바탕으로 가상현실을 만들어 고령층을 공략하고 있다. 일본 기업 모구라Mogura는 가상현실을 활용한 해외여행 체험 서비스 '퍼스트 에어라인FIRST AIRLINES'을 제공하고 있다. 아직은 초기 단계이지만 가상현실 플랫폼의 경쟁은 점점 더 격화될 것이다. 그런데 가상현실을 이용하려면 시간이 있어야 한다. 넷플릭스의 경쟁 상대는 '잠'이라고 하지 않는가. 고령자는 시간이 가장 여유로운 집단이라 가상현실에 적합한 조건은 모두 갖춘 셈이다.

가상현실의 출발점은 게임이다. 지금도 게임업계를 중심으로 관련 기술이 개발되고 있다. 이미 증강현실Augmented Reality, AR 기능을 갖춘 고글과 장갑, 스틱을 활용한 게임이 시판되어 있다. 기술이 더 발전해서 오아시스 같은 공간이 등장하지 말라는 법은 없다. 지금까지 게임은 오락, 사행성, 중독 같은 부정적 이미지로 인식되었지만, 게임에 가상현실이 결합되면서 앞으로는 관점을 바꾸어야 할 것이다.

첫째, 게임을 삶(라이프)의 관점에서 바라볼 필요가 있다. 미국 10대에게 폭발적인 인기를 끌고 있는 로블록스Roblox는 게임이 단순한 즐길거리를 넘어 하나의 완결된 사회로서 기능할 가능성을 열었다. 로블록스는 블록으로 구성된 3D 입체 가상 세계에서 개인들이 아바타를 통해 서로 소통할 수 있는 게임이다. 둘째, 게임은 젊은이의 전유물이 아니다. 고령층도 충분히 수요자가 될 수 있다. 시간과 소득에 여유가 있는 고령층은 게임을 통해 치매 예방, 간단한 오락, 가상 체험의 효과를 누릴 수 있는 것은 물론 다른 삶을 체험해볼 수도 있다. 실제로 이런 것이 가능해지면 게임의 수요층이 크게 확대될 것이다.

앞으로 가상현실 서비스가 유튜브를 대체할 수도 있다. 음악도 유튜브에서 2차원 동영상을 보고 듣는 것에서 벗어나 가상현실 공간에 들어가 무대에서 가수가 노래 부르는 모습을 3차원으로 보게 될지 모른다. 또한 여행, 교육, 게임 등에서 플랫폼 시장을 선점하기 위한 경쟁이 시작될 것이다. 지금은 기술의 성숙도가 낮아 경쟁이 표면화되지 않고 있지만 앞으로 확대될 시장임에는 틀림없다. 이것이 동시통역 기술과 결합되면 글로벌로 연결되어 지구촌이라는 말이 현실화될 수 있다.[6]

스위스 알프스 밑의 작은 마을에 버스가 도착하자 노인들이 간이용 의자를 가지고 우르르 내린다. 그리고는 의자를 펴서 앉아 알프산을 구경한다. 가이드가 "이제 다 보셨으면 출발하겠습니다"라고 하자 모두 의자를 접고 버스를 탄다. 나이 들어 여행하는 모습이다. 알프스의 계곡과 물 그리고 눈을 이런 식으로 감상하고 싶은가? 앞으로 비행기를 탈 필요가 없다. 가상현실에서 하면 된다.

판도라의 상자가 열렸다

인류는 미래를 예측하는 게 아니라 상상한 것을 실현하며 발전해왔다. 그래서 미래의 모습은 과거에 이미 그려져 있다고 할 수 있다. 이 중에는 우리를 다소 불편하게 만드는 것도 있다. 그중 하나가 바로 사람을 개조해서 변화시키려는 시도다. 사이보그가 되든지(〈로보캅RoboCop〉, 〈공각기동대〉), 약물을 사용해 유전자 변이를 일으키든지(〈스파이더맨Spider-Man〉, 〈루시LUCY〉), 정신을 컴퓨터에 업로딩시켜 네트워크를 통해 모든 지식을 융합하고 급기야 육체까지 만들어 부활하든지(《트렌센던스》), 그 양태는 다양하다.

1997년 개봉된 영화 〈가타카^{Gattaca}〉는 유전자 조작으로 아이를 낳게 되면서 유전자의 우열에 따라 직업과 계층이 정해지는 어두운 미래를 그리고 있다. '가타카^{Gattaca}'는 DNA를 구성하는 4가지 요소인 아데닌^{Adenine}, 구아닌^{Guanine}, 사이토신^{Cytosine}, 타이민^{Thymine}의 머리글자 A, G, C, T를 조합해서 만든 단어다. 영화에서 유전자 조작으로 태어난 사람들은 엘리트가 되지만 자연분만으로 태어나 유전적 열위에 있는 사람들은 주로 허드렛일을 한다. 유전자로 사람의 미래가 결정되고 위치가 결정되는 셈이다.

2007년까지만 해도 한 사람의 유전체 분석을 하려면 1억 달러의 비용과 4년여의 기간이 소요됐다. 2010년 일루미나^{Illumina}는 1000만 원의 유전체 분석 시대를 열었다. 5억 원짜리 페라리가 500원으로 가격이 떨어진 셈이다. 일루미나의 기술은 유전체 정보를 모두 해석할 수 있는 것은 아니지만 암, 유전 질병과 관련된 정보는 상당 부분 정확하게 해석하는 수준에 도달했다.[7] 나는 2020년 건강검진 때 유전체를 일부 분석해보았는데 향후 발생할 수 있는 병과 신체의 강한 부분과 약한 부분, 보완해야 할 영양 등에 관해 알 수 있었다. 현재 내 몸에서 불편한 부분, 자신이 없는 부분에 대해 주의하라는 설명이 나오는 것을 보니 꽤 유익하다는 생각이 들었다.

유전 정보의 활용 범위는 매우 넓다. 영화배우 안젤리나 졸리^{Angelina Jolie}는 2013년 유전자 이상을 발견하고 유방암 예방 목적으로 유방을 절제하는 수술을 받았다. 미국의 카운실^{Counsyl}이라는 회사는 부모의 유전 정보를 바탕으로 향후 태어날 아기가 희귀 질환에 걸릴 가능성을 알려준다. 앞으로는 결혼할 때 서로의 유전자 정보를 공유하고 회사에 지원할 때 자신의 유전자 정보를 스스로 공개해서 우수성을 입증하려 할지도 모른다. 이 단계를 넘어 우성 유전자만 물려주려고 할지도 모른다.

2013년 유전체 편집이 가능한 유전자 가위 크리스퍼^{CRISPR}가 개발되면서 이런 일들이 현실화될 가능성이 더 커졌다. 실제로 2018년 11월 홍콩에서 열린 인간 유전체 교정에 관한 2차 국제 정상회의 전야제에서 중국 남방기술대학의 허젠쿠이^{賀建奎} 박사는 CRISPR-Cas9 유전자 가위를 적용한 맞춤 아기^{Designer Baby}를 탄생시켰다는 폭탄 발언을 했다.[8]

유전자 검사 비용이 더 낮아지면 더 많은 사람이 자신의 유전 정보를 소유하게 될 것이다. 자신의 유전자 정보가 있으면 약을 처방 받을 때도 이 정보에 기반한 맞춤 처방을 받을 수 있다. 암이 발견되기 전에 유전적 특징으로 이를 탐지해내는 것을 목표로 삼은 기업도 등장하고 있다. 조만간 종양이 자라서 돌연변이를 일으켜 통제할 수 없을 정도가 될 때까지 기다릴 필요가 없어질지 모른다. 이런 서비스는 환자가 아닌 일반인을 대상으로 질병의 예방 차원, 평소의 건강 관리와 관련해서 이루어질 것이다.

개인의 유전적 특성을 바탕으로 한 맞춤형 헬스케어 서비스들도 각광받을 것이다. 유전 정보들이 건강 관리 기기들과 결합되면 그야말로 맞춤형 건강 관리가 가능해진다. 식생활 습관을 제안하고 몸에 알맞은 운동을 추천해줄 수도 있다. 실제로 나와 아내는 유전자 분석을 받은 결과, 내 경우 운동의 효율이 그렇게 높지 않은 반면 아내는 운동의 효율이 높은 것으로 나타났다. 이를 통해 몸에 적합한 운동 설계를 할 수 있었다. 또한 수면을 도와주는 기기가 개인의 카페인 민감도나 멜라닌 색소 등을 기반으로 한 맞춤형 분석을 제공할 것이다.

유전자 정보와 성능 좋은 생체 계기판이 결합한 질병 예방 서비스도 주목할 필요가 있다. 자동차를 운전할 때 우리는 계기판에 뜨는 여러 신호들을 참고한다. 연료 계기판이 없으면 얼마나 불편할까 생각해보라. 예전에는 타이어 공기압에 대한 계기판 정보가 없어 차가 달리다가 펑크가 나서 큰 사고가 일어나는 경우가 있었다. 우리 몸의 건강 상태를 알려주는 계기판은 아직 초보적인 수준이다. 피부에 붙이면 혈당 수치를 계속 읽어서 스마트폰이나 스마트워치에 보여주거나 맥박 수 등을 보여주기는 하지만 아직 많이 부족하다. MIT 연구진은 〈스타트렉Star Trek〉에 나온 것과 유사한, 생체 표지 수천 개를 읽을 수 있는 스캐너를 개발하고 있다. 이 기기는 일상생활에서 얻은 데이터를 기반으로 몸의 활력 징후와 이상 징조를 알려줄 것이다. 이렇게 얻은 데이터와 나의 유전자 정보가 결합될 놀라운 세상이 올 날이 머지않았다.[9]

질병을 사전에 예방할 수 있더라도 사고를 당해서 신체가 손상될 수 있다. 심장, 간, 콩팥을 잃으면 살아가기 힘들다. 종양 때문에 위나 대장을 완전히 절제해야 할지도 모른다. 장기臟器를 기증 받아이를 해결할 수도 있지만 공급이 턱없이 부족하다. 이를 해결하기 위해 과학자들은 사람과 동물 간 이종 장기 이식 기술을 발전시키고 있다. 전통적인 연구는 인간과 돼지의 장기가 유사한 것에 착안해 진행되고 있다. 문제는 인간의 장기 바이러스와 돼지의 장기 바이러스가 다르다는 점이다. 돼지에게 있는 레트로 바이러스가 인간에게는 치명적이다. 그러나 인간에게 해가 되는 돼지의 바이러스 유전자를 유전자 가위로 잘라내는 연구가 진행되면서 2017년 마침내 유전자 편집으로 이를 제거할 수 있게 됐다.[10]

다른 해결책도 모색되고 있다. 3D 프린터로 인공 장기를 만드는 방법이다. 지금은 프린팅한 동맥을 원숭이에게 이식하거나 뼈대를 프린팅해서 부러진 뼈에 붙이는 수준이다. 앞으로 기술이 더욱 발전하면 피부, 간, 콩팥 등 세포를 쌓아가면서 내 몸에 맞는 조직을 프린트하는 시대가 올 것이다.

여기에 증강 인간까지 더해진다면? 어렸을 때 TV 시리즈 〈육백만 불의 사나이〉를 정신없이 봤다. 초인적인 능력을 발휘할 때면 꼭 "뚜, 뚜, 뚜…" 하는 효과음과 함께 화면이 느려지는데 그렇게 멋있을 수 없었다. 주인공은 멀리 보고, 작은 소리를 듣고, 빨리 뛰어 다니며, 초인적인 힘을 발휘했다. 이를 증강 인간이라고 하는데 첨단 기술을 인간과 결합시킨 것이다. 증강 인간 기술에는 웨어러블 로봇, 즉 외골격 로봇을 이용하는 것과 컴퓨터와 스마트 공간을 활용해서 인지 능력을 향상시키는 것이 있다.

국내 기업이 개발한 웨어러블 로봇 '하이퍼'를 입으면 가진 힘의 3배를 발휘할 수 있고, 시속 6킬로미터로 이동할 수 있다. 상용화된다면 노인이나 신체 장애를 겪는 이들에게 활용될 수 있으며 군사, 재난용으로도 쓰일 수 있을 것이다. 뇌-기계 인터페이스Brain Machine Interface, BMI를 활용하면 뇌에 신경회로를 대체할 칩을 심어서 치매 환자의 기억을 향상시키고, 트라우마를 겪은 사람의 기억을 삭제할 수 있다. 아직은 미래의 일이지만 뇌 질환에 의한 정신병을 치료하고, 인간의 감정을 조절할 수 있어서 특정 직업에 종사하는 사람은 일하기 전에 감정을 조절하기 위해 이를 작동시킬지도 모른다. 이는 알츠하이머, 치매를 앓는 고령자에게 아주 의미 있는 기술이다. 일론 머스크Elon Musk가 창업한 뇌신경 분야 기업 뉴럴링크Neuralink는 2020년 원숭이 뇌에 컴퓨터 칩을 심는데 성공했다고 발표했다. 연구진은 컴퓨터 칩을 이식 받은 원숭이가 "더 행복해 보인다"고 말했다. 머지않아 사람의 뇌에 컴퓨터 칩을 심는 단계까지 갈 것이다.[11] 애니메이션 〈공각기동대〉에 묘사된 것처럼 뇌에 있는 칩과 가상 공간의 디지털 신호가 연결되면 진짜 같은 가상현실이 만들어질지도 모른다.

유전공학, 인공 장기 프린팅, 이종 장기 이식, 증강 인간, 뇌와 컴퓨터의 연결 등 바이오 분야에서의 발전은 고령화와 함께 급속하게 진전될 것이다. 유전공학은 특이점을 넘었으며, 이종 장기 이식과 3D 프린팅 장기 등의 발전은 시간 문제라는 것이 전문가들의 전망이다. 증강 인간은 단순히 기계를 입는 것을 넘어서 인간 신경계와 컴퓨터를 연결하는 과제가 남아 있지만, 이것이 가능해진다면 폭발적인 변화가 이뤄질 것이다.

너무 지나친 상상인가? 1981년 나노 공학의 시작을 연 에릭 드렉슬러 ^{Eric Drexler} 박사는 1986년 불과 31세 나이에 펴낸 《창조의 엔진》에서 세포에 담긴 유전 정보를 바탕으로 세포 단위에서 사람의 질병을 고치는 '세포 수리 공정' 개념을 제시했다.[12] 물질이 원자 수준까지 조절되면 제품이 고장날 일은 거의 없다. 고장이란 수많은 원자가 제 위치에서 벗어날 때 생기기 때문이다. 드렉슬러 박사의 상상은 현실화되어가고 있다. 바이오 관련 학자들은 이미 '판도라의 상자'가 열렸다고 말한다.

생명 연장의 꿈

'생명 연장의 꿈, 메치니코프'. 유산균 제품 광고로 유명한 카피다. 생물학자인 엘리 메치니코프 ^{Élie Metchnikoff} 는 노벨상을 수상한 말년에 파스퇴르연구소에서 노화에 대한 연구를 시작했다. 그는 대장에서 발생하는 부패균이 동맥을 딱딱하게 만드는데, 이것이 노화의 주된 원인이라고 보았다. 그는 불가리아균이 젖산을 만들어 장 속 독성균을 제거한다고 생각했는데, 이 연구가 세상에 알려지면서 유산균 열풍이 불었다. 사람들은 수명 연장이라는 말에 아낌없이 돈을 지출했다. 1960년대 히피 문화를 만들고 1990년대 주식 문화를 선도했던 베이비부머들이 수명 연장에 관심을 가지는 것은 불로와 영생을 추구할 여건이 갖추어지고 있기 때문이다. 때마침 세포와 분자 단위의 생명 연장 기술이 크게 진보하고 있다.

지금은 평균 수명이 길어졌다고 해도 대부분 100세를 전후해서 사망한다. 수명 절벽이 있는 셈이다. 역사상 최고령자인 프랑스의 잔 루이즈 칼망 Jeanne Louise Calmen 할머니는 122세까지 살았다. 지금까지 세상을 살다간 인류의 수가 1000억 명 정도이니 122세까지 살 확률은 1000억 분의 1인 셈이다. 그러나 앞으로 이야기는 달라진다. 데이비드 싱클레어 David A. Sinclair 하버드대학교 유전학 교수는 《노화의 종말》에서 기술 발전으로 인해 금세기 말쯤 인간의 평균 수명이 120세가 될 것이라고 전망했다. 1000억 분의 1의 확률이 평균 확률이 된다는 뜻이다.

유발 하라리 Yuval Noah Harari 는 "전례 없는 수준의 번영, 건강, 평화를 얻은 인류의 다음 목표는 과거의 기록과 현재의 가치들을 고려할 때 불멸, 행복, 신성이 될 것이다. 굶주림, 질병, 폭력으로 인한 사망률을 줄인 다음에 할 일은 노화와 죽음 그 자체를 극복하는 것이다. (중략) 다음 할 일은 인류를 신으로 업그레이드하고 호모 사피엔스를 호모 데우스로 바꾸는 것이다"라는 말로 베이비부머의 미래를 이야기했다.[13]

종교 시대에 사람들은 죽음에 관대했다. 이 세상은 잠깐 머물다 가는 나그네의 장소이고 죽음 뒤에는 영원한 생명이 기다리고 있다고 여겼다. 지상은 천국을 가기 위한 여정일 뿐이었다. 17세기 영문학을 대표하는 작가 존 버니언 John Bunyan 이 쓴 《천로역정 天路歷程》에는 이런 생각이 잘 반영돼 있다. 《천로역정》의 주인공 크리스천은 영원한 생명을 찾아 처자식까지 버리고 성서를 들고 고향인 '멸망의 도시'를 떠나 '하늘의 도시'로 향한다. 그가 도착한 하늘의 도시는 지상과 다를 바 없는 환경이지만 병도 걱정도 없는 낙원이다.

현대 사회는 죽음을 종교가 아닌 기술적인 관점에서 바라본다. 의학적으로 보면 인간은 '장기'라는 기계에 결함이 생겨 죽음에 이르게 된다고 할 수 있다. 그래서 기술적 결함에 기술적 해법으로 대응하려는 것이 현대의 관점이다. 죽음이 성직자의 영역에서 과학자의 영역으로 넘어온 것이다. 이 길을 개척하고 있는 과학자들 중에서 강렬한 비전을 제시한 세 사람이 있다. 생의학자 오브리 드 그레이^{Aubrey De Grey}, 세계적 발명가 레이 커즈와일^{Ray Kurzweil}, 그리고 데이비드 싱클레어다.

가장 파격적인 비전을 제시한 사람은 오브리 드 그레이다. 케임브리지대학교에서 컴퓨터공학을 가르쳤고, 지금은 미국의 센스^{SENS} 재단을 공동창립해서 이끌고 있다. 그는 지금 태어난 사람들 중에 1000년을 살 사람이 있을 것이며, 수십 년 안에 인류는 노화에 대해 완벽한 승리를 거둘 것이라고 주장하고 있다. 또한 현재 50대 이하 사람들은 첨단기술을 통해 수명 연장의 혜택을 누릴 수 있다고 덧붙였다.[14] 그의 말대로라면 40~70대에 걸쳐 있는 베이비부머 중 일부는 이 혜택을 누릴 수 있을 것이다. "영원히 사는 것이 목표"라고 말한 바 있는 페이팔^{PayPal}의 창업자 피터 틸^{Peter Thiel}은 센스재단에 600만 달러를 지원하기도 했다.

구글 엔지니어링^{Google Engineering} 이사인 레이 커즈와일은 2013년

죽음을 해결하는 것을 목표로 하는 칼리코^{California Life Company, Calico}라는 회사를 설립했다. '건강, 웰빙, 장수'에 초점을 둔 칼리코는 벌거숭이두더지쥐에 주목한다. 털이 거의 없어서 이 같은 이름이 붙여진 이 동물은 쥐 평균 수명의 무려 10배인 32년을 산다. 특히 암에 걸리지 않는 것으로 알려져 있다. 세포 변형을 막는 특유의 단백질이 세포 손상을 막고 암세포 생성을 거의 차단하기 때문이다.[15] 커즈와일과 드 그레이는 2050년이면 몸이 건강하고 은행 잔고가 충분한 사람은 불멸이 가능할 것이라고 주장했다.

데이비드 싱클레어는 불멸보다는 한계수명의 연장을 목표로 하는 과학자다. 그는 지금 태어난 아이들이 중년에 이를 때쯤이면 잔 칼망 할머니는 역사상 가장 장수한 100인의 명단에 들어가지 못할 것이라고 했다. 그리고 다음 세기로 넘어갈 때쯤이면 122세에 사망하는 사람들에게 천수를 누렸다고 할지도 모른다고 했다. 지금은 90세를 넘어서 사망하면 천수를 누렸다고 하니 천수를 누렸다고 보는 수명이 30년 길어지는 셈이다. 싱클레어 또한 수명에 상한선이 있다고 보지 않는다. 다만 거기에 도달하는 시간이 언제일지 모른다고 했을 뿐이다.[16]

싱클레어는 기술의 발전에 따라 수명이 얼마만큼 늘어날 수 있는지 발표한 적이 있다. 이를 잠시 살펴보자. 질병에 관련된 여러 혁신들, 예를 들면 심장 박동이 불규칙해지면 알려주거나 컴퓨터 자판에 가해지는 압력을 통해 파킨슨병, 다발경화증 초기 증상을 알려주는 혁신들은 인간 수명을 10년 정도 늘려준다. 건강하면 활동을 많이 하게 되고, 이로 인해 다시 수명이 길어지는데, 이렇게 늘어나는 수명을 5년 정도로 봤다. 그러면 수명이 대략 15년 정도 길어진다. 동물 연구에서 장수 유전자를 작동시킴으로써 수명이 10~40퍼센트 늘어났는데 인간의 수명이 10퍼센트 늘어난다고 가정하면 8년이다. 더하면 23년이다. 또한 인류가 목적에 맞게 유전자를 변형하고 3D 프린터로 만든 장기를 이식하기까지는 대략 20~30년 정도 걸릴 것으로 보이는데, 이것이 현실화되면 평균 수명이 다시 10년 늘어난다. 도합 33년이다. 대략 110세가 평균 수명이 되는 셈이다. 그리고 오래 살수록 예상하지 못한 과학 발전의 혜택을 입을 확률은 높아진다. 110세까지 살다 보면 훨씬 많은 새로운 의료 기술의 혜택을 입게 되어 대략 120~130세까지 살 수 있다. 이것이 싱클레어가 평균 수명을 120세로 전망한 근거다. 그런데 그는 이를 보수적으로 계산한 결과라고 했다.

수명 연장에 대해 더 극단적인 미래 예측도 있다. 인간이 로봇공학과 생체 기술의 발전으로 호모 사피엔스와 다른 휴멘(humen, man의 복수형 men을 쓴 것은 다양한 종류의 인간이 병존한다는 의미다)이 될 것이라는 전망이다. 이를 주장하는 학자들은 (동물) 장기 이식과 인공 장기의 발전, 유전자 변형을 통해 강화 인간이 출현할 것이라고 주장한다. 나아가 뇌의 각 기능을 데이터화하는 것이 가능해질 텐데, 이는 인류가 시간과 공간의 한계를 극복하고 우주로 확장되어 나갈 근거가 될 것이라고 봤다.[17] 영화 〈트렌센던스〉에 나온 네트워크를 종횡무진하는 인간의 모습이라고 할 수 있다. 신호를 주고받는 인간 뇌의 신경은 불이 켜지고 꺼지는 디지털 방식으로 작동한다. 디지털 네트워크와 다를 바 없다.

이미 인류는 수명 연장을 위해 바이오테크, 디지털 헬스케어, 로봇 등 다양한 하이테크 기술을 활용하고 있다. 이 과정에서 고령자들이 하이테크 제품의 주요 수요자로 떠오를 것이다. 하이테크는 UN의 예측보다 고령자 수를 훨씬 더 늘릴지도 모른다. 고령자가 하이테크를 활용하면서 기술 발전 속도가 빨라지고, 이는 다시 인류의 수명을 늘리는 자기 강화 과정이 진행될 수 있다.

120년은 지금 살고 있는 사람들이 기대하는 '합리적'인 수명이다. 120세의 수명 한계선을 넘어서면 150세까지 수명이 길어지는 게 더 쉬워질 수 있고, 급기야 수명의 상한에 새로운 지평이 열릴 수도 있다. 베이비부머는 영생의 문 앞에서 서성이고 있다.

거대한 한류와 난류가 만나는 어장

동해는 리만 한류에서 갈라져 북에서 내려오는 차가운 북한 한류와 구로시오 해류에서 갈라져 남쪽에서 올라오는 동한 난류가 만나는 해역이다. 해류는 바닷물 속의 다양한 부유물을 운반하는데, 서로 다른 해류가 만나면 한류는 침강하고 난류는 상승하면서 대류가 일어나 해저 아래 있는 영양분들이 위로 올라오면서 폭넓게 퍼진다. 자연의 떡밥이 엄청나게 뿌려지는 셈이다. 이를 조경 수역이라고 하는데, 이런 곳에는 플랑크톤이 풍부해 난류성 어종과 한류성 어종이 모두 잡히는 황금 어장이 형성된다.

인구와 기술이 만나는 데모테크는 조경 수역이다. 대류 현상처럼 고령화가 혁신 상품의 수요를 증가시켜 기술 혁신을 촉진하고 기술 혁신은 좋은 제품을 만들어 고령자들의 수요를 증가시키며 서로 맞물려 돌아간다. 데모테크 어장에는 비즈니스의 기회, 투자의 기회가 많다. 여기에 그물을 치면 비즈니스나 투자에서 성공할 확률이 높아진다. 기업과 개인이 데모테크 어장이 어디 있는지 주목해야 하는 이유다. 어떻게 이런 시장을 발견할 수 있을까?

첫째, 인구의 흐름을 세심하게 읽어야 한다.

고령화라는 메가 트렌드는 10년 정도의 흐름이 아니라 50년 이상 지속될 초특급 트렌드다. 여기에는 고령자의 숫자뿐만 아니라 고령자의 특성 변화도 포함된다. 이전보다 학력, 건강, 경제 수준이 향상된 고령자 계층이 나타날 것이다. 과거에는 경제적 약자에다 부정적 이미지를 갖고 있던 고령자들은 앞으로 경제적 강자이면서 그 숫자도 무시할 수 없는 집단을 이룰 것이다. 앞으로 고령자는 소수 소외된 계층이 아니라 문화에 영향을 주는 보편적인 계층이 될 것이다. 기존 고령층은 노년을 인생의 황혼기라고 보지만 베이비부머를 중심으로 한 새로운 고령층은 노년을 또 하나의 삶으로 본다. 소비관도 검소함에서 벗어나 합리적인 소비 생활을 지향하며, 자신의 행복을 중요하게 생각한다. 이미 미국, 영국, 일본의 여러 스타트업들은 60세 이상 부유한 베이비부머들을 겨냥해 다양한 애플리케이션과 전용기기를 개발하고 있다. 이는 고령층이 게임 및 IT 기업의 주요 고

객으로 떠오르고 있다는 증거다.[18]

미래의 고령층은 소득과 건강을 가진 '액티브 시니어active senior'라고 할 수 있다. 액티브 시니어는 고령 사회의 새로운 경제 주체가 되어 소비 판도를 바꿀 것이다. 일본에서는 고령자를 전기 고령자(65~74세)와 후기 고령자(75세 이상)로 분류해왔다. 그런데 2017년 일본노년학회는 고령자의 정의를 준고령자(65~74세), 고령자(75~89세), 초고령자(90세 이상)로 나누자고 제안했다.[19] 고령자의 기준을 65세에서 75세로 높이자는 뜻이다. 일본 베이비부머의 맏형 격인 1947년생들은 2020년 기준으로 73세가 되었다.

일본에는 이미 액티브 시니어층이 크게 형성되어 있고, 우리나라와 중국 같은 동아시아 국가의 베이비부머는 10년 정도 지나면 그 뒤를 따를 것이다. 앞으로 10년 정도는 액티브 시니어의 숫자가 대폭 늘어날 것으로 전망되는데, 이런 흐름은 20년 정도 더 지속될 것이다.

우리나라의 경우, 액티브 시니어는 60~74세 정도로 정의하면 무난하다. 50대는 자녀들을 결혼시켜야 하며 직장에서 완전히 퇴직하지 않았으므로 제외하는 것이 맞다. 활발하게 활동하는 70대를 포함시킬 필요도 있다.

60~74세 액티브 시니어 인구 수는 2019년 현재 750만 명에 이른다. 1958년 개띠가 여기에 포함되며, 베이비부머들이 그 대열에 속속 가담할 것이다. 6년 후인 2024년이면 250만 명이 늘어나 액티브 시니어는 총 1000만 명을 넘어선다. 6년 동안 액티브 시니어만

사는 대구만한 도시가 하나 생겨나는 셈이다. 여기서 그치지 않는다. 2030년이면 액티브 시니어 수는 1200만 명에 육박하고, 2034년에는 1250만 명으로 정점을 이룬다. 액티브 시니어 수는 불과 16년 만에 750만 명에서 1250만 명으로 500만 명 증가한다. 증가 모멘텀, 규모, 지속성 3박자를 골고루 갖추고 있는 셈이다.

액티브 시니어라는 신인류의 탄생과 함께 그들의 건강, 소득, 문화적 특성을 주목해야 한다. 이를 보는 자 흥하고 외면하는 자 망할 것이다.

둘째, 개별 기술 혁신이 지속되는 가운데, 새로운 융합 기술들이 쏟아진다. 이 가운데 고령자에게 적합한 기술을 눈여겨볼 필요가 있다.

지금 진행되고 있는 4차 산업혁명은 인류가 겪은 기술 혁명과 견주어보면 이전과 비견할 수 없을 정도로 혁신적인 범용 기술 General Purpose Technology 수가 많다. 범용 기술이란 생산성 향상 등을 통해 경제에 근본적 영향을 미칠 수 있는 모태가 되는 기술을 말한다.

각 시대의 혁신적인 범용 기술을 보면 르네상스 시대에는 돛을 3개 가진 항해선이 있었고, 종교개혁 때는 인쇄술이 있었다. 그 이후에는 별다른 기술 혁신이 없다가 1차 산업혁명 때 공장 시스템과 증기기관이 있었다. 2차 산업혁명 때는 철도, 증기선, 내연기관, 전기 등이 출현했다. 3차 산업혁명 때는 컴퓨터, 인터넷이 등장했다. 4차 산업혁명이 진행 중인 지금은 무려 10개 이상 범용 기술이 시대를 선도할 후보군으로 꼽힌다. 열거하면 생명공학 기술, 나노물질

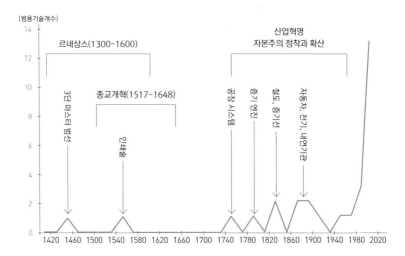

[그림 23] 범용 기술의 추이

(범용기술개수)

르네상스(1300~1600)

산업혁명
자본주의 정착과 확산

3단 마스트 범선

종교개혁(1517~1648)

인쇄술

공장 시스템

증기 엔진

철도, 증기선

자동차, 전기, 내연기관

출처 : 윤기영(2019)

기술, 인공지능 기술, 3D 프린팅, 유전자 가위 크리스퍼, 가상·증강 현실, 블록체인, 뇌신경 기술, 나노 위성, 사물인터넷, 빅 데이터, 드론, 고성능 로봇이다.* 그중에서 생명공학 기술, 나노물질 기술, 3D 프린팅, 가상·증강 현실, 뇌신경 기술이 고령화와 관련된 범용 기술이다.[20]

---

* 2018년 〈MIT테크놀로지리뷰〉가 혁신 기술 10가지를 선정해 발표했다. 3D 메탄 프린팅, 인공배아, 센싱시티(Sensing City), 모두를 위한 인공지능, 두 신경망의 결투, 바벨-피쉬 이어폰, 제로 탄소 천연가스, 완벽한 온라인 프라이버시, 유전자 기반 미래예측 들이다.

짧은 기간에 이렇게 많은 범용 기술이 출현해서 이들이 서로 융합해 만들어갈 4차 산업혁명의 트렌드는 고령화만큼이나 긴 흐름을 형성할 것이다. 보스턴 다이내믹스 로봇의 섬세한 구조는 3D 프린팅 기술의 발전으로 가능했다. 제약 기술의 발전 또한 생명공학 분야뿐만 아니라 인공지능 기술의 융합으로 가능했다. 융합을 통해 만들어질 혁신의 다양성은 마치 5억 년 전 캄브리아기에 다양한 종이 폭발하듯 생겨난 것처럼 현실에 적용되는 다양한 제품을 만들어 낼 것이다.

2021년 개봉한 영화 〈퍼펙트 케어 Care a Lot〉는 고령자들의 재산을 노리는 케어 비즈니스 업체를 소재로 한다. 주인공 말라는 집과 재산이 있으면서 가족의 돌봄이 소홀한 고령자를 물색해서 정신적으로 자립하지 못한다는 의사의 소견을 받은 뒤 법원으로부터 후견인 자격을 얻어낸다. 후견인이 케어 권한(약 처방, 운동, 산책 등)뿐 아니라 재산 관리 권한도 갖게 되는 데 주목한 것이다. 쉽게 말해, 후견인이 되면 고령자를 말그대로 소유하게 된다. 말라는 후견인이 되는 순간부터 집과 재산을 알아서 처분하고 피요양자에게 가족도 접근하지 못하게 하며 소위 영혼까지 털어간다.

우리나라보다 고령화가 진전된 서구 사회에서도 돈 많은 고령자는 사기 타깃인 듯하다. 영화를 보면 케어 비즈니스 업체 대표의 방에 후견 대상인 고령자의 사진이 쭉 걸려 있는 장면이 나온다. 이 회사의 소위 '후견인'들은 이들 고령자가 빨리 죽으면 아쉬워하는데, 이유인즉 고령자의 재산에 빨대를 꽂고 있는데 이들이 사망하면 재산을 처분해서 상속인에게 줘야 하기 때문이다.

앞으로 양상은 다르다. 부유한 고령자는 점점 더 증가할 것이며 이들의 부는 그냥 통장에 묻혀 처분을 기다리고 있지 않는다. 자신을 위해, 그리고 혁신적인 기술 제품을 사기 위해 액티브하게 쓰일 것이다. 말 그대로 한류와 난류가 만나는 황금 어장이 형성되는 것이다. 이 어장은 개인의 자산관리처이면서 동시에 국가가 전략적으로 성장시켜야 할 곳이다.

3부

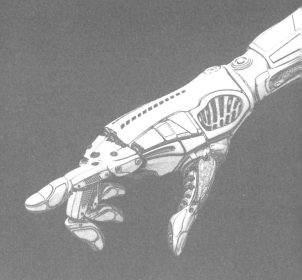

슈퍼 사이클에
올라타는 법

6

—— ETF와 기업으로 분석하는 ——
데모테크 6대 섹터

독립된 상태로 기하급수적 발전의 흐름 위에 놓였던 기술들이
다른 기술들의 기하급수적 발전과 융합하기 시작했다.
– 피터 디아만디스, 엑스프라이즈 재단 회장 겸 CEO

부는 확장 사회를 좇아 움직인다. 고령 사회 테마에 투자하는 글로
벌X 에이징 파퓰레이션 상장지수펀드 GlobalX Aging Population ETF란 금융
상품이 있다. 2016년 5월에 상장한 상품으로 100개 기업으로 구
성되어 있는데, 이중 건강 관리 기업이 93퍼센트, 미국 국적 기업
이 60퍼센트를 차지한다. 편입 기업 중 우리나라 셀트리온의 비중
(3.2%)이 가장 높다. 설정 이후 94퍼센트, 연 20퍼센트 정도의 수익
률을 거뒀다. 에이징 파퓰레이션 ETF는 데모테크 기업들의 수익률
방향을 보여준다. 성장은 계속될 것이다. 트렌드가 워낙 강력하기
때문이다. 5장에서 메가 트렌드로 떠오른 데모테크를 살펴보았다
면, 6장에서는 테마별로 그 구체적 내용을 살펴보자.

데모테크는 크게 바이오테크, 디지털 헬스케어, 뷰티, 메타버스, 로보틱스, 클라우드 컴퓨팅 등 6개 부문으로 나눌 수 있다. 여기서는 각 부문마다 구체적인 기술, 기업의 활동, 유망 제품을 알아본다. 그리고 이들 부문에 대한 시장의 반응을 보기 위해 해당 부문의 ETF를 살펴본다. 주가는 테마theme뿐 아니라 기업의 경쟁력과 전략에도 영향을 받기 때문에 데모테크에 속한 기업이라고 해서 주가가 오르는 것은 아니다. 따라서 개인투자자들은 개별 기업에 주목하기보다는 글로벌 경쟁력이 있는 데모테크 기업을 모아둔 테마 ETF에 투자하는 것이 리스크가 작다.

바이오테크 : 고성장을 향한 변곡점

전직 부총리와 사석에서 의료 산업 규제 문제를 이야기하다가 화제가 바이오테크로 옮겨갔다. 이런저런 이야기를 나누던 중 친구분의 관절 치료 이야기를 듣게 됐다. 친구분의 아내가 나이들면서 점점 무릎이 좋지 않아지더니 몇 년 전부터는 걷기가 어려울 만큼 악화됐다. 이런저런 치료법을 알아보다가 일본에 가서 줄기세포 치료를 받았는데, 골프장 18홀을 거뜬히 돌게 될 정도로 몰라보게 좋아졌다고 했다. 친구도 기적 같은 사실을 눈으로 보고 본인도 같은 치료를 받아볼까 생각 중이라고 했다. 문제는 비용이다. 체류 비용까지 합하면 총비용이 1억 5000만 원에 이르기 때문이다.

나이가 50대 중반을 넘으니 내 친구들도 왕왕 암에 걸린다. 조금만 이야기를 나눠보면 가족 중 한둘 암에 걸린 사람이 있을 정도로 암은 이제 흔한 질병이 됐다. 그러나 그 치료법은 아직까지 만족스러운 수준이라 하기 어렵다. 암에 1, 2년 일찍 걸렸느냐 늦게 걸렸느냐가 목숨을 좌우하는 경우도 적지 않다. 주변의 한 분은 폐암 4기였는데 마침 나온 임상용 표적치료제를 사용해 지금까지 건강하게 지내고 있다. 만약 1년만 일찍 암에 걸렸어도 목숨을 장담할 수 없었을 것이다. 기술 발전이 그만큼 빠른 속도로 진행되고 있다.

중국 정부는 고령 사회의 파고를 맞아 의료비용 부담을 줄이기 위해 바이오 산업을 정책적으로 육성하고 있다. 중국의 의약품 시장 규모는 이미 미국에 이어 2위다. 지금까지는 양적 성장을 해왔다면 앞으로는 질적 성장이 이뤄질 것으로 보인다. 고령화가 진전되고 중산층이 늘어나면서 수준 높은 바이오 의약품에 대한 수요는 더욱 커질 전망이다. 정책적으로 바이오 부문을 적극 육성하면서 해외로 나갔던 우수한 관련 인력들이 중국 본토로 돌아오고 있다. 아울러 정부 차원에서 신약에 대한 보험 적용을 정책적으로 확대하는 등 제품 수요 기반을 마련하고 있다. 이런 변화는 신약 개발 바이오 기업에 큰 동기 부여가 되고 있다.[1] 이 추세가 지속된다면 바이오 관련 기업의 성과도 좋아질 것이다. 바이오 의약품 기업들을 모아놓은 ETF의 가격 추이와 특징을 통해 살펴보자.

자산운용사 블랙록 Black Rock 이 선보인 아이셰어즈 나스닥 바이오테크 ETF iShares NASDAQ Biotech ETF, IBB 는 나스닥에 상장된 ETF로 나스닥 바이오테크 총수익률지수(XNBI 지수)를 추종한다. 미국 및 글로벌 바

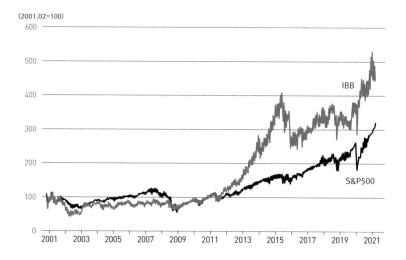

[그림 24] S&P500 지수와 IBB ETF 비교

(2001.02=100)

출처 : 블룸버그

이오테크 및 제약 회사로 구성되어 있다. 큰 비중을 차지하는 회사를 보면 다국적 바이오 회사 암젠Amgen과 코로나19 치료제로 주목받은 렘데시비르를 개발한 길리어드 사이언스Gilead Science가 있다. 해당 ETF는 2011년부터 지금까지 S&P500을 능가하는 성과를 보이고 있다. S&P500이 3배 상승할 때 IBB 가격은 5배가 되었다.

스테이트 스트리트State Street SPDR에서 만든 미국 중소형 바이오 헬스 기업 주식에 초점을 둔 바이오테크 ETF인 SPDR S&P 바이오테크 ETFSPDR S&P Biotech ETF, XBI도 있다. XBI ETF는 S&P 바이오테크

[그림 25] S&P500 지수와 XBI ETF 비교

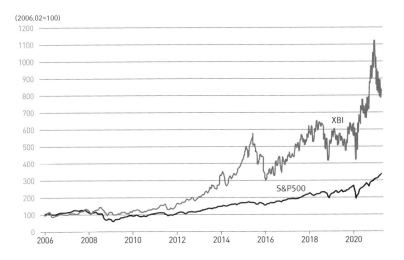

(2006.02=100)

출처 : 블룸버그

산업지수를 추종하며 중소형 기업들이 85퍼센트 비중을 차지하며 구성 종목 수가 143개에 이른다. 미국 기업이 100퍼센트, 생명공학 기업이 99.9퍼센트를 차지한다. 모더나^{Moderna}가 1퍼센트 정도 편입되어 있다. 주로 제약학, 신약 개발 등 미래 지향적인 연구 분야에 투자하는 기업이 포함돼 있다. 2006년 1월 상장된 이후 수익률은 S&P500의 3.5배 이상에 이른다.

이처럼 바이오테크 ETF는 최근 몇 년 동안 시장 수익률을 상당히 상회하는 성과를 보였다. 바이오테크의 흐름과 개별 기업들에 대해 살펴보자.

바이오테크놀로지는 유전, 번식, 성장, 물질대사 등의 생명 현상이나 생물 기능을 인위적으로 조작하는 생명공학기술을 말한다. 미국바이오협회Biotechnology Innovation Organization, BIO는 2008년 바이오테크놀로지를 "세포와 생물 분자를 활용하는 미시적 기술을 통해 인간의 삶과 지구의 건강을 향상시키는 제품을 개발하는 것"이라고 정의했다. 바이오테크놀로지는 응용 분야에 따라 레드 바이오(질병), 그린 바이오(식품과 환경), 블루 바이오(해양) 등으로 나뉜다. 우리 정부는 2019년 5월 레드 바이오에 해당하는 '바이오 헬스 국가 비전'을 선포하는 등 바이오를 정부 정책의 중심 의제로 다루고 있다.

'바이오 의약품'은 사람이나 다른 생물체에서 유래된 것을 재료로 한다는 점에서 기존 주력 의약품인 '합성 의약품'과 구별된다. 지금은 백신과 혈액 제제 등으로 일컬어지는 1세대 바이오 의약품에서 세포 배양 의약품, 세포 치료제, 유전자 치료제, DNA 백신 같은 첨단 바이오 의약품으로 발전 방향이 이동하고 있다.[2]

바이오 의약품은 합성 의약품에 비해 독성과 부작용이 적고, 표적 치료 효율이 높다. 최근에는 생명공학기술의 빠른 발전에 따라 임상 단계에서의 성공 빈도가 높아지면서 바이오 의약품의 R&D 투자 효율 역시 크게 높아지고 있다. 이 같은 이유로, 바이오 의약품 개발은 고령화와 맞물려 늘어나는 만성, 난치성, 퇴행성 질환과 날로 가중되는 의료비 등 사회경제적 비용 부담을 해결할 장기적 대안으로 꼽힌다. 개인이나 정부 모두에 중요한 분야가 된 것이다.

현재 바이오 의약품의 주류를 이루는 것은 세포 배양 의약품으로 전 세계 상위 10대 바이오 신약 중 7개를 차지하고 있다.[3] 주로 세포주cell line를 이용해 인공 항체를 만들어내는 항체 치료제로 암, 류머티즘 관절염 등의 질환에서 혁신적 성과가 나오고 있다. 최근 치료 효율이 높아진 바이오 신약으로는 이중 표적 항체와 항체-약물 결합체antibody drug conjugate가 대표적이다. 이중 표적 항체는 각각 암세포와 면역세포를 표적하는 2개의 항체를 연결해 암세포의 사멸과 면역세포의 활성화를 동시에 추구한다.

세포 치료제는 살아 있는 사람이 동종, 이종 세포를 체외 배양, 증식해서 선별하는 방법으로 제조하는 바이오 의약품이다. 체세포 치료제, 줄기세포 치료제가 이에 속한다. 주목받고 있는 것은 CAR-T 세포 치료제다. 암 환자의 혈액에서 T 세포를 추출해 바이러스 등을 이용해 T 세포 표면에 암세포 인식이 가능한 단백질CAR을 만든 후 CAR-T 세포를 외부에서 증식시켜 환자의 신체 내에 재주입하는 방식의 치료제다. CAR-T 세포는 외부에서 암세포를 인식하는 한편 내부에서 T 세포 활성화 신호를 방출해 암세포를 공격한다.

유전자 치료제는 인체에 직접 주사하거나 체외에서 세포를 매개체로 하여 DNA 또는 RNA를 삽입하는 치료제다. DNA, RNA 등 유전자를 세포나 핵 안으로 전달하는 과정에서 효율을 높이기 위해 바이러스 벡터 등 다양한 운반체를 사용한다. 미국 제약사 암젠이 개발한 임리직Imlygic은 2015년 9월 미국 식품의약국의 승인을 받은 최초의 바이러스 벡터 항암제다.

최근에는 외부에서 DNA, RNA 등의 유전자만 주사하는 것이 아니라 몸속 유전자 교정 기술인 유전자 가위에 대한 연구개발이 활발히 이뤄지고 있다. 유전자 가위는 유전자의 특정 염기 서열을 인지해 해당 부위의 DNA를 절단, 제한하는 등 인간 및 동식물 세포 유전자를 교정하는 기술이다. 이중 3세대 유전자 가위인 크리스퍼가 주목받고 있다. 가축 품종 개량에서 시작해 지금은 사람의 몸에도 적용하려고 시도하는 중이다.

2020년 말 기준 1조 달러에 달하는 글로벌 제약 시장에서 합성 의약품과 바이오 의약품의 비율은 7 대 3 정도로 추정된다.[4] 아직은 합성 의약품 시장이 절대적인 비중을 차지하고 있으나 의료비 지출 증가와 더불어 바이오 의약품이 합성 의약품을 잠식할 가능성을 감안하면 바이오 의약품 시장의 성장 잠재력은 매우 크다. 예측 기관들은 2020년을 기준으로 바이오 의약품 시장의 향후 10년간 연평균 성장률을 10퍼센트대로 예상했다. 이는 연평균 8퍼센트 정도인 이전 10년간 성장세를 상회하는 규모다.[5]

바이오 의약품 시장이 현재 고성장을 향한 변곡점에 있다고 보는 이유는 3가지다.

첫째, 차세대 바이오 신약의 기술 개발 속도는 매우 빠른 편이다.

바이오 의약품 시장 전체에서 항체 치료제는 50퍼센트 이상의 비중을 차지한다. 이러한 차세대 항체를 중심으로 연평균 10퍼센트

선의 성장세가 유지될 것으로 예상된다. 여기에 아직 시장 내 비중이 2퍼센트 미만에 불과한 세포 및 유전자 치료제는 주로 중추신경계 질환 및 암 같은 중증 치료에 대응해 개발되고 있으며, 향후 연평균 40퍼센트 수준의 고성장세가 장기간 이어질 것으로 관측된다.

둘째, 아시아 시장의 성장 잠재력이 크다.

지역별 바이오 의약품 시장의 규모를 보면 현재 미국이 60퍼센트로 절대적인 비중을 차지하고, 유럽 및 일본이 20퍼센트로 전체의 80퍼센트 이상을 선진국이 차지하고 있다. 그러나 고령화가 급격히 진행 중인 중국과 한국 등에서 수요가 빠르게 증가할 것을 감안할 때 아시아 시장의 비중이 커질 가능성이 높다. 기존 선진국 시장의 안정된 성장에 더해 장기적으로 아시아가 대형 시장으로 부상하면서 바이오 의약품 시장에서 큰 몫을 차지하게 될 것이다. 특히 중국은 세계 바이오 의약품 시장에서 차지하는 비중이 매년 빠른 증가하고 있음에도 그 비중이 여전히 10퍼센트선에 머물러 있다. 정부의 집중 지원과 의료 소비 증가세를 감안하면 글로벌 바이오 분야에서 중국 시장의 전망은 매우 밝다.(그림 26 참조)

셋째, 바이오시밀러Biosimilar 시장의 확대와 함께 규모의 경제 효과가 본격적으로 나타날 것이다.

바이오시밀러는 판매 중인 바이오 신약의 특허가 만료되면 출시 가능한 복제 의약품으로, 신약으로서의 품질 및 비임상적 또는 임상적 비교 동등성이 입증된 제품을 말한다. 현재 바이오 신약의 중심에 있는 항체 치료제의 경우, 2020년까지 블록버스터급 오리

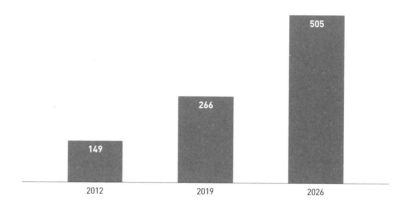

[그림 26] 글로벌 바이오 의약품 시장 규모 및 전망(단위 : 십억 달러)

505

266

149

2012

2019

2026

출처 : Evaluate Pharma World Preview 2020, Outlook to 2026(2020. 7) 한국바이오의약품협회 자료에서 재인용.

지널 의약품의 특허가 대거 만료된다.* 이에 따라 각국은 의료 재
정 및 소비자 비용 부담을 경감시키기 위해 복제 의약품 사용을 본
격적으로 장려할 것으로 보인다. 바이오시밀러는 개발 단계를 건너
뛰므로 낮은 비용으로 빠르게 생산할 수 있기 때문에 시장이 급격
히 확대되는 경향이 있다. 바이오시밀러는 선진국으로부터 아시아
지역 등 신흥시장에서 바이오 의약품이 확산되는데 주된 기제로 작

---

*   애버비(Abbvie)의 휴미라(Humira), 로슈(Roche)의 아바스틴(Avastin), 얀센(Janssen
    Biotech)의 스텔라라(Stelara) 등이 2019~2023년 사이에 만료된다.

용할 것으로 예상된다.

여기에 덧붙여 언급해야 할 것으로 나노 기술^{Nano technology}이 있다. 원자 단위에서 물성을 규명하고 조작해 신물질이나 재료를 개발하는 기술로, 극히 미세한 수준에서 분자들을 움직여 화학 반응을 이끌어내고 새로운 물질을 만들어 해주는 기술이다. 에릭 드렉슬러 박사는《창조의 엔진》에서 '분자 조립 기계'라는 개념을 제안했는데, 이것만 있으면 우리 세계를 다시 만들 수도, 파괴할 수도 있다. 다시 말해, 원자 수준에서 물질을 배열하는 능력을 얻는다면 이론적으로 세계를 새롭게 만드는 것도 가능하다.

현재 나노 기술이 바이오 의약품에서 활용되는 분야는 주로 약물 전달 체계다. 특정한 치료 약물을 환부에 정확히 전달하는 것이 약물 전달 체계의 역할이다. 나노 기술의 강점을 활용해 정밀한 항체 치료제 등을 만드는데 적극적으로 이용되고 있다. 또한 바이오멤스^{BioMEMS}같이 100나노미터 크기의 나노 분자 기계에 항암제, 항생제, 바이러스 추적 센서 등을 탑재하고 이를 인체에 주입해 암 세포, 세균, 바이러스 등 표적 항원을 정확히 박멸하는 연구도 이뤄지고 있다. 나노 크기의 물질을 이용한 약물 전달 체계는 뇌혈관으로의 약물 침투를 가능케 해 악성 뇌종양, 알츠하이머성 치매 및 파킨슨병 등 퇴행성 뇌 질환 치료에도 효과적으로 이용될 것으로 보인다.

디지털 헬스케어 : 건강 관리의 진화

6년 전부터 스마트폰에 걷기 앱을 깔고 하루 1만 보 걷기를 실천하고 있다. 걸음 수를 직접 눈으로 보면서 관리하는 것은 대충 느낌으로 셈하는 것과는 하늘과 땅 차이다. 직장을 다니는 성인이 평소 별로 움직이지 않는 편이라면 하루 운동량 2000보를 넘기기 어렵다. 자투리 시간을 내서 걷더라도 5000보를 넘기기가 쉽지 않다. 1만 보 걷기라고 해봐야 평소보다 5000보만 더 걸으면 되겠지 하고 쉽게 생각할 수 있지만, 매일 시간을 내서 5000보씩 더 걷는다는 것은 정확한 숫자를 보며 관리하지 않고서는 지키기 어려운 습관이다.

걷기 앱은 하루 중 걸음 수를 시간에 따라 그림으로 보여주고 일주일, 한 달, 1년 동안 누적된 걸음 수를 막대그래프로 보여준다. 덕분에 한눈에 나의 1만 보 걷기 상태를 체크할 수 있다. 소모한 칼로리, 걸은 거리와 시간을 같이 보여주는데, 이 데이터를 엑셀로 받을 수 있어 통계 분석도 가능하다. 내가 만 6년이 지난 오늘까지 1만 보 걷기를 할 수 있었던 것은 걷기 앱 덕분이라고 해도 지나친 말이 아니다. 1만 보 걷기 앱은 아주 초기의, 가장 단순한 형태의 디지털 헬스 기기이지만 효과는 크다.

애플, 구글^{Google}, IBM, 퀄컴^{Qualcomm} 등 빅테크 기업들은 휴대폰과 결합된 디지털 헬스케어 산업에 이미 적극적으로 참여하고 있다. 구글은 웨어러블 기기 제조사인 핏빗^{Fitbit}을 인수했으며, 아마존은 JP모건^{J.P. Morgan}, 버크셔해서웨이^{Berkshire Hathaway}와 함께 헤븐^{Heaven}

이라는 헬스케어 회사를 설립했다. 이 외에도 코로나19로 원격진료가 급성장하고, 다양한 의료 장비와 다양한 개인용 디지털 헬스케어 장비가 나오고 있다. 헬스케어의 디지털 전환Digital Transformation이 진행되고 있는 것이다. 이는 일시적 이슈가 아닌 패러다임 차원의 변화다. 고령화, 의료 비용 증가, 의료진 부족 등 우리를 둘러싼 환경이 급변하는 가운데 IT와 헬스케어가 결합되면서 '디지털 헬스케어', '헬스 IT' 산업이 떠오르고 있다.

대표적인 디지털 헬스케어 ETF를 통해 이런 현실을 짚어보자. 글로벌X에서 운용하는 글로벌 X 텔레메디신 & 디지털 헬스Global X Telemedicine & Digital Health, EDOC, 블랙록이 운용하는 아이셰어즈 U.S. 메디컬 디바이스iShares U.S. Medical Devices, HTEC US, 그리고 로보 글로벌이 운용하는 로보 글로벌 헬스케어 테크놀로지 & 이노베이션Robo Global Healthcare Technology & Innovation, IHI US이 대표적인 헬스케어 ETF다.

EDOC는 글로벌 원격 의료와 디지털 헬스에 집중하는 ETF로 40개 종목을 보유하고 있다. HTEC는 헬스케어 신기술에 포괄적으로 투자하는 ETF로 82개 종목을 보유하고 있다. IHI는 글로벌 의료기기 시장에 특화된 ETF로 2006년 5월에 상장해, 2020년 7월에 상장한 EDOC와 2019년 6월에 상장한 HTEC보다 빠르게 시장에 선보였다.

가장 최근에 상장된 EDOC는 초기 성장 산업에 투자하는 ETF다. 기존 의료 시스템보다 비용을 절감하거나, 효율성이 제고되거나, 맞춤형 개인 의료 시스템에서 경쟁력을 보이는 기업으로 구성

[그림 27] S&P500 지수와 EDOC ETF 비교

(2020.07=100)

출처 : 블룸버그

되어 있다. 상위 기업에는 뉘앙스 커뮤니케이션즈^{Nuance Communications}, 일루미나^{Illumina}, 가던트 헬스^{Guardant Health}, 네오지노믹스^{NeoGenomics}, 알리바바 헬스^{Alibaba Health} 등이 있다. 건강 관리 기업 60퍼센트, IT 기업 30퍼센트로 구성되어 있으며, 국가별로는 미국이 83퍼센트, 홍콩과 중국이 8퍼센트, 일본이 4퍼센트를 차지한다. EDOC는 상장 후 1.4배까지 올랐다가 최근 조정장에서 하락해 2021년 4월 현재 상장 가격 대비 1.3배가 되었다.

HTEC는 진단, 실험실 프로세스 자동화, 재생의학, 정밀의학, 데

[그림 28] S&P500 지수와 HTEC ETF 비교

(2019.06=100)

HTEC

S&P500

출처 : 블룸버그

이터 분석, 텔레헬스, 로봇공학 및 의료기기 등에 투자하며 상위 10
개 기업 비중이 19퍼센트밖에 안 될 정도로 분산되어 있다. 2019년
6월 상장 이후 2.1배까지 올랐다가 최근 조정장에서 하락하면서 상
장 가격 대비 1.9배가 되었다(같은 기간 S&P500은 1.4배 올랐다).

　　다우존스 의료장비지수를 추적하는 IHI에는 전통적 대형 의료
장비 기업들이 포함되어 있으며, 상위 10개 기업의 비중이 70%에
이른다. 2006년 5월 대비 2021년 4월 가격은 15년 동안 7.5배가
되었다. 비교 지수인 S&P500은 같은 기간 3.1배 오르는데 그쳤다.

[그림 29] S&P500 지수와 IHI ETF 비교

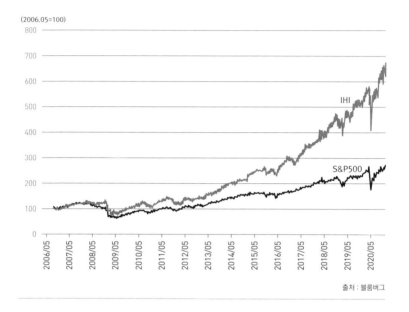

(2006.05=100)

출처 : 블룸버그

210퍼센트의 수익률(S&P500) 대비 650퍼센트의 수익률(IHI)이 난 셈이니 수익률 차가 440퍼센트포인트나 된다. 디지털 헬스의 장기 성장력을 보여주는 데이터라 할 수 있다.

4차 산업혁명의 본질 중 하나인 디지털 전환과 고령화가 접목되면서 헬스케어 분야의 확장 잠재력은 날로 커지고 있다. 지금까지 헬스케어는 의사와 환자 사이의 대면 환경 중심으로 이뤄지는 서비스였다. 그러나 코로나19 사태 이후 비대면 온라인 환경이 강화되면서 의료 서비스의 접근성, 경제성 등에서 진화가 모색되고 있다. 또한 환자 개개인의 데이터를 중심에 두면서 표준적 의료에서 맞춤형 의료로 패러다임이 바뀌고 있다.

현재 디지털 헬스 시장이 전체 헬스 시장에서 차지하는 비중은 3퍼센트에 불과하지만, 2025년까지 시장 규모가 연 24.7퍼센트 성장할 것으로 보인다. 특히 중국 시장의 잠재력이 크다. 중국은 1000명당 의사 수가 1.8명으로 OECD 회원국 최하위 수준이다. 이에 따라 중국 국가의료보장국은 2020년 11월 디지털 헬스를 확대하기 위한 가이드라인을 발표했는데, 원격진료가 가능한 인터넷 병원이 2016년 26개에서 2020년 10월 900개로 크게 증가했다고 밝혔다. 중국은 2030년까지 전체 진료의 70퍼센트가 원격의료로 대체될 것으로 예상했다. 이 같은 예상이 현실화되면, 중국 디지털 헬스 시장의 규모는 2030년 전체 의료비의 25퍼센트를 차지하는 수준까지 성장한다.[6] 우리나라도 현재 13퍼센트의 비중을 차지하고 있는 65세 이상 인구가 전체 의료 비용의 40퍼센트를 지출하고 있는데, 향후 고령자의 비중이 높아지면서 의료 비용을 낮추기 위해 디지털 헬스의 도입이 가속화될 것으로 보인다.

디지털 헬스케어 개념은 정보통신기술ICT을 활용하던 2000년대 초반에 비해 크게 확장됐다. 사물인터넷IoT, 빅데이터, 인공지능, 클라우드 컴퓨팅 등 4차 산업 기술을 융합하고 원격의료 및 유전체학Genomics 등 생명공학기술이 연결되는 등 그 변화의 양상도 다양하다. 이를 구체적으로 살펴보면 다음과 같다.

첫째, 웨어러블 기기의 활용이다.

웨어러블 기기를 매개체로 한 디지털 헬스케어는 일반적인 사물인터넷 개념을 의료 체계에 적용했다고 해서 의료사물인터넷 Internet of Medical Things, IoMT 이라 불린다. '생체인터넷'은 이보다 한 발 더 나아간 개념으로, IoB Internet of Biological Things 또는 IoBNT Internet of Bio-Nano Things 라 부른다. 이는 나노 크기의 생물학적 유기체, 바이오칩, 고정밀 센서가 체내에 삽입, 융합된 원격의료 기술로 질병의 진단과 예방, 치료에 이용된다. 현재 웨어러블 기기는 스마트워치, 밴드, 헤드셋, 아이웨어, 신체 부착형 패치 등에서 체내에 투입하는 센서 삽입 알약 smart pill 에 이르기까지 다양하다. 이를 통해 운동 및 각종 신체 활동의 변화를 실시간으로 모니터링하고 혈당, 혈압, 심전도, 체지방, 체성분 등을 측정 분석해 개인의 건강을 일상적으로 관리하고 문제를 진단할 수 있다.

얼라이브코 AliveCor 는 스마트폰을 심전도 기기로 만들어주는 제품을 선보였다. 이 회사의 제품 카디아모바일 KardiaMobile 은 스마트폰 케이스에 부착하는 방식으로 사용되는데, 2012년 미국 식품의약국의 승인을 받았다. 2개의 전극에 양 손가락을 올리든가 혹은 가슴에 대면 심전도 데이터를 측정, 기록, 저장한다. 2013년 얼라이브코는 측정한 데이터를 의료 전문가에게 원격으로 전송해서 데이터에 대한 해석과 진단을 받아볼 수 있게 했다.[7] 우리나라 기업인 WELT Wellness Belt 는 벨트에 디지털 기기를 장착해 사용자의 허리둘레, 걸음 수, 앉은 시간 등을 감지해 스마트폰 앱으로 알려준다.

구글은 2014년 스마트 콘택트렌즈 개발 프로젝트를 시작했다.

혈액과 눈물의 혈당이 크게 차이나지 않는 것에 착안해 눈물에서 혈당을 측정하는 구상이었다. 당뇨병은 주기적으로 혈당을 측정하는 것이 매우 중요하다. 지금까지는 손가락 끝을 바늘로 찔러 피를 나오게 한 뒤 그 피로 혈당을 측정하는 방식을 써왔는데, 당뇨병을 가진 사람은 손가락 끝이 말이 아니었다. 아쉽게도 구글은 2018년 스마트 콘택트렌즈로는 일상생활을 영위하면서 안정적으로 혈당을 측정하는 것은 어렵다고 결론 내리고 개발을 중단했다. 하지만 다른 업체에서 개발을 진행 중이다. 한세광 포스텍 신소재공학과 교수가 이끈 한·미 공동 연구진은 최근 전기 신호를 이용해 원격으로 제어 가능한 의료용 스마트 콘택트렌즈를 개발했다. 이 스마트 콘택트렌즈는 눈물에서 당뇨 환자의 체내 당 수치 등을 실시간으로 측정하고, 합병증 중 하나인 당뇨병성 망막증을 치료하기 위한 약물을 주기적으로 방출해준다.[8] 당뇨병 환자 수는 50대부터 크게 증가하는데, 신규 발병건수를 기준으로 할 경우 남자는 60대 이후에, 여자는 70대 이후에 주로 발병하므로 고령화와 관계가 깊은 질병이라고 할 수 있다.[9] 고령화가 가파르게 진행될 현실을 감안하면 주목할 만한 기술임에 틀림없다.

둘째, 모바일 앱의 활용이다.

운동 및 영양 정보, 의학 정보부터 특정 질병과 관련한 복약 관리, 고령 환자 및 보호자 일정 관리 툴 등을 모바일 앱을 통해 제공한다. 이 밖에도 의료기관과 환자를 연결해 의료 서비스를 지원하는 등 효율적인 원격의료 수단이 되고 있다.

미국 디지털 헬스케어 스타트업인 헬스탭health tap은 의사와 환자를 연결해 의료 정보를 제공하는 인공지능 기반 헬스케어 챗봇 프로그램을 운영하고 있다. 이 프로그램은 미국에서 면허를 보유한 의사 네트워크와 연결해 건강 관련 질문에 대한 답변을 무료로 제공하며 채팅, 전화, 화상회의를 통한 상담 및 진료 예약을 할 수도 있다. 이 회사의 모토는 "최고의 가상 헬스케어 공간에 발을 들여놓으세요Tap into the best virtual healthcare"다. 월회비는 15달러, 연계된 병원을 한 번 방문하는 데 30달러의 비용이 책정돼 있다.

셋째, 원격의료Telemedicine 서비스 체계다.

원격의료는 의사와 환자가 비대면 또는 멀리 떨어진 상태에서 진단, 진료, 처방 등 임상 의료 서비스를 제공하는 서비스를 말한다. 환자는 비대면·온라인 환경을 통해 집에서도 진료를 받을 수 있다. IT 및 4차 산업기술을 이용해 환자 모니터링, 의료 영상 및 데이터 전송, 원격 처방의 검증, 약물 투여 관리까지 가능하므로 궁극적으로 헬스케어 비용을 전반적으로 절감하는 데 크게 기여할 것으로 보인다. 특히 꾸준한 관리가 필요한 만성질환자를 돌보는데 효과적이다. 만성질환자는 고령자인 경우가 대부분이다.

원격의료는 또한 병원 방문 등을 통해 원활하게 의료 서비스를 제공받기 힘든 이들의 건강 관리 환경을 개선하고, 응급 상황에 효과적으로 대처하게 해준다. 현재 중국은 관련 서비스를 적극적으로 개발하기 위해 정부가 나서서 추진하고 있다. 현재 중국은 의료 인력을 확대하기 위해 노력하고 있지만 의사의 평균 급여가 높지 않아 의사 직업 선호도가 높은 편이 아니고, 소규모 병원의 경우 신뢰도가 낮아 대형 병원으로 수요가 몰려있다. 이는 향후 중국의 고령화가 심화될 경우, 문제가 될 지점이다. 그래서 2014년 국무원의 '의료기관의 원격의료 추진에 관한 의견' 제기를 계기로 온라인 병원 설립을 가속화하고 있다. 온라인 병원은 인터넷을 통해 문진, 진료, 처방이 모두 가능한 병원을 말한다. 이런 시도가 계속된다면 알리바바 같은 이커머스$^{e-commerce}$에 이어 이메디신$^{e-medicine}$이 나올지도 모른다.

맥킨지^{McKinsey}의 분석에 따르면, 코로나19 사태의 여파로 병원 운영 및 환자 치료에 큰 차질이 빚어지면서 2020년 4월 이후 미국의 원격의료 이용 빈도는 2019년보다 4배 이상 늘어났다. 원격의료 수요 급증은 코로나 국면이 정상화되면 완화될 수도 있지만 코로나로 인해 원격의료 시장의 구조적 전환이 이루어진 것으로 보인다. 궁극적으로 1조 2500억 달러에 달하는 병원 및 가정방문 진료비의 20퍼센트에 해당하는 2500억 달러가 원격의료로 대체될 전망이다. 중기적으로는 2019년 175억 달러였던 시장 규모가 2025년경 1200억 달러를 넘어설 것으로 예상된다.[10] 이는 연평균 성장률 40퍼센트에 가까운 고성장세를 보일 것이라는 의미다.

원격의료의 기술적 기반이 어느 정도 갖춰진 가운데, 사회적 합의와 법적·제도적 요건 구축이 얼마나 신속하게 이루어지는가가 앞으로 관련 시장의 성장을 좌우할 것이다. 다만, 코로나19가 기술 혁신의 잠재력을 비즈니스로 구현하는 데 결정적 기폭제로 작용한 것은 부정할 수 없다.

미국 최대 원격의료 서비스 회사인 텔라독^{Teladoc}의 비즈니스 구조를 살펴보자. 원격의료 서비스를 제공하는 텔라독은 회사와 계약을 맺는 B2B^{business to business}에 중점을 두고 있다. 텔라독의 원격의료 서비스는 고가의 대면 진료비와 예약 대기 문제를 해결함으로써 고용주나 보험사의 의료비 절감과 직원의 생산성 제고에 도움을 주었다는 평가를 받고 있다. 고용주와 텔라독의 계약은, 직원 1인당 월 구독료를 정액으로 받고 무제한 원격 진료 서비스를 제공하는 구독경제 방식을 채용한다. 여기에 경우에 따라 실제 진료를 수행하면서 발생한 진료비 등이 추가로 청구된다.

텔라독은 미국은퇴자협회^{American Association of Retired Persons, AARP}를 고객으로 두고 있는 등 고령자 시장에서도 발을 넓히고 있다. 이 외에도 의료기관과 환자 네트워크가 이미 갖춰진 상태에서 원격진료 플랫폼만 제공하는 사업 모델도 운영하고 있다.[11]

2021년 1분기 텔라독을 비롯한 디지털 헬스 관련 기업들의 주가는 하락세를 보였다. 코로나19 백신 접종률이 상승한 데 따른 조정, 주요 기업의 경쟁력 강화를 위한 인수합병 시도, 아마존 같은 IT 대기업의 시장 진입 등으로 앞으로도 개별 종목의 변동성은 확대될 수도 있다. 하지만 헬스케어의 디지털 전환은 일시적 이슈가 아닌 패러다임 변화라는 것을 기억해야 한다.

뷰티 산업 : 다운에이징의 꿈

고령층이 늘어나면서 일본에선 한때 시니어 잡지 창간 붐이 일었다. 하지만 지금은 대부분 휴간되거나 폐간됐다. 반면 고전을 변치 못하던 패션 잡지는 성공했다. 고령층이 패션 잡지의 주 독자층으로 떠올랐기 때문이다. 3대가 같이 옷을 사러 와서 지갑은 할머니가 연다.[12] 시대가 변해서가 아니라 베이비부머들은 자신들이 젊었을 때 미니스커트와 화려한 색의 옷 등 세련된 모습을 좋아했기 때문에 나이 들어서도 패션에 대한 관심이 큰 것일 뿐이다. 지금의 50~60대는 자연스러운 모습보다 센스 있는 모습이 되고 싶어 한다. 이들의 경쟁력은 자식에게 효도 받는 게 아니라 실제 나이보다 젊어 보이고 건강해 보이도록 외모를 꾸미는 것이다.

미국에서는 도시 할머니를 뜻하는 어번 그래니Urban Granny가 뷰티 시장의 큰손으로 떠오르고 있다. 세련되고 도시적인 여성 중 신체 나이는 실버 세대이지만 뷰티 감각은 20~30대에 뒤지지 않는 사람을 뜻한다. 일본 화장품 업계의 매출에서 50세 이상 여성의 비중은 절반가량을 차지한다. 어번 그래니 소비층을 잡기 위해 관련 업체들은 앞다퉈 60대 시니어 모델을 기용하고 있다. 2017년 미국 화장품 브랜드 커버걸Cover Girl은 2017년 모델로 당시 69세(1948년생)인 메이 머스크Maye Musk를 선정했다. 그녀는 테슬라의 CEO 일론 머스크의 어머니다. 로레알L'Oreal의 모델 트위기Twiggy는 지금 73세다.[13] 트위기가 누군가. 1967년에 일본을 방문해서 미니스커트 열풍을 일으킨 주인공이다.

고령 사회의 주요 트렌드는 안티에이징$^{anti-aging}$과 다운에이징 $^{down-aging}$이다. 우리말로 옮기면 노화 방지와 회춘이다. 젊음을 유지 하기 위한 생명공학 기술은 뷰티 산업으로 연결됐다. 안티에이징 화장품은 매년 30퍼센트의 성장세를 보일 정도로 '핫'하다.

우리나라 뷰티 산업은 1980~1990년대 생명공학 기술의 발달 로 화장품 기술과 접목을 시도해 조직 배양, 발효 등의 방법으로 다 양한 화장품 소재들을 개발했다. 2000~2010년대에는 레티놀^{retinol}, 세라마이드^{ceramide}, 콜라겐^{collagen}, 멜라닌^{melanin} 색소 등에 대한 연구 가 진행되면서 관련 제품이 세계 최초로 출시되었고, 한방 연구도 활발하게 진행됐다. 2010년대 이후에는 피부 노화 메커니즘을 밝 혀내고 고기능성 기술에 집중하면서 의료 및 ICT 기술과의 융합이 가속화되었다.[14]

우리나라의 대표적인 뷰티 기업인 LG생활건강의 성과를 살펴 보자. LG생활건강은 매출액의 60퍼센트 정도가 화장품과 관련돼 있다. 2012년 화장품의 매출 비중은 38퍼센트였는데, 이후 지속적 으로 성장해 LG생활건강의 주력 사업 부문이 되었다. LG생활건강 은 후, 숨, 오휘 등 고급 화장품 라인을 앞세워 뷰티 시장을 육성하 고 있다. 11년 전인 2010년 4월 코스피지수는 1740, LG생활건강 주가는 28만 원이었으나 2021년 4월 현재 각각 3000, 157만 원이 되었다. 코스피지수가 70퍼센트 오르는 동안 LG생활건강의 주가 는 무려 460퍼센트 올랐다. 지난 20년 동안의 실적을 계산하면 LG 생활건강 주가는 무려 116배가 됐다.(그림 30 참조)

[그림 30] 코스피 지수와 LG생활건강 주가 비교

(2001.04=100)

LG생활건강

KOSPI

출처 : 블룸버그

뷰티 산업에서 앞으로 주목되는 시장으로는 여성 베이비붐 세대를 중심으로 한 고령자 시장이 꼽힌다. 우선 젊은 인구가 줄어들어 새로운 소비자를 개척할 필요성이 높아졌다. 반면 소비 여력이 큰 시니어의 수요에 맞춤화된 제품은 아직 부족하다. 미국은퇴자협회가 조사한 바에 따르면, 베이비부머 세대 여성 중 74퍼센트가 화장품 업체의 광고에서 자신에게 맞는 정보를 거의 얻기 힘들다고 응답했다. 또한 40대 이상 여성의 70퍼센트가 갱년기 및 폐경기 여성을 위한 미용 정보 및 제품 공급이 현재보다 더 많이 늘어나야 한

다고 생각하는 것으로 파악됐다.[15]

　유망한 뷰티 산업 테마로는 코스메슈티컬 Cosmeceutical 이 꼽힌다.[16] 코스메슈티컬 Cosmeceutical 은 화장품 Cosmetic 과 의약품 Pharmaceutical 의 합성어로, 화장품에 의약품 기능을 넣은 기능성 화장품을 말한다. 기능성 화장품은 피부 미백, 주름 개선, 자외선 차단, 피부 갈라짐 개선 등과 더불어 탈모 완화 같은 모발 분야를 아우르기 때문에 고령층 대응성이 매우 강하다. 고령화에 환경적 측면이 더해지면서 코스메슈티컬은 최근 더욱 강하게 부상하고 있다. 즉 안티에이징과 자외선 차단 관련 니즈가 커지고, 여기에 더해 미세먼지 등으로 인한 대기오염이 화장품의 피부 보호 기능 수요를 자극하면서 주목받고 있다. 기존 자외선 차단, 피부 미백, 주름 개선 기능 등에서 나아가 생명공학기술을 이용한 안티폴루션 anti-pollution, 마이크로바이옴 microbiome 함유 등 고기능성 제품 출시까지 날로 진화하고 있다.

　안티폴루션 화장품은 최근 심각성이 부각되고 있는 대기오염으로부터 피부 노화(자연 노화가 아닌 외인성 노화)를 방지하는 기능에 초점을 맞춘다. 즉 미세(입자 크기 10나노미터 이하)나 초미세(입자 크기 2.5나노미터 이하) 먼지의 피부 침입을 차단하거나 이로부터 피부를 보호하는 물질로 화장품을 만든다. 마이크로바이옴은 피부에 존재하는 미생물 및 그 유전 정보 전체를 의미하는 것으로, 원래 의약품에서 다루는 분야였다. 이것이 기능성 화장품에 적용되면서 유산균 등으로 인체 내 미생물 밸런스를 조정해 피부에 부족한 영양분을 공급하고 피부 면역력을 향상시키는 기능으로 개념화됐다.

코스메슈티컬의 수요 확산으로 관련 비즈니스도 확대되고 있다. 기존 화장품 비즈니스에 제약 회사와 병원이 진입하거나 인수 합병되는 사례가 국내외에서 활발히 늘어나고 있다. 제약 회사나 병원에서 코스메틱 브랜드를 출시하거나, 화장품 회사가 제약 회사의 사업 부문을 인수해 코스메슈티컬 브랜드를 강화하는 사례도 있다. 후자의 경우, 국내에서 LG생활건강이 2014년 차앤박 브랜드를 인수한 것이 대표적인 사례다. 글로벌 시장에서는 로레알의 캐나다 제약사인 발리언트 제약사Valeant Pharmaceuticals 사업 부문 인수, 에스티 로더Estee Lauder의 닥터자르트Dr.Jart+ 브랜드를 보유한 해브&비Have & Be 인수, LG생활건강의 GSK(글락소스미스클라인) 사업 부문 인수, 유니레버Unilever의 프랑스 회사 래버러토리 가란시아Laboratoire Garancia 인수 등을 꼽을 수 있다.

개인의 유전자 특성을 이용한 맞춤형 솔루션도 등장하고 있다. 영국의 지뉴GeneU는 타액을 이용해 DNA를 분석해 여기에 근거한 맞춤형 솔루션을 제공한다. 매장에서 30분 안에 콜라겐 손실 속도, 항산화 보호 수준과 관련된 2가지 유전자 분석 결과를 제공한다. 검사 결과의 신뢰도가 믿을만 하고 관련 분야의 박사 학위 소지자가 직접 검사를 해준다. 화장품 중에서 원하는 색이 없으면 소비자가 원하는 색상을 고르게 한 뒤 3D 프린터로 제품을 만들어주는 회사도 있다.

고령자와 관련한 뷰티케어 비즈니스의 또다른 대표적인 분야로 보톡스Botox 제품 및 시술이 있다. 보톡스는 보툴리눔 독소Botulinum

^{Toxin}에서 유래했다. 대표적인 것이 앨러간^{Allergan}이 상품화한 보톡스^{Botox} 브랜드로 전 세계 시장의 70퍼센트를 점유하고 있다. 보톡스 외에 독일 메르츠^{Merz}의 제오민^{Xeomin}, 프랑스 입센^{Ipsen}의 디스포트^{Dysport}, 휴젤^{Hugel}의 보툴렉스^{Botulax}, 메디톡스^{medytox}의 메디톡신^{Medytoxin}, 중국 란저우생명과학연구소$^{Lanzhou\ Institute\ of\ Biological\ Products}$에서 개발한 BTXA, 대웅제약의 나보타 등이 있다. 한국 업체들은 후발 주자로 최근 시장에 활발하게 뛰어들고 있다. 보톡스로 대변되는 보툴리눔 독소 제제의 시장 규모는 총 50억 달러로, 전 세계적으로 수요가 생산 능력을 압도하는 생산자 우위 시장이라 매력이 크다. 여기에 중국을 비롯한 아시아권 시장이 본격적으로 열리고 있어 상당한 잠재수요가 가세할 것으로 기대된다.

보툴리눔 독소 시술과 더불어 더말 필러$^{Dermal\ filler}$의 수요도 증가하고 있다. 피부 진피층에 특정 물질을 주사해 피부 조직을 보충하는 것으로, 주름을 펴주는 기능을 수행하는 제품이다. 필러 시술은 보툴리눔 독소 시술에 비해 깊은 주름을 제거하는데 효과적이다. 안면 윤곽술이나 보디 성형 등 사용 영역이 더 광범위하다. 또한 특허가 만료된 보툴리눔 독소에 비해 상업용 제품의 가격 하락폭이 크지 않고 수요 증가세는 더 가파른 편이다.[17]

안면 미용 시술 시장의 트렌드는 보툴리눔 독소, 더말 필러에 이어 현재는 3세대 힐러^{healer} 코스메틱 제품이 주목받고 있다. 3세대 제품의 주요 물질로는 자가세포 재생을 통한 주름 개선 효과가 탁월한 PDRN 등이 있다. 대표적인 제조 회사는 이탈리아의 마스텔리^{Mastelli}와 한국의 파라리서치프로덕트 등이다. 파라리서치프로덕트의 힐러 제품들은 연어 정자에서 추출한 PDRN을 함유한 고분자 물질인 PN을 통해 자가세포 재생을 촉진해 주름을 개선하는 것으로 알려져 있다.

뷰티 제품의 혁신과 함께 스마트폰 앱과 가상현실 체험 등 디지털도 뷰티 산업을 혁신을 이끄는 요소다. 과거에는 유명한 브랜드 중심으로 소비가 이뤄졌지만, 이제는 SNS 등을 통해 자신에게 맞는 화장품을 선택하는 방식으로 소비가 이뤄지고 있다. 미국의 버치박스^{Birchbox}, 한국의 미미박스 등은 화장품 구독 서비스 사업을 전개하는 스타트업이다. 앞으로는 증강현실을 통해 매장에 가지 않더라도 앱에서 가상 메이크업을 해보거나 빅데이터와 결합된 인공지능 기술로 온라인상에서 전문가의 조언을 받는 서비스가 등장할 전망이다.

정리하자면, 바이오테크 기술이 전문 의료 분야를 넘어서 뷰티 산업의 제품들에 광범위하게 파급되는 단계에 와 있으며, 그 외에 디지털 등과 결합하면서 구매 과정이 완전히 변하고 있다. 다만, 뷰티 산업은 다른 산업의 영역을 침해해서 규모를 늘리기보다는 구매층이 고령층으로 옮겨오면서 시장의 구성이 변할 것으로 보인다. 여기에 잘 대응하는 뷰티 회사는 성장할 것이다.

어느 날, 출근길에 휴대폰 첫 화면에 사진이 떴다. 6년 전 가족과 함께 제주도 여행을 갔을 때 찍은 사진들을 자동으로 보여줘 잠시나마 추억에 빠졌다. 내가 쓰는 아이폰에는 수년 전 찍은 사진들을 주제별로 묶어 배경음악을 덧붙여 느린 화면으로 보여주는 기능이 있다. 별스럽지 않은 서비스 같지만 꽤 괜찮다. 문득 화면이 3차원이고 화질이 실제처럼 느껴지고 냄새까지 더해진다면 어떨지 생각해봤다. 노후에 상당한 위안이 될 것 같았다. 미래에는 클라우드에 나의 사진과 동영상을 업로딩시키면 얼굴 인식, 장소 구분, 날짜 구분을 통해 내가 잊고 있던 이야기를 엮어서 보여줄지도 모른다.

일본 도쿄대학 고등과학기술리서치센터 연구원으로 일하고 있는 도시마 겐타의 프로젝트가 〈포브스Forbes〉에 소개된 적이 있다. 이 프로젝트는 360도 회전 카메라와 고해상도 VR 기기를 활용해 요양 시설에 거주하는 노인들에게 가상현실을 통해 추억의 여행을 보내준다. 도시마는 요양 시설 일을 도우면서 이 프로젝트를 추진하게 됐다고 했다. 개별적인 추억의 장소나 버킷리스트를 반영해 기억에 최대한 일치되도록 만든 동영상을 노인 각자 또는 여럿이 함께 요양원에서 VR 헤드셋으로 감상한다. 도시마의 소셜미디어 계정에는 이 프로젝트를 통해 가상 여행을 떠나는 노인들의 모습이 공개돼 있다. 비록 휠체어에 의지해야 하는 노인들이지만 가상현실을 통해 과거로 여행을 떠나는 모습을 보고 있노라면 새로운 세상이 도래했음을 느끼게 된다.

고령자는 노화에 따른 신체 기능 저하와 만성질환으로 여가 활동이나 엔터테인먼트를 즐기는데 제약을 받는다. 이러한 불편은 정서적 행복감과 삶의 질을 지속적으로 떨어뜨리고, 이는 또 다시 정신적·육체적 건강 악화로 이어진다. 가상현실은 고령자가 물리적 환경의 제약을 극복하고 경험의 기회를 누릴 수 있게 해주는 큰 잠재력을 갖고 있다. 가상현실이 가장 잘 구현되고 있는 분야가 바로 게임이다. 게임의 생생한 그래픽을 따를 만한 분야가 없다. 이런 면에서 게임은 고령자들의 치매 치료, 우울증 치료 등 치료 목적으로 확장 가능하다.

이처럼 스마트폰, 컴퓨터, 인터넷 등 디지털미디어로 구현되는 디지털화된 지구를 메타버스   라고 한다. 메타버스는 추상, 가상을 의미하는 메타   와 현실 세계를 의미하는 유니버스   의 합성어로 가상현실, 증강현실, 게임, 라이프 로깅   등이 포함된다. 메타버스야말로 고령자들에게 신세계를 열어 줄 것이다.[18]

게임과 가상현실과 연관된 ETF를 살펴보자. 대표적으로 글로벌X에서 운용하는 글로벌X 비디오 게임스 & e-스포츠 EFT   가 있다. HERO는 2019년 10월 상장된 ETF로 비디오 게임 개발, 비디오 게임 또는 증강 및 가상현실을 포함한 e-스포츠 콘텐츠 스트리밍 및 배포, 게임 하드웨어 제조 회사에 투자한다. 2019년 10월 상장 이후 2021년 4월 21일까지 S&P500이 35퍼센트 정도 오르는 동안 120퍼센트 성장했다.(그림 31 참조) 2021년 3월 말 현재 국가별로 미국 기업 30퍼센트, 일본 기업 24퍼센트,

[그림 31] S&P500 지수와 HERO ETF 비교

(2019.10=100)

출처 : 블룸버그

중국 기업 13퍼센트, 한국 기업 12퍼센트가 편입돼 있다. 40개 종
목에 투자하고 있으며 엔비디어^{NVIDIA}, 블리자드^{Blizzard}가 각각 6.4퍼
센트로 가장 높은 비중을 차지하고 닌텐도^{Nintendo} 5.5퍼센트, 넥슨
4.8퍼센트로 구성되어 있다.

　헤드셋을 중심으로 한 가상현실 제품이 크게 인기를 모으고 있
지만 막상 제품을 구매한 사람들 중에는 실망했다는 이들이 적지
않다. 고가의 헤드셋은 가격에 비해 기능이 제한적이다. 콘텐츠도
부족하다. 하지만 지난 수년 동안 가상현실 관련 업체들은 기술을

꾸준히 개발해왔다. 이제는 가상현실 속 인물과 사물을 실제와 구별하기 어려운 단계까지 됐다. 가상현실이 적용되는 영역도 게임에서 교육, 치료, 산업에 이르기까지 넓게 확산되고 있다. 때맞춰 거대 플랫폼 기업들이 관련 분야에 뛰어들고 있다

페이스북은 2014년 가장 유망한 VR 기기 제작사였던 오큘러스^{Oculus}를 20억 달러에 인수해 2020년 10월 VR 헤드셋인 오큘러스 퀘스트^{Oculus Quest} 2를 출시했다. 2019년 말에는 VR 게임 비트세이버^{Beat Saber} 개발사인 비트게임즈^{Beat Games}를 인수한 데 이어 2020년 초에는 VR 게임 스타트업인 산자루게임즈^{Sanzaru Games}를 인수한다고 발표했다. VR와 게임 시장 진출에 대한 페이스북의 행보를 읽을 수 있다.

게임업계의 강자 소니는 어떤가? 플레이스테이션^{Playstation} VR 헤드셋을 개발해 게임에 가상현실을 적극적으로 도입하고 있다. 소니의 제품은 2016년 10월 출시된 이후 2020년 1월까지 500만 대가 팔렸다.

기대를 모으는 것은 애플의 VR 헤드셋이다. 애플은 2017년 헤드셋 제조업체 브라나^{Vrana} 인수를 비롯해 지금까지 VR 관련 스타트업을 여러 곳 인수했다. 애플은 2022년 출시를 목표로 VR 헤드셋을 개발 중이며 페이스북과 달리 고가 프리미엄 시장을 공략하는 전략을 취할 전망이다. 맥북을 써본 사람은 애플이 말하는 고가 프리미엄 제품이 어떤 비즈니스 모델인지 알 수 있을 것이다. 이를 위해 자체 개발해 맥북에 집어넣은 반도체 애플 실리콘^{Apple Silicon} M1

보다 뛰어난 성능을 가진 칩을 적용할 방침이다. 시선 추적(아이트래킹) 기술을 적용해 공중에서 문자를 입력하는 실험도 진행 중이다.[19]

중국 VR기기 업체인 피코는 안경처럼 생긴 VR 글래스를 개발하고 있다. 2019년 기업용 '피코 VR 글래스'를 내놨다. 무게가 120그램으로 일반 헤드셋보다 4배 이상 가볍다.[20] 이밖에 VR 부품을 만드는 대표적인 기업으로는 퀄컴, 엔비디아가 있다. 퀄컴은 AR, VR 구성 요소를 생산하고 엔비디아는 VR에 생명을 불어넣는 그래픽 처리 장치를 제공한다.

고령 사회와 관련해서 가상현실과 게임 기업들이 어떻게 움직이고 있는지 알아보자. 가상현실과 게임이 중첩되어 구분하기 어렵지만 두 영역이 광범위하므로 편의상 나누어서 설명하겠다.

첫째, 가상현실과 증강현실이다.

VR(가상현실)은 현실에서 경험하기 힘든 것들을 가상 세계를 통해 경험할 수 있도록 해준다. AR(증강현실)은 가상 세계에 입체적인 느낌을 주는 데이터를 추가해 현실감을 높여 사용자에게 편의와 즐거움을 제공한다. VR 및 AR 기술을 활용한 게임, 엔터테인먼트 테마는 보통 청년 세대의 수요 영역으로 간주되지만, 고령자가 삶의 질을 개선하는데도 더 없이 유용하다. 고령자가 스스로 외로움을 해결하고 정신건강을 개선하며 질병을 치료하는데 활용할 수 있기 때문이다. 또 집에 머문 채 세계여행을 경험하고 멀리 떨어져 있는 자녀와 만나거나 아웃도어 레저 활동을 즐기게 해준다.

글로벌 시장조사기관인 비주얼 캐피털리스트　　　　　는 VR 및 AR 기술의 응용 범위를 산업 측면과 소비 측면으로 넓혀 보고 있다. 산업 측면에서는 의료 시스템, 제조업 공정, 군사 분야에서의 활용도가 커지고, 소비 측면에서는 게임, 영화, 엔터테인먼트, 의료 서비스에서의 활용도가 커질 것으로 보인다. 2022년 예상 시장규모는 2000억 달러로 지금의 8배가 될 것으로 예상된다.[21] 이에 따르면 헬스케어, 게임 및 엔터테인먼트 또는 이 둘이 융합된 비즈니스 테마에서 고령자들의 니즈를 충족시킬 가상현실 기술에 주목해야 할 것으로 보인다. 대표적인 기술 적용 사례와 회사들을 살펴보자.

정신건강 관련 VR 기술이 적용된 사례 중 하나로 옥스퍼드 VR　　　　　이 있다. 옥스퍼드 VR은 영국 옥스퍼드대학 정신과 교수인 대니얼 프리먼　　　　　이 2017년 설립한 스타트업이다. 이 회사는 우울증, 불안 및 기타 정신건강 장애에 적용 가능한 몰입형 VR 치료　　　　　를 개발, 운영하고 있다. VR 치료 과정에서 환자는 헤드셋을 착용하고 증상을 유발하는 가상의 상황 및 환경에 놓여 시뮬레이션을 시작한다. 그리고 여러 가지 지시된 작업을 수행하는 등 심리훈련을 받는다. 옥스퍼드 VR은 가상현실에서 이루어지는 행동 변화가 현실 세계에서의 적응에 도움을 주면서 치료 효과가 나타날 것으로 기대된다고 밝혔다. VR 치료는 주요 과정이 자동화돼 있어 대부분의 경우 인간 치료사의 보조가 필요 없다.

미국 애리조나주 투산에 위치한 은퇴 커뮤니티에서는 가상현실 기술을 인지 및 치매 치료, 노인 고독 문제를 해결하는데 활용하는 프로그램을 진행 중이다. 페이스북이 제공하는 고해상도 VR 헤드셋인 오큘러스를 사용해 노인들이 롤러코스터를 타고 이집트의 피라미드를 방문하는 등 가상 여행과 게임을 동시에 즐기고 있다. 예전에 살던 동네로 여행할 수도 있다. 인게이지 VR^{Engage VR}로 알려진 이 가상현실 프로그램은 로체스터 공대^{Rochester Institute of Technology}의 젊은 학생인 그레이슨 반스^{Grayson Barnes}가 개발했다.

인게이지 VR이 제공하는 가상현실은 게임 공간과 큰 차이가 없다. 이들이 보여주는 대표적 가상 공간은 전쟁터, 강의실, 다른 행성, 회의실, 세미나장 등이다. 학습, 게임, 가상현실은 서로 밀접하게 엮여 있고, 인게이지가 중점적으로 추구하는 바이기도 하다. 최근 코로나19로 대면 학습이 어려워지면서 가상현실을 통한 학습이 활발해지면서 버추얼 칼리지^{Virtual College}와 인게이지^{Engage}는 디지털 학습 프로젝트를 공동으로 추진하고 있다. 인게이지는 또 빅토리 VR^{Victory VR}과 함께 미국 학생들에게 교육 콘텐츠를 제공할 예정이다. 콘텐츠에는 미국의 과학 교육 과정을 기초로 해서 동물 해부와 인체 조직들을 학습하는 과정이 담긴다. 영화에서 보듯 가상현실에서 3차원 인간 장기를 이리저리 보면서 학습하는 방식이 될 것이다. 장소에 관계 없이 학습할 수 있으므로 시장은 전 세계가 될 수 있다.

미국 보스턴의 스타트업 렌데버^{Rendever}는 가상현실과 연결된 경험을 통해 노인들의 우울증, 사회적 고립 문제를 해소하는 프로그램을 운영 중이다. 렌데버는 그동안 미국과 캐나다에서 100여 곳의 노인 생활 커뮤니티에 자사 VR 플랫폼을 설치해 40만 건 이상의 경험을 제공했다. 요양 시설 거주자들이 어린 시절 살던 집이나 결혼식 등 이벤트와 연결된 추억의 장소를 방문하도록 해주는 것이 서비스의 골자다. 개인과 가족의 기억, 사물 등을 포함한 여러 사전 정보를 파악해 이를 데이터화해 요양 시설에 있지만 실제로 과거의 그 시점이나 추억의 장소에 와 있다는 현실감을 느낄 수 있도록 프로그램을 만든다. 최근에는 신체를 움직여 운동 능력을 개선해주는 노인용 VR 게임을 개발해 페이스북의 오큘러스 VR 헤드셋으로 제공하고 있다.

미국 댈러스의 마이엔디 VR^{Mynd VR}은 노인을 위한 가상 공연 등 엔터테인먼트와 건강 관리 프로그램을 운영하고 있다. 예를 들면, 360도 회전 카메라를 사용해 현대의 연주자들이 1950년대풍으로 프랭크 시나트라^{Frank Sinatra}를 연주하는 공연을 제작하고, 요양 시설 노인들이 모여 이를 VR 헤드셋으로 감상하는 식이다. 노인들은 VR을 통해 다양한 엔터테인먼트 프로그램을 즐기면서 치매 같은 인지적 질환에 대처하는 방법도 배울 수 있다. 마이엔디 VR 헤드셋은 모바일 앱과 연결하는 기존 방식을 올인원 독립형 헤드셋으로 바꾸는 등 사용자의 편의를 위해 지속적으로 제품을 개선하고 있다.

둘째, 게임이다.

산업의 흐름이 개인의 경험을 풍부하게 해주는 방향으로 발전하고 있는데, 이 같은 경험을 가장 잘 제공해온 영역이 바로 게임이다. 그런데 지금까지 게임업체들이 짜여진 경험을 제공해 왔다면 이제는 유저들이 스스로 경험을 만들어내고 있다. 미국 10대들의 놀이터로 불리는 로블록스 게임을 보자. 유저들은 로블록스 안에서 집을 짓고 친구들을 초청하고 경제 활동을 하며 돈을 번다. 가상현실에 개인의 경험을 결합한 게임인 셈이다. 이 게임의 사용자는 '스튜디오'라는 도구를 활용해 블록을 쌓듯 자기만의 세계나 다양한 게임을 만들고 소셜 미디어와 연결해 다른 사람과 공유할 수 있다.[22]

게임은 아이들의 전유물이 아니다. 미국 ESA^{Entertainment Software} Association 2020년 보고서에 따르면 게임을 즐기는 미국 내 2억 1400만 유저들의 연령별 비중을 보면 18세 이하는 21퍼센트에 불과하고 35세 이상이 41퍼센트를 차지한다. 55세 이상도 15퍼센트에 이른다.[23] 게임은 특정 주제에 몰입하기 가장 좋은 도구다. 노후가 되면 몰입할 요소가 많이 사라진다. 전문적인 일이 없으며, 사회적 관계망도 약해지고, 몰입해서 돌봐야 할 자녀도 없다. 몰입할 것 없이 오랜 시간 보내다 보면 우울증 등 여러 부작용이 나타난다. 이런 면에서 고령자 시장은 게임이 파고들 수 있는 틈새시장이다. 치매나 우울증을 완화하면서 몰입까지 할 수 있는 게임이 나온다면 고령자들도 점차 게임의 주요한 수요자가 되어갈 것이다.

게임은 지금까지 젊은이의 놀이, 중독, 사행성이라는 이미지를 갖고 있었다. 그래서 정책 당국의 규제를 받기도 하고, 부모들의 반발을 사기도 했다. 그러나 앞으로 고령화와 함께 게임은 삶의 공간으로 부각될 것이다. 탄탄한 스토리를 지닌 게임에 가상현실 기술이 더해지면 재미있는 삶의 공간이 만들어질 수 있다.

영국의 게임 개발업체 글리처스Glitchers는 런던대학, 영국 알츠하이머연구소Alzheimer's Research UK와 함께 치매검사용 VR 게임을 개발했다. 시 히어로 퀘스트Sea Hero Quest라고 하는 이 VR 게임은 보트를 타고 항해하는 콘셉트로, 치매와 항해 능력 사이에 관련성이 높다는 이론에 착안해 개발됐다.* 영국 알츠하이머연구소에 따르면 치매는 증상이 명확하게 드러나기 시작한 시기보다 15~20년 전에 발병하는 것으로 알려져 있다. 치매의 전조는 공간지각 능력을 통해 새로운 환경을 탐색하는 인지 기능이 점진적으로 약화되는 것인데, 이 게임을 하면 게임이 플레이어의 공간지각 능력을 분석해 초기치매 등을 진단할 수 있다. 연구소는 보다 많은 사람들이 이 게임을하게 되면 과학자들이 대규모 데이터를 통해 치매에 관해 보다 의미 있는 정보를 얻을 수 있을 것이라고 기대하고 있다.

가상현실 기술을 활용한 대표적인 분야로 재활치료 서비스가있다. 전통적인 재활치료는 반복, 지루함, 약한 동기 부여, 치료사의많은 조력 필요, 환자 모니터링의 취약성 등 여러 단점을 가지고 있었다. 그러나 가상현실 기술을 활용하면 재미 요소 등을 넣어 보다

---

* 이 게임은 2018년 영국 아카데미게임시상(British Academy Games Awards) 후보에 올랐고, 2020년 뉴욕게임시상(New York Game Awards) 최고의 AR·VR로 코니 아일랜드 드림랜드 어워드(Coney Island Dreamland Award) 후보에 올랐다. 위키피디아 Sea Hero Quest 참조.

효율적인 재활 전략을 수립할 수 있다.

미국 사우스캐롤라이나대학 연구원들은 VR과 BCI^{Brain Computer} ^{Interface} 기술로 운동장애를 가진 만성 뇌졸중 환자에 대한 치료법을 연구하고 있다. 먼저 가상현실을 통해 환자의 아바타를 환자의 상지 기능으로 인식시킨다. 그리고 뇌와 근육에 연결된 센서를 통해 신호를 주고받으며 운동 기능을 회복하는 작업을 수행하도록 한다. 공 잡기, 컵에 물 따르기, 거품방울 만지기 등 가상 공간에서 간단한 게임을 하는 방식의 훈련 프로그램이라고 할 수 있다. 이러한 VR 매개 치료는 뇌졸중이 발병한 후 보행 등 재활에 상당한 효과를 거두고 있다.

가상현실 기술을 이용한 원격 재활치료도 활발히 연구되고 있다. VR 기반 원격 재활을 적용하는 치료사가 웹을 통해 운동 루틴을 처방하면 환자는 집에서 접속해 프로그램을 실행한다. 임상 측정 결과는 실시간으로 수집되며, 원격으로 접속할 수 있는 온라인 데이터베이스에 저장된다. 치료사는 웹을 통해 환자의 진행 상황을 실시간 모니터링하고 필요에 따라 치료 과정을 수정한다. 여러 환자를 동시에 모니터링하며 과정을 진행할 수도 있다.

가상현실을 포함한 게임 시장은 우리가 생각하는 것보다 훨씬 규모가 크다. 게임 제작비를 예로 들어보자. 우리나라의 스마일게이트가 제작한 '로스트 아크'의 개발비는 1000억 원, 엔씨소프트의 '리니지2' 개발비는 500억 원이다. 해외의 경우 폴란드 개발사 CDPR이 2020년 발표한 '사이버 펑크 2077'은 개발비가 3500

억 원이다. 게임을 만드는 과정을 보면 기술과 예술이 결합된 또 다른 종합예술이라 할 만하다. 전체적인 이야기 구조를 만들고, 캐릭터의 성격이나 외모, 능력을 설계하고, 인물들 사이의 관계를 설정한다. 게다가 게임 속 세계를 이루는 전체적인 요소 사이의 모순으로 붕괴되지 않게 해야 한다. 스토리가 어느 정도 완성되면 그래픽 작업이 진행되고, 캐릭터들이 일정한 물리적 법칙하에 움직이게 프로그래밍해야 한다. 음악과 효과음도 큰 비중을 차지한다.[24] 경제에 미치는 파급효과가 큰 산업이다.

로보틱스 : 로봇은 내 친구

2017년 일본 오사카의 소프트뱅크 전시장에서 로봇 페퍼 Pepper 를 구경한 적이 있다. 페퍼는 영화 〈스타워즈 Star Wars〉에 나오는 드로이드-C3PO를 닮았는데 키는 어린애만 하다. 사람에게 친숙해 보이게 만들었다고 한다. 전시장에서 사람들은 페퍼에게 계속 말을 걸기 바빴다. 특히 아이들에게 인기가 좋았다.

전시를 구경하고 마침 시간 여유가 생겨 시내에서 뚝 떨어진 바닷가 근처의 쇼핑몰을 방문했다가 또 다른 색다른 경험을 했다. 안내데스크에 사람 대신 로봇이 앉아 있었다. 안내 로봇은 여성의 모습을 하고 있었는데, 실제 사람과 너무 비슷한 데다 얼굴 생김새가 매력적이었다. 신기한 마음에 얼굴을 바짝 가까이 하고 찬찬히 살펴보았다. 보면 볼수록 하나하나 잘 만들어놓았다는 생각이 들었다. 문득 로봇이 단순히 기계적 기능뿐 아니라 인간적 감성까지 갖추면 세상을 바꾸어놓을 수도 있겠다는 생각이 들었다. 근래 선보이는 영화에서는 가정용 로봇이 가정을 윤리적으로 혼란시켜놓는 이야기까지 나온다. 로봇은 머신러닝, 인공지능, 공학기술 발전과 함께 이미 인간의 다양한 영역을 침공하고 있다.

동물 로봇은 동물을 속이는 단계까지 발전했다. 근접 촬영을 위해 동물 모양 로봇을 만들어서 갖다 놓으면 동물들은 거의 구분하지 못한다. 영국 BBC의 〈스파이 인 더 와일드 Spy in the Wild〉 시리즈를 보면 동물 스파이 로봇의 기술 수준을 알 수 있다. 펭귄, 악어, 오랑우탄, 하마, 늑대 로봇을 만들어 동족들 사이에 갖다 놓자 거부감 없이 받아들여졌다. 오랑우탄 로봇이 톱을 들어 나무를 켜니 진짜 오랑우탄이 그걸 보고 따라서 톱을 잡아 나무를 켰다. 충격적인 장면이었다. 진짜 오랑우탄은 곧 싫증났는지 누워서 나무를 켜다 결국 가버렸다. 오랑우탄 전문가에게 오랑우탄 로봇을 보여줬더니 그 섬세함에 감탄했다. 눈썹과 눈 주위 근육으로 감정을 표현하는 기능에 전문가도 구분하기 어려워했을 정도다. 이제 곧 로봇이 사람을 속이는 시대가 올 것이다. 화성 침공이 아니라 로봇 침공이 현실화될지 모른다.

머신러닝 Machine Learning과 인공지능의 발전으로 로봇은 산업에서 섬세한 반응과 동작이 요구되는 개인 서비스로 영역을 옮겨가고 있다. 특히 장수와 저출산으로 고령자는 많아지는 반면 이들을 부양할 젊은 인구는 줄어들어 부양 부담이 커지는 가운데 인공지능을

[그림 32] S&P500 지수와 BOTZ ETF 비교

(2016.09=100)

출처 : 블룸버그

가진 로봇이 인간을 보조할 대안으로 떠오르고 있다.

　로봇공학, 즉 로보틱스는 과거 상당 기간 생산 자동화의 영역에서 주로 논의돼왔다. 하지만 이 같은 큰 흐름 아래 새로운 흐름이 도도하게 진행되고 있다. 4차 산업기술 혁신이 진행된 최근 10여 년 동안 인공지능의 발전과 함께 로봇의 활용 분야와 기능은 생산 자동화를 넘어 본격적으로 다양화되고 있다. 로봇 시장에 관한 예측기관은 다양한 서비스 분야의 로봇이 향후 본격적으로 성장할 것이라고 전망했다.

[그림 33] S&P500 지수와 IRBO ETF 비교

(2018.06=100)

240

220

200

180

160

140

120

100

80

60

IRBO

S&P500

2018/06 2018/08 2018/10 2018/12 2019/02 2019/04 2019/06 2019/08 2019/10 2019/12 2020/02 2020/04 2020/06 2020/08 2020/10 2020/12 2021/02

출처 : 블룸버그

투자시장에서는 로봇의 미래를 어떻게 보고 있을까? 대표적인 ETF를 살펴보자.

글로벌X 로보틱스 ETF^{Global X Robotics & Aritifical Intelligence ETF, BOTZ}는 비교적 이른 시기인 2016년 상장했다. 로봇, 인공지능, 자동화기기 기술을 보유한 기업에 투자하고 있으며 2021년 4월 21일까지 누적 수익률은 140퍼센트로, 90퍼센트인 S&P500에 비해 50퍼센트포인트 높다. 코로나19 이후 급속하게 가격이 올랐다가 최근에 조정을 받았다. 총 32개 주식을 보유하고 있으며, 엔비디아를 8퍼센트, 화낙^{Fanuc}을 7.5퍼센트, 인튜이티브 서지컬$^{Intuitive\ Surgical}$을 7.2퍼센트, 야스카와전기^{安川電機}를 4.6퍼센트 갖고 있다. 국가 비중으로는 일본 40퍼센트, 미국 38퍼센트, 스위스 12퍼센트다. 아쉽게도 우리나라 기업은 포함되어 있지 않다.

아이셰어즈^{iShares}에서 운용하는 로보틱스 & 아티피셜 인텔리전스 ETF$^{Robotics\ \&\ Artificial\ Intelligence\ ETF,\ IRBO}$는 2018년 6월 26일 상장됐고, 110여 개 주식을 보유하고 있어 BOTZ에 비해 투자 대상이 분산되어 있는 편이다. 설정 후 2021년 4월 21일까지 수익률은 188퍼센트로, S&P500의 152퍼센트에 비해 36퍼센트포인트 높다. 미국 56퍼센트, 일본 10퍼센트, 중국과 홍콩 14퍼센트, 한국 4퍼센트의 비중으로 투자하고 있다. 상위 10개 기업의 비중이 12퍼센트 남짓이다. MTS시스템, LG전자, 가와사키중공업^{崎重工業}, 바이두^{百科}, 샤오미^{小米}, 레노버^{Lenovo} 등이 상위에 위치하고 있다. 상위라고 해봐야 대부분 1퍼센트 전후의 비중으로 차이가 거의 없다.

로봇 산업은 아시아계가 주도하고 있다. 전 세계 10대 로봇 업체 중 3분 2가 아시아에 있다. 일본의 화낙, 야스카와전기, 가와사키중공업, 중국에 인수된 쿠카^{KUKA}, 그리고 현대차가 인수한 휴머노이드 로봇 기업 보스턴 다이내믹스 등이 대표적인 업체다. 반면 우리나라는 로봇 기반 산업이 약한 편이다. 그동안 필요한 고급 로봇을 일본과 독일 기업으로부터 사다 쓰며 발전을 모색하지 않은 결과다.[25] 최근 현대자동차가 보스턴 다이내믹스를 인수하면서 로봇 경쟁에 발을 디밀었다.

국제로봇연맹International Federation of Robotics, IFR에 따르면 서비스 로봇은 개인·가정용과 전문용으로 구분된다. 개인·가정용 로봇에는 가사 지원 로봇, 교육용 로봇, 애완 로봇, 케어 로봇, 휴머노이드, 웨어러블 로봇이 해당된다. 전문용 로봇에는 공공서비스용(물류, 의료, 안내) 로봇, 국방용 로봇, 검사 및 보수 로봇, 전문 청소 로봇, 각종 야외작업용 로봇 등이 해당된다. 개인·가정용 서비스 로봇은 2019년 이후 4년간 연평균 27퍼센트, 물류와 의료서비스 로봇은 각각 36퍼센트와 30퍼센트 정도의 고성장세를 나타낼 것으로 보인다.[26] 고령자 수요와 관련해서는 케어 로봇, 웨어러블 로봇, 의료 서비스 로봇 등을 살펴볼 필요가 있다.

케어 로봇은 주로 병원, 요양 시설 및 가정에서의 간호, 간병, 돌봄 서비스를 담당한다. 신체 지원, 생활 지원뿐 아니라 최근에는 정서 지원 기능까지 수행하고 있다. 인공지능과 사물인터넷을 기반으로 인간과 감정을 공유하는 휴머노이드 방식을 추구하는 것이 대세다.

미국의 로봇 스타트업 중 하나인 INF 로보틱스INF Robotics가 개발한 인공지능 간호 로봇 루디Rudy는 65세 이상 고령층을 주요 고객으로 하는데, 급약 시간 안내, 병원이나 요양 시설 내에서의 물류 이동을 담당한다. 루디는 의사와 요양보호사 사이의 원격 상담 서비스 기능을 탑재하고 있으며, 게임 등으로 친교를 나눌 수 있는 사회적 기능도 제공한다. 지형을 파악해 환자의 낙상을 예방하거나 감지하는 기능이 있고, 비상 상황이 발생했을 때 터치 없이 연락되는 기능이 있다. 많은 의료 관련 데이터를 갖추고 있어 고령자를 케어 하는데 유용하다. 루디가 만들어지기까지 사용된 기술은 인공지능, 인지컴퓨팅, 자연어 처리, 머신러닝, 복합로봇시스템 등 다양하다.

일본은 노인을 위한 서비스 로봇 개발에 선두주자다. 일본 이화 학연구소는 스미토모 리코와 함께 얼굴이 곰을 닮은 간호용 로봇 '로베어'를 2015년 발표했다. 로베어는 팔 등 주요 신체 부위가 특수고무 소재로 만들어졌고, 바퀴로 이동한다. 침대 생활을 길게 하는 노인 환자들을 휠체어에 옮겨 이동시키거나 팔을 들어올리는 등 재활 운동을 돕도록 설계됐다.

소프트뱅크의 페퍼는 2014년 출시됐다. 사람과의 대화 및 정서적 상호 작용이 가능한 휴머노이드 AI 로봇이라고 할 수 있다. 카메라 및 초음파 센서, 레이더 센서, 자이로스코프, 적외선 센서, 범퍼 센서, 터치 센서 등 다양한 센서를 적용해 인간처럼 정밀하게 관절을 움직일 수 있다. 페퍼는 소매점, 관광 안내, 교육 등 다양한 전문 서비스 분야에서 활용 가능하다. 물론 병원에서의 간호 및 의료 서비스도 가능하다. IBM, 마이크로소프트 등과 제휴하고 각각 인공지능 플랫폼인 왓슨Watson, 클라우드 서비스 애저Azure의 빅데이터 분석 결과를 활용해 인공지능 기능을 업그레이드하고 있다. 소프트뱅크는 현재 기업용 시장을 겨냥해 비즈니스용 페퍼Pepper for Biz라는 렌털 사업을 시행하고 있다.

이 밖에 고령자 또는 치매 등을 앓고 있는 노인 환자를 위한 심리치료용 애완 로봇이 서비스 로봇 시장에서 새로이 주목을 받고 있다. 대표적인 제품으로 일본 산업기술총합연구소에서 개발한 심리치료 로봇 파로가 있다. 파로는 1993년부터 1500만 달러의 개발비를 투입해 2005년 처음 상용화됐다. 이후 여러 차례 업그레이드를 거쳐 현재 8번째 버전이 나와 있다. 파로의 규격은 길이 52cm, 무게 2.7kg이며, 몸 전체가 인조 항균섬유로 둘러싸여 있다. 촉각, 시각, 청각, 온도, 자세 등 5가지 센서를 탑재[27]했으며, 가격은 대당 6000~8000달러 수준이다. 2017년 현재 전 세계 30개 국의 병원 및 요양 시설에 5000대 정도가 보급돼 있는데 그중 3분의 2가 일본에 있고, 나머지는 미국과 유럽에 수출된다.

재활 로봇 분야에서 높은 경쟁력을 가지고 있는 일본 사이버다인Cyberdyne은 노인이나 환자의 화장실 이동 등을 돕는 배설 지원 로봇을 만들어 화제가 됐다. 이 로봇은 고기능 센서인 라이다LiDAR (레이저 레이더), 인공지능, 3차원 카메라를 탑재해 자율주행할 수 있는 휠체어형 로봇이다. 노인이 휠체어에 앉은 상태에서 병실에서 화장실까지 이동해 변기에 도킹하는 구조다. 변기 모양과 상관없이 도킹할 수 있고, 배설 지원이 가능하다. 병원 및 요양 시설에 배치돼 요양보호사나 간호 인력의 육체 업무 부담을 크게 줄이는 데 기여할 것으로 보인다.

웨어러블 로봇은 주로 재활 로봇 방식으로 활용되고 있다. 대개 외골격exoskeleton 형태로 신체에 착용하는 지능형 운동 보조 장치로 거동이 불편한 노인이나 장애인의 보행, 운동 등을 돕는다. 사이버다인은 2009년 외골격형 로봇인 HAL을 개발해 보행 재활 및 일상생활 보조 용도로 판매 중이다. 이 로봇의 특징 중 하나로 사용자의 의도를 감지해내는 기술이 있다. 피부 표면에 부착된 센서를 통해 사용자의 의도를 파악해 로봇의 움직임을 제어하는 것이다. 재활 지원뿐 아니라 공장 및 재해 현장 투입, 엔터테인먼트 등 다양한 용도로 활용될 것으로 보인다.

또 다른 웨어러블 로봇으로 이스라엘 아르고 메디컬Argo Medical(지금은 리워크 로보틱스Rewalk Robotics로 사명을 바꿨다)의 리워크Rewalk가 있다. 주로 하체 장애 환자의 보행을 지원한다. 앉았다 일어나기, 보행, 계단 오르기 등을 수행할 수 있다. 신장 160~190cm, 체중 100kg 이하 환자들에게 사용 가능하다. 밤에 충전해두면 낮 시간 동안 충전 없이 사용할 수 있다.[28] 2013년에 2.0버전이 만들어졌고, 2014년 7월에 기업공개를 했다. 가격이 8만 5000달러로 높은 편이라 개인이 구입하기 쉽지 않은 게 단점이다. 주로 미국 예비역협회 등에서 구입하고 있다. 지금은 리워크 6.0 모델까지 나왔다.

의료 서비스 로봇은 주로 의료기관에서 사용되고 있으며, 수술 로봇이 대표적이다. 수술 로봇은 침습(기구가 피부를 뚫고 들어가며 발생하는 생체에 대한 상해) 또는 비침습 수술의 전 과정 또는 일부를 의사 대신 수행하거나 의사와 함께 수행한다. 수술 로봇 관련 업체들은 의사가 수행하기 힘든 고정밀·고난이도 작업을 해내기 위해 자동화, 스마트화 및 최소 침습 관련 기술을 중점적으로 개발하고 있다.

고령 인구 증가에 따른 만성, 난치성 질환 유병률 증가로 수술 정밀도와 자동화가 요구되고 있다. 이에 따라 로봇 수술의 비중이

점차 높아질 전망이다. 전 세계 로봇 수술 시장은 2020년 69억 달러에서 2027년 148억 달러까지 성장할 것으로 예상된다.[29] 현재 최소 침습 수술중에서 로봇 수술 비중은 2퍼센트 수준에 불과하지만 그만큼 시장 잠재력이 크다고 볼 수 있다.

전 세계 로봇 수술 시장 1위 기업인 인튜이티브 서지컬의 다빈치da Vinch 수술 로봇은 개복하지 않고 복벽에 작은 구멍을 내 그 구멍으로 내시경 기구를 삽입하는 방식인 복강경 수술을 시행한다. 또한 최소 침습과 고정밀 마이크로 수술을 위한 초소형 신체 삽입형 로봇도 개발되고 있다. 메드트로닉Medtronic은 3차원 비전 시스템과 시각화 구성 요소를 통해 2차원 형광 투시화를 3차원 이미지로 보여준다.

로봇 수술의 정밀도는 주삿바늘 크기의 구멍을 내고, 시술 통로를 확보한 후 영상을 보면서 미세한 도구를 이용해 수술을 시행할 수 있을 정도다. 또한 수술 로봇이 주변 조직에 상해를 일으키지 않고 신속하고 정확하게 투입되도록 하는 최적 경로 연구, 혈관 내부 치료용 마이크로 로봇 개발, 안과 질환 치료나 종양 제거를 위한 마이크로 군집 로봇 및 제어 기술 개발 등 로봇 미세수술과 관련한 기술 발전이 최근 급진전되고 있다.[30]

클라우드 컴퓨팅 : 리바이스 청바지

아마존 주식을 사는 사람들에게 아마존이 어떤 회사인가 물어

보면 대부분 온라인에서 책 팔고 물건 파는 회사라고 답한다. 아마존은 그런 회사가 아니다. 아마존 시가총액은 2020년 말 기준 1조 6340억 달러(우리 돈 1800조 원)에 달한다. 같은 시점의 삼성전자 시가총액은 480조원이니 아마존은 삼성전자 기업가치의 3.7배가 넘는 셈이다. 아무리 미국 소매시장이 넓다고 하더라도 온라인 상품 판매만으로 시가총액이 이렇게 높을 수 없다. 아마존은 클라우드^{Cloud} 회사다. 아마존 영업 이익에서 클라우드 컴퓨팅 솔루션 부문^{AWS:} ^{Amazon Web Services}이 차지하는 비중은 2015년 41퍼센트에서 2019년 63퍼센트, 2020년 59퍼센트다.[31]

클라우드는 우리도 모르는 사이에 우리 생활 깊숙이 들어와 있다. 나는 아이폰이 처음 출시되었을 때 아이튠즈^{iTunes}때문에 엄청나게 고생했다. 아이폰은 아이튠즈라는 프로그램을 통해서 컴퓨터로 자료를 옮길 수 있어서 아이튠즈를 잘 세팅해야 했다. 아이폰의 내용을 아이튠즈에 복사해서 백업할 때 자칫 방향을 거꾸로 하면 아이튠즈 내용이 아이폰으로 복사된다. 최신 데이터가 사라지고 과거 데이터가 남게 되는 사태가 발생하는 것이다. 그런데 요즘에는 아이폰 안의 최신 정보가 아이클라우드^{iCloud}에 자동으로 백업된다.

얼마전 신형 아이폰을 구입하기 전에 데이터를 아이튠즈에 백업시키다가 휴대폰이 고장나버리는 대형사고가 벌어졌다. 우여곡절 끝에 새 휴대폰에 아이클라우드의 데이터를 내려 받아서 95퍼센트 이상 데이터를 복구할 수 있었다. 아이클라우드가 바로 애플에서 제공하는 클라우드 서비스다. 백업만 잘 해둔다면 이제 휴대폰을 분실하거나 컴퓨터가 고장나도 걱정이 없다. 나만의 서버를 둘 필요가 없으니 기업들도 너도 나도 클라우드 서비스를 이용한다. 클라우드 시장의 선두주자가 바로 아마존이다.

새로운 성장동력을 찾던 마이크로소프트도 클라우드 사업에 뛰어들면서 사세가 살아났다. 마이크로소프트의 클라우딩 컴퓨팅 서비스의 이름은 애저^{Azure}인데, 아마존에 이어 시장 2위를 달리고 있다. 마이크로소프트의 클라우드 사업부^{Intelligent Cloud} 영업이익 비중은 2018~2020년 전체 영업이익의 32~35퍼센트 수준이었다. 금액으로는 2019년 139억 달러에서 2020년에는 183억 달러로 증가했다.[32]

그런데 마이크로소프트는 최근에 특이한 행보를 보이고 있다. 2020년 10월 28일 공식적으로 헬스케어 클라우드^{Microsoft Cloud for Healthcare}를 출범했다. 헬스케어라는 특정 비즈니스를 위해 특별히 설계된 클라우드 컴퓨팅 솔루션을 만든 것이다. 이 서비스를 통해 의료진은 정형, 비정형 데이터에 대한 심층 분석 기능을 활용해 환자의 상태를 확인하고 위험 요인을 사전에 파악해서 치료를 개선할 수 있다. 또한 데이터 심층 분석, 초연결, 자동화, 효율성, 의료진 협업, 환자 참여, 보안 등을 증진할 수 있다. 온라인 예약, 청구서 지불 등과 같은 업무도 환자가 포털 사이트를 통해 간편하게 처리할 수 있다.[33] 마이크로소프트는 이미 2017년에 헬스케어 넥스트^{Healthcare Next} 연구 프로젝트를 출범하고 디지털 헬스케어 시장을 본격적으로 공략할 준비를 하고 있었는데 그 성과 중 하나가 헬스케어 특화 클

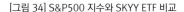

[그림 34] S&P500 지수와 SKYY ETF 비교

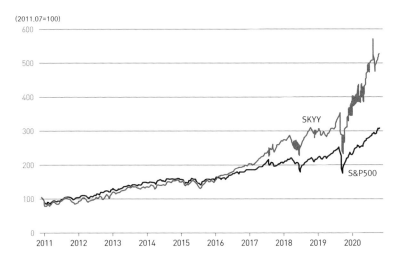

출처 : 블룸버그

라우드다.

　주식 시장에서 보는 클라우드 시장의 성장성을 클라우드 ETF 를 통해서 확인해보자. 대표적으로 퍼스트 트러스트[First Trust] 운용사 의 퍼스트 트러스트 클라우드 컴퓨팅 ETF[SKYY]와 글로벌 X가 운용 하는 글로벌 X 클라우드 컴퓨팅 ETF[CLOU]가 있다. SKYY는 최초의 클라우드 전문 ETF로 2011년 7월 5일 상장했다. CLOU는 2019년 4월 12일 상장됐다. SKYY는 2011년 7월 상장 이후 2021년 4월까 지 약 10년 동안 가격이 5배 올랐다(같은 기간 S&P500는 3배 상승). 수익

[그림 35] S&P500 지수와 CLOU ETF 비교

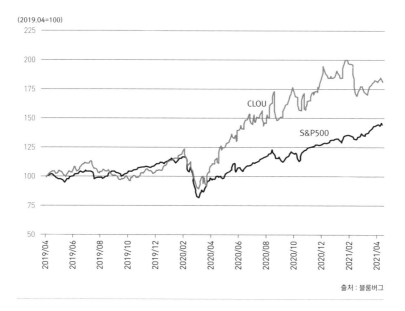

(2019.04=100)

CLOU

S&P500

출처 : 블룸버그

률로 보면 S&P500에 비해 약 2배를 기록하고 있다. CLOU는 상
장한 지 2년 정도 되었는데 가격이 1.8배 올랐으며 같은 기간 중
S&P500은 1.4배가 올랐다. 수익률로 비교하면 CLOU가 80퍼센트
로 S&P500 40퍼센트에 비해 2배이다.

　SKYY는 기초지수를 ISE CTA Cloud Computing Index를 추
종하며 80여 곳 기업이 대체로 고른 분포로 편입되어 있다. 미국 기
업의 비중이 거의 90퍼센트에 이른다. 그만큼 클라우드 산업에서는
미국 기업의 경쟁력이 높다. 80여 곳 기업 중 상위 10위 기업의 비

중이 37퍼센트이며 상위 10위 기업들을 거의 비슷한 비중으로 보유하고 있다. 상위 10위 기업에 포함된 알파벳, 마이크로소프트, 오라클, 아마존, 알리바바 등을 3.5퍼센트 전후의 비중으로 보유하고 있고 가장 많이 보유한 기업이 4.9퍼센트 비중을 차지한 중국 소프트웨어 기업, 킹소프트 클라우드^{Kingsoft Cloud}다.

CLOU는 기초지수를 Indxx Global Cloud Computing으로 하고 있다. 클라우드 관련 매출이 50퍼센트 이상 되는 기업을 대상으로 구성된다. 특히 로보틱스, 자율주행, 빅데이터, 인공지능, 사물인터넷^{IoT} 등 엄청난 데이터 처리가 요구되는 기술 분야에 투자하고 있다. 업종별로는 정보기술이 77퍼센트, 커뮤니케이션서비스가 11퍼센트를 차지하며 국가별로는 미국이 84.4퍼센트, 뉴질랜드 4.7퍼센트, 중국 4.3퍼센트다. 보유 기업 중 비중이 큰 곳은 각각 5퍼센트씩 비중을 차지하고 있는 뉴질랜드의 클라우드 기반 회계 소프트웨어 회사 제로^{XERO}, 보안전문회사인 프루프포인트^{Proofpoint}가 있다. 역시 클라우드 기반 정보 보안 회사로 185개 국에 데이터 센터를 보유하고 있는 제트스케일러^{Zscaler}를 4.6퍼센트 갖고 있다. 쉽게 온라인 스토어를 제작하고 판매할 수 있게 시스템과 솔루션을 지원하는 전자상거래 서비스 회사 쇼피파이^{Shopify}도 3.9퍼센트 갖고 있다.

글로벌 바이오제약사 중 하나인 노바티스^{Novartis}는 클라우드 컴퓨팅을 성공적으로 도입한 기업으로 유명하다. 노바티스 같은 글로벌 제약사의 신약연구, 임상실험 분석 등에는 기본적으로 대량의 컴퓨팅 자원이 필요하다. 문제는 연구 진행 상황에 따라 필요한 양이 불규칙하다는 점이다. 일례로 2013년에 이 회사가 진행했던 한 프로젝트는 약 1000만 개의 화합물 조합 중 특정 암 치료에 효과가 있는 조합을 찾아내는 것이었다. 이를 회사 자체 설비와 자원을 동원해 진행할 경우 4000만 달러 규모의 투자가 필요했다. 그러나 노바티스는 이러한 투자를 집행하는 대신 단지 4232달러의 비용을 들여 아마존의 클라우드 컴퓨팅 플랫폼인 AWS를 사용했는데, 불과 9시간 만에 임상실험 분석을 완료하고 3개의 후보물질을 찾는 데 성공했다.[34]

클라우드 컴퓨팅이 개별 제약회사를 넘어 고령사회에서 의료산업에서 활용하게 된 것은 헬스케어의 환자 데이터가 과거와 비교할 수 없을 정도로 많이 쌓이기 때문이다. 의료 관련 빅데이터는 임상 정보clinical information와 비임상 정보nonclinical information를 아우르고 있다. 임상 정보에는 EHR(전자건강기록)과 같은 개인건강정보, 영상진단 정보, 약국 정보, 임상실험실 정보, 외래환자 진료 및 의사 주문·처방 정보 등이 있으며, 비임상 정보에는 병원 수익 및 의약품 등의 공급망 관리와 관련한 정보들이 해당된다.[35]

개인의 평생건강정보 즉 바이오 빅데이터는 약 1100테라바이트의 데이터량을 가지고 있다고 하는데 이는 책 3억권 이상의 분량에 해당된다.[36] 델DEL EMC의 2016년 전망에 따르면 이러한 개인 건강정보를 모은 전 세계 헬스케어 디지털 정보량은 2020년 2314엑사바이트에 달할 것으로 추정되는데 이는 2013년 취합량보다 15배로 늘어난 수준이다.[37] 이러한 바이오 빅데이터 속에는 건강 정보

자체 뿐 아니라 개인 의료소비 패턴, 보험 관련 금융정보, 생활습관 관련 정보 등도 담겨 있어서 헬스케어 서비스와 ICT, 금융·보험, 미용 등의 다른 비즈니스 영역을 광범위하게 연결할 수 있게 한다. 이렇게 집합된 데이터들을 연결함으로써 헬스케어의 가치 창출 원천이 전통적인 의료 서비스에서 빅데이터를 활용한 가치 창출로 이어지고 있다.

바이오 빅데이터를 아우르는 의료 관련 빅데이터는 머신러닝, 딥러닝, 자연어처리, 이미지 센싱 및 음성 인식 등의 인공지능 기술을 이용해 분석한다. 예를 들어 방대한 유전체 정보를 스스로 분석, 학습해 질병 발현을 예측하거나 개인 맞춤형 진단을 제공할 수 있다. 또 의사와 환자가 진료를 할 때 나눈 대화를 인공지능이 분석해 적확한 차트와 영상 의료 정보들을 의사에게 제공하는 등 개인 맞춤형 의료 서비스에 활용되고 있다.[38] 마이크로소프트가 2021년 4월 인공지능 기업인 뉘앙스Nuance를 197억 달러에 인수한다고 밝힌 이유가 여기 있다. 뉘앙스는 음성인식 분야에서 최고의 기술력을 가진 회사다. 특히 의료분야에서 두각을 나타내고 있는데 의사와 환자의 대화를 정확하게 인식해서 자동으로 문서화하는 기술을 갖고 있다. 현재 55만 명 이상의 의사와 1만 곳 이상의 의료기관에서 이용 중이다.[39]

전문기관의 분석에 따르면, 이러한 헬스케어 클라우드의 글로벌 시장규모는 향후 7년간 연평균 13퍼센트 이상의 성장세를 보이며, 2020년 290억 달러에서 2027년에는 800억 달러에 이르게 될 것으로 전망된다.[40] 헬스케어 클라우드 시장에는 클라우드 컴퓨팅 비즈니스를 주도하고 있는 마이크로소프트, 아마존, 시스코 시스템즈, IBM, 델Dell 등 주요 테크기업들을 비롯해, 올스크립츠Allscripts Healthcare Solution, 플렉시스PLEXIS Healthcare Systems, 케어클라우드CareCloud, 지멘스 헬시니어스Siemens Healthineers 등 디지털 헬스케어 분야 전문기업들이 다수 포진하고 있어 글로벌 빅테크 기업들에게 또 하나의 각축장이 되고 있다.

클라우드 시장은 헬스케어 뿐만 아니라 다른 혁신 기술의 소재와 같은 역할을 한다. 예를 들어 게임 시장이 커지면 자연스레 클라우드 시장도 확장된다. 게임을 비롯한 메타버스, 인공지능을 탑재한 로봇, 디지털 헬스케어 등 고령화와 관련된 섹터가 성장하면 클라우드 시장도 같이 성장하기 마련이다. 이들 데이터들이 서로 융합되어 초연결사회가 진행될수록 클라우드 시장의 미래는 밝다. 마치 샌프란시스코에서 금광이 발견됐을 때 광부들에게 청바지를 팔아 돈을 벌었던 리바이스를 연상케한다.

클라우드야 말로 앞의 5가지 섹터의 저변을 이루는 범용 기술이 되어 안전하고 꾸준하게 높은 성장세를 보일 수 있는 확장부문이다. 그러나 경쟁도 그만큼 치열하므로 개별 기업보다는 ETF를 사는 것이 효과적인 방법이다.

7
━━ 넥스트 20년 자산 배분 전략 ━━

장기적 관점에서 혁신 기업에 투자해야 한다.
– 박현주 미래에셋 Founder & GISO

지금까지 인구와 기술이 결합하는 메가 트렌드, 데모테크의 특징과 테마별 흐름을 알아보았다. 이제는 개인의 관점에서 데모테크를 자산 운용에 활용하는 법을 소개하겠다. 데모테크라는 거대한 기회를 잡으려면 다음 2가지를 실천해야 한다.

첫째, 혁신 기업에 투자해야 한다. 이를 위해서는 지금 움켜쥐고 있는 것을 버려야 한다.

고령화와 4차 산업혁명은 구조 변화다. 구조가 변할 때는 단기적인 재테크 전략으로 대응하기보다는 나의 자산 구조를 바꿔야 한다. 반세기 동안 유지됐던 투자 방식에서 탈피해야 한다. 부동산과 예금, 국내 자산 중심에서 벗어나야 한다.

둘째, 성장 테마의 리스크를 줄인다.

데모테크는 야생마 같아서 무작정 올라탔다가는 떨어지기 십상이다. 혁신 자산에 투자하더라도 이중, 삼중 안전장치를 마련해야 한다. 효율적으로 분산하고 장기적으로 투자하는 접근법이 필요하다. 분산은 ETF가 제격이다. 데모테크 ETF에 리츠같은 현금흐름 자산을 결합해 자산을 배분하는 지혜가 필요하다. 여기서 끝이 아니다. 안전장치를 하나 더 갖춰야 한다. 장기 적립식 투자를 통해 한 번 더 위험을 분산하는 게 좋다. 분산, 자산 배분, 장기 적립식 투자를 통해 위험을 삼중으로 제어하는 것이다.

이상의 내용을 5가지로 정리해볼 수 있다.

1. 부동산과 예금에서 혁신 기업 투자로 이동한다.
2. 국내 자산에서 글로벌 자산으로 넓힌다.
3. ETF와 리츠^{REITs}를 활용하여 분산한다.
4. 혁신투자와 현금흐름의 바벨 형태로 자산 배분을 한다.
5. 자산 운용 기간을 단기에서 장기로 이동한다.

이를 한 문장으로 정리하면, '글로벌 혁신 기업 ETF(데모테크 ETF) + 현금흐름 자산(리츠)'으로 자산을 배분한 뒤, 이를 장기 적립으로 투자해야 한다고 요약할 수 있다.

골프 폼 바꾸기

나는 2000년부터 채권 운용을 시작했는데 당시 나이가 서른아홉 살이었다. 그때만 해도 소위 3투신사는 채권 운용이 강했다. 당시 채권 시장은 금리가 높고 회사채 위주 시장이어서 기업들이 회사채를 발행하면 펀드에서 소화시켜야 하니 채권 펀드 매니저가 힘이 셀 수밖에 없었다. 채권 운용 업계는 그만큼 기존 조직이 막강하게 자리 잡고 있었다. 경제 분석과 채권 리서치를 주로 해왔던 나는 겁도 없이 그 시장에 뛰어들었다.

채권 조직과 운용 과정의 목표를 통 크게 핌코^{PIMCO}로 잡았다. 당시 핌코는 세계 최고의 채권 전문 운용사였다. 채권왕이라 불리던 빌 그로스^{Bill Gross}가 핌코의 운용을 총괄하고 있었기에 그의 책을 읽으며 투자 철학을 공부하고 핌코의 조직을 조사했다. 채권 펀드를 운용하면서 철저하게 벤치마크를 중심으로 하는 운용 과정을 도입했다. 당시는 채권을 장부 가격으로 평가하다가 시가로 평가한 지 얼마 되지 않은 때여서 기존의 메이저 채권 매니저들은 벤치마크를 중심으로 운용하는 데 익숙하지 않았다. 그런데 세상은 벤치마크를 기준점으로 운용하는 것으로 이미 바뀌고 있었다.

2000년, 연기금 풀과 국민연금은 채권 운용 위탁을 처음으로 공개 입찰했다. 심사위원들 앞에서 발표하고 채점 점수에 따라 당락이 결정됐다. 그때 나는 철저하게 벤치마크 중심의 펀드 운용 과정으로 시스템을 만들었다. 급한 김에 엑셀의 매크로를 활용해 시스템을 만들었는데 벤치마크를 구성하고 벤치마크 대비 성과를 분석하는 방식이었다. 세계 7대 불가사의의 하나인 파로스 등대의 이름을 따서 '파로스Pharos'라 이름 붙였는데 해외 채권 영역까지 확대하여 미래에셋자산운용에서 지금도 사용하고 있다. 발표장에서 시스템을 직접 시연해 보였으니 다른 회사와 차별화되어 신선한 충격을 주었다. 채권 수탁고도 별로 없는 신생 회사가 두 곳 모두에 뽑히게 된 이유다.

후발 주자로 아무것도 모르던 내가 시장에 성공적으로 진입할 수 있었던 것은 잘나서가 아니다. 당시 채권 시장의 구조가 크게 바뀌고 있었기 때문이다. 기존에 있던 사람들은 바뀐 구조에 빨리 적응하지 못한 반면 기존 구조를 모르던 나는 오히려 백지 상태에서 글을 쓰듯이 자연스럽게 새로운 투자 과정에 익숙해졌다. 이후 채권 시장의 주역은 새로운 세대로 빠르게 바뀌어갔다.

골프 코치는 오래 골프를 치던 사람의 폼을 바꾸는 것은 정말 어렵다고 한다. 반면에 새로 배우러 온 사람은 오히려 편하다고 한다. 20년 동안 골프를 쳐서 나름 골프에 대한 철학이 확고한 사람이 요즘 공이 잘 안 맞으니 폼을 좀 바꾸어달라고 찾아오면 난감하다. 몸에 익숙한 폼을 버리고 새로운 폼을 몸에 새겨 넣는다는 게 정말 어렵기 때문이다. 노벨 경제학상을 받은 석학 폴 사무엘슨Paul Samuelson은 세상의 혁신과 발전은 사람의 수명이 길지 않기 때문에 가능하다는 말을 했다. 기존 사람이 새로운 세상을 만들기는 어렵고, 새로운 세상은 다른 생각을 가진 새로운 사람이 만들 수 있다는 뜻이다.

지금 우리는 그런 상황에 직면해 있다. 기존 구조에 익숙하지만 그 구조를 버리고 바꾸어야 한다. 금리는 제로 수준으로 떨어졌다. 소득이나 인구 모멘텀은 성장을 멈추려 하고 있다. 그런데 인간은 수명이 자꾸 길어져서 새로운 시대에 적응하지 않으면 살아가기 어렵게 됐다. 구조가 변할 때는 구조로 대응해야 한다. 우리가 자산 관리 구조를 바꾸어야 하는 이유다. 자산 관리를 설명하면 항상 팁이나 재테크에 당장 도움될 말을 해달라고 한다. 이는 곧 쓰나미가 몰려올 텐데 좋은 양수기를 찾는 거나 마찬가지다. 아무리 좋은 양수기를 찾아봐야 쓰나미를 막을 순 없다. 우리가 가진 자산의 구조를 살펴보고 이를 시대 변화에 맞게 바꾸어야 한다. 넓고 길게 봐야 이긴다. 노련한 도박사는 한판 크게 딸 방법을 찾는 게 아니라 한 달, 1년, 혹은 10년 동안 파산하지 않고 꾸준하게 돈을 벌 수 있는 게임 구조를 짠다.

우리나라 가계 자산은 대개 부동산과 예금 중심으로 구성되어 있다. 다행히 지금까지 수익률은 높았다. 이런 자산의 수익률이 높다 보니 삼성전자, 삼성화재, SKT 같은 우량 종목이 아니면 주식은 부동산과 예금의 장기 성과를 따라가기 어려웠다. 이는 고성장 시대의 특징이다. 이제는 관점을 바꾸어야 한다. 미래를 보아야 한다. 부동산과 금리의 현재와 미래를 생각해야 한다. 과거 10년, 20년 수익률은 오히려 올바른 판단의 걸림돌이 될 뿐이다. 과거의 성공이 미래의 걸림돌이 될 수 있다.

기존 자산 증식 수단은 동력을 잃어가고 있다. 예금 금리는 이미 0퍼센트대에 들어섰다. 거의 무수익 자산에 가깝게 되어버려 자산 증식 수단으로 기능하기 어렵다. 부동산은 앞으로도 높은 수익을 기대할 수 있을까? 2장에서 분석한 것처럼 부동산 자산도 분산해 유동성을 높이면서 리스크 관리를 해야 할 때가 왔다. 장기적 관점에서 보고 가계 자산 증식의 주된 수단을 부동산과 예금에서 혁신 기업의 자본으로 바꾸어야 한다.

향후 기대수익은 국내 부동산보다 글로벌 혁신 기업이 높을 것이다. 부동산 자산의 일부분을 글로벌 혁신 기업으로 이동해야 하는 이유다. 또한 부동산은 물건과 지역을 분산하고 유동성을 높여야 한다. 부동산 자산이 나쁘다는 말이 결코 아니다. 부동산은 앞으로도 가계 자산의 중심 역할을 할 테지만, 지금은 너무 쏠려 있다. 서울이라는 좁은 지역에 쏠려 있다 보니 과다하게 가격이 오른 면이 있다. 주택, 상가나 오피스텔 등에 집중된 투자를 벗어나 다양한 부동산 물건과 다양한 지역에 분산해서 투자해야 한다. 또한 우량한 물건을 보유해 유동성을 높여야 한다. 이를 가능케 하는 게 리츠 같은 부동산 간접투자 상품이다. 이는 물건과 지역 분산, 유동성 이 셋을 모두 가능케 해준다.

예금을 줄이고 안정된 현금흐름을 주는 인컴Income 자산으로 바꾸어야 한다. 채권, 임대료, 리츠, 배당 주식 등이 이에 해당한다. 채권금리는 낮아졌지만 리츠의 배당 수익률은 여전히 예금보다 높다. 2000년 채권 펀드를 운용할 때 주식 배당 수익률이 예금 금리보다 높아질 거라고 상상하기 어려웠지만 지금 배당을 많이 주는 주식들은 이미 예금 금리보다 수익률이 높다. 이제 예금은 자산 증식의 수단이 아니라 유동성 자산이라 생각해야 한다.

무엇보다 국내에 편중된 자산을 글로벌로 분산해야 한다. 30대들은 해외 투자에 대한 거부감을 별로 느끼지 않고 잘 적응하고 있는데 반해 50대 이상은 여전히 해외 투자를 꺼려 한다. 익숙하지 않기 때문이다. 하지만 한 발 내딛으면 아무것도 아니다. 나는 2000년대 우리나라에 해외 투자 열풍이 불 때부터 투자를 하다 보니 지금은 너무나 자연스럽다. 내 연금에는 해외 펀드의 비중이 훨씬 높다. 통화도 아울러 같이 분산하는 게 좋다. 환율의 단기적 변화에 너무 연연해하지 말아야 한다. 해외의 튼튼한 통화로 표시된 펀드 자산을 보유하고 있으면 된다. 튼튼한 구조로 만든 집은 태풍이 들이닥쳤을 때 위력을 발휘한다.

일본의 예를 통해 자산의 구조를 바꿨을 때의 효과를 알아보자. 〈그림 36〉은 매년 일정 금액을 적립식으로 투자한 경우 투자 자산에 따른 성과다. 국내, 신흥국, 선진국의 주식과 채권에 각각 6분의 1씩 투자한 경우(A), 국내의 주식과 채권에 반씩 투자한 경우(B), 그리고 정기예금을 보유한 경우(C)를 비교해 보자. 1995년부터 2015년까지 20년 동안 글로벌 분산투자를 했을 경우 연평균 수익률이 4.0퍼센트인데 반해 국내 주식과 채권에 투자했을 때는 연평균 1.9퍼센트, 예금을 가지고 있었으면 0.1퍼센트에 불과했다. 글로벌 분산투자의 효과를 확인할 수 있다.

선진국의 연금 수령자들은 부동산이 아닌 젊은 국가의 자산에

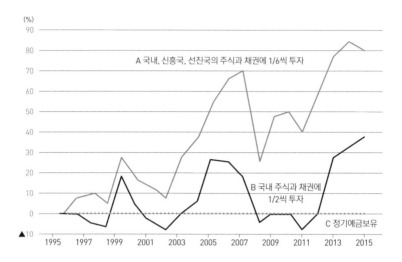

[그림 36] 장기, 적립, 분산투자의 효과

A 국내, 신흥국, 선진국의 주식과 채권에 1/6씩 투자

B 국내 주식과 채권에
1/2씩 투자

C 정기예금보유

출처 : 일본 금융청

투자해 노후 지출을 충당하고 있다. 4차 산업혁명 시대에는 콘크리트와 벽돌 투자 비중을 낮추고 혁신 기업 투자 비중을 높여야 한다. 우리나라는 이제 산업화 사회에서 지식 사회로 접어들었으며, 4차 산업혁명이 지식 사회로의 이동을 가속화하고 있다. 성장 동력의 중심에 선 자산을 보유해야 한다. 부동산 자산도 물건, 지역을 분산하고 무엇보다 보유 자산의 지평을 글로벌로 넓혀야 한다. 오래된 습관을 버리고 자산의 구조를 바꾸어야 한다. 골프에서 공을 멀리 보내려면 폼을 바꾸어야 한다. 무작정 세게 치면 코스 밖으로 공이

나가버린다.

글로벌 자본가가 되자

영국에서 1차 산업혁명으로 기계가 노동자들의 일자리를 빼앗자 섬유 노동자들의 생활은 나락으로 떨어졌다. 급기야 1810년대 이른바 러다이트Luddites로 불리는 기계 파괴 운동이 일어났다. 하지만 역사의 흐름은 거스를 수 없어 기계 파괴 운동은 실패했고, 기계를 소유한 자본가들이 부를 축적하면서 신흥 계급으로 떠올랐다. 만일 이때 노동자들이 기계를 부수는 대신 자본 소유를 주장하면서 자본가가 가진 자본의 일부를 나누어 가졌다면 어떻게 됐을까? 좋은 주식을 공개하고, 소액의 돈도 투자할 수 있는 펀드가 만들어지고, 대중이 주식 시장에 접근하는 게 쉬워졌더라면 노동자들은 일찍 자본을 소유할 수 있었을 것이다. 노동자들은 자본 수익을 얻게 되어 더 나은 생활이 가능했을지 모른다. 문제의 해답은 다른 곳에 있는 경우가 많다.

지금은 인공지능, 로봇기술, 생명과학 등이 주도하는 4차 산업혁명이 한창 진행되고 있다. 과거의 자동화 생산 시스템이 단순 노동자들의 일자리를 빼앗았다면 인공지능이 결합된 기술은 세무사, 회계사, 기업 분석가 등 전문직 일자리를 위협할 것이다. 20년 전에 연말정산 작업은 단단히 준비해야 하는 연중 행사였지만 지금은 한두 시간 내에 끝나는 단순한 작업이다. 창의적인 분야, 고도의 전문 지식을 가진 노동자를 제외하고는 미래의 일자리가 불확실해졌다. 미래에 살아남을 직업을 예측해서 대응하더라도 한계가 있다. 10년, 20년 후에 어떤 직업이 사라지고 새롭게 부각될 것인지는 그 누구도 알기 어렵다.

17세기 공공화장실이 없었던 유럽에서는 이동변소꾼이 긴 코트와 양동이를 갖고 용변을 보려는 손님들을 찾아다녔다. 시장, 박람회장에서 특히 많이 볼 수 있었다. 그러나 공공 화장실이 생기면서 이들은 순식간에 사라졌다. 에너지를 공급하던 숯쟁이도 국가적으로 중요한 직업이었으나 유전이 발견되면서 쇠락의 길을 걸었다. 유전이 발견될 줄 누가 예측했겠는가. 촛불 관리인이라는 직업도 있었다. 요즘으로 치면 무대 조명을 담당하고 화재를 관리하던 사람이다. 빈의 궁정극장에는 객석에 300개, 무대에 500개의 촛불이 있었다고 하니 관리가 만만찮았을 것이다. 이 직업은 1783년에 아르강 등(燈)이 발명되면서 사라졌다.[1] 이처럼 직업의 쇠락과 탄생은 그 누구도 예측하기 어렵다.

'나'라는 인적 자본(몸뚱이) 하나만을 믿고 살고 있는 젊은이들의 삶이 인적 자본의 가치가 위협 받으면서 불안정해지고 있다. 쉽게 말해, 향후 먹고살 일자리가 없어질 수도 있는 시대를 우리는 맞고 있다. 예를 들어 보자, 신약 개발에서 어마어마한 경우의 수로 단백질 분자를 결합해야 하는 일이 인공지능으로 간소화되면서 제약 회사 직원 5000명이 할 일을 이제는 50명이 할 수 있게 된다면? 5000명의 직원을 그대로 두고 매출을 100배 확대할 게 아닌 이상 제약 회사로선 인력을 줄일 수밖에 없다. 가상현실 속에서 인공지능 로봇이 상품을 설명하고 판매하게 되면 오프라인 매장 역시 급속히 줄어들 것이다. 교육 시장의 변화도 가파른 속도로 진행될 것이다. 가상현실 공간에서 소크라테스와 네로 황제가 직접 나와서 역사 교육을 해준다면 사람 선생님이 필요할까?

금융산업 분야의 은행, 증권, 보험 등도 많은 인력을 고용하는 분야다. 지금도 수많은 중개인이 금융 상품을 중개하고 있다. 그런데 빅데이터와 인공지능이 기존 체제를 위협하고 있다. 이미 로봇 자산관리자가 낮은 수수료로 자산 관리 서비스를 제공하는 곳이 등장했다. 블록체인 기술은 은행 송금이나 결제 기능의 고유성을 위협하고 있다. 중개인이나 위험을 떠안는 기관이 존재할 가치가 약해질 수밖에 없다.

나이 든 사람이야 그렇다지만 앞으로 살아가야 할 날이 많은 젊은이들은 어떻게 대응해야 할까? 옥스퍼드대학교의 대니얼 서스킨드Daniel Susskind는 "노동의 시대는 끝났다A World Without Work"고 선언했는데, 노동만 붙들고 있어야 할까? 이런 상황에선 성실한 것도 중요하지만 전략적 포지션이 더 중요하다. 기업은 자신의 시장을 위협하는 영역에 대응하기 위해 그 사업 영역을 내부화하는 전략을 취한다. 모바일 구매가 TV 홈쇼핑의 경쟁자로 나타나자 홈쇼핑 업체가 모바일 쇼핑 사업을 같이 해버리는 식이다. 만일 현대백화점이 홈쇼핑 영역에 진출하지 않고 오프라인 백화점만 운영했다면 그 성실함 때문에 살아남을 수 있었을까? 답은 '노No'다.

노동자도 마찬가지 전략을 구사해야 한다. 인공지능 로봇이 자신의 일자리에 위협이 되면 로봇을 만드는 회사의 주식을 소유하면 된다. 자동차 엔진과 관련된 일을 하는 노동자라면 전기자동차의 등장에 대비해서 전기자동차 회사의 주식을 가져야 한다. 내연기관이 살아남는다면 전기자동차 주식은 가격이 떨어지겠지만 자신의 일자리는 남아 있을 테고, 내연기관이 경쟁력에서 밀리면 자신의 일자리가 위협받지만 전기자동차 주가가 올라서 돈을 벌 수 있다. 내연기관 부품 관련 일을 하는 노동자가 자신의 일자리가 불안하다고 현금을 꼭꼭 보관하는 게 더 위험하다. 이 노동자의 효율적 포트폴리오는 전기차 주식을 갖는 것이다. 가장 좋은 자산은 내가 가진 자산과 다른 자산이며, 가장 좋은 친구는 나와 다른 특징을 가진 친구다. 자산 배분에서 이 말을 꼭 기억하자.

혁신 기업의 주식을 보유하면 해당 기업의 이익을 지분 비율만큼 배당 받을 수 있다. 이때 배당 받는 이익은 혁신 기업의 노동자들이 만들어낸 부가가치의 일부다. 이렇게 보면, 노동자가 저축하는 돈으로 혁신 기업의 주식을 사는 투자 행위는 자신의 저축액을 혁신적인 곳에서 일하는 사람의 인적 자본으로 바꾸는 것이다. '나'는 지금의 직장과 혁신 기업 두 군데서 일하는 셈이다. 주식 보유 수량이 많아질수록 나는 다른 사람의 인적 자본을 많이 갖게 되고, 타인의 인적 자본이 노후에 나의 소득을 만들어주게 된다.

혁신 기업을 우리나라에 국한하지 말고 글로벌 우량 기업을 선택해야 한다. 글로벌 기업의 지분을 보유하는 글로벌 자본가가 되

자. 마르크스가 "만국의 노동자여 단결하라"고 외쳤다면 지금 우리는 "만국의 노동자여 글로벌 자본가가 되자"고 해야 한다.

이런 전략을 실행할 수 있는 중요한 수단이 퇴직연금과 개인연금이다. 연금은 개인이 축적할 수 있는 거의 유일한 장기 금융 자산이어서 투자 상품을 보유하기에 적합하다. 하지만 우리나라 퇴직연금의 경우, 원리금 보장 상품의 비중이 90퍼센트 이상에 이르며 해외 자산의 비중은 극히 미미하다. 4차 산업혁명 시대에 혁신의 과실을 향유하거나 임금 노동자가 직면할 불확실성을 보호해주기는 어려운 자산 구성이다.

노르웨이 국부펀드 Government Pension Fund Global, GPFG 의 전략을 눈여겨볼 만하다. GPFG는 노르웨이의 인구 고령화와 미래의 원유 가격 하락이라는 장기 환경 변화에 대응하기 위해 1990년에 설립됐다. 원유를 판 수입을 기금으로 조성해 투자하는데 2020년 현재 규모가 1조 달러, 우리 돈으로 1100조 원에 이른다. 기금의 70퍼센트 정도를 주식에 투자하다 보니 인구 500만 명에 불과한 나라가 세계 75개 국가의 8800여 기업에 투자해 상장 주식의 1.3퍼센트를 보유하고 있다. 2020년 투자 수익률은 10.9퍼센트였다.[2] 이처럼 GPFG는 유가 움직임으로 미래 세대의 부가 변동될 수 있는 부분을 국부펀드를 통해 방어하고 있다. 이런 것을 우리는 '잘 짜여진 포트폴리오 well-structured portfolio'라고 부른다.

젊은 세대라면 앞으로 40~50년 동안 연금을 적립할 수 있는데, GPFG처럼 장기적·전략적인 시각으로 연금을 보아야 한다. 연금이 단순히 돈을 모아두는 항아리라는 수동적인 생각을 넘어서 연금을 통해 글로벌 혁신 기업을 보유함으로써 100세 시대와 4차 산업혁명에 능동적으로 대처한다는 관점을 가져야 한다.

야생마 길들이기 : 분산, 장기투자, 그리고 인내

자신의 연금을 TDF^{Target Date Fund}(투자자의 은퇴 시점에 맞춰 생애 주기에 따라 펀드가 포트폴리오를 알아서 조정하는 자산 배분 펀드)로 운용하는 직원이 이런 말을 한 적이 있다 "우리나라, 미국, 중국의 주식 가격이 하락하는 걸 보고 깜짝 놀라 두근거리는 마음으로 연금 계좌를 살펴봤는데, TDF는 순자산 가격이 별로 하락하지 않았더라고요. 아마 TDF에서 주식 종목을 분산해서 투자하고, 부동산의 현금흐름과 채권에도 투자하고 있어서 그런 것 같아요."

바로 이것이 포트폴리오다. 포트폴리오는 주가가 상승할 때는 답답해 보이지만 주가가 하락할 때는 대견스럽게 보인다. 주가가 상승과 하락, 급등과 급락을 반복할 때는 포트폴리오가 분산되어 있는 자산은 운용 성과가 좋다. 성장주처럼 변동성이 큰 자산에 투자할 때는 특히 안전 장치를 통해 변동성을 줄일 필요가 있다.

기술 기업, 혁신 기업은 야생마다. 자칫하면 떨어져 다친다. 그렇다고 노새를 타고 다닐 수는 없다. 야생마를 잘 길들여서 타고 다녀야 한다. 야생마를 제어하기 위해서는 우선 입에 재갈을 물리고 머리에 굴레를 씌우고 고삐를 매야 한다. 데모테크라는 성장주에서 수익을 얻으려면 특정 종목에 투자해서 한 방에 큰 수익을 얻으려고 하기보다는 수익의 변동성을 낮출 필요가 있다. 변동성을 다스리는 것은 운명의 여신 포르투나Fortuna의 변덕을 관리하는 것이나 마찬가지다.

운명의 여신 포르투나는 행동을 예측하기 어렵다. 포르투나는 눈을 가린 채 불안정한 구체球體 위에 서서 운명의 바퀴를 돌린다. 카지노의 룰렛 같다. 운명의 바퀴를 한 번 돌리는 데 따라 병원 진료실에 들어갈 때와 나올 때의 운명이 하늘과 땅 차이가 된다. 그래서 우리 선조들은 세상사 한 치 앞을 모른다고 했다. 주식 시장도 그렇다. 단기적으로 주가가 오를지 내릴지 한 치 앞을 알 수 없다. 한껏 행복감euphoria에 젖어 있다가 자고 일어나니 아수라장으로 변할 때도 있다.

인간은 지혜를 통해 포르투나의 변덕을 피해보려고 했다. 무작위randomness로 일어나는 일을 패턴으로 바꿔보려고 노력한 것이다. 이 개념을 잘 구현한 것이 19세기 프랜시스 골턴F. Galton이 고안해낸 퀸컹크스Quincunx라는 장치다. 일명 골턴 보드Galton board라고도 하는데, 슬롯머신처럼 생겼다. 널판지에 못을 가지런히 박아놓고 깔때기 같은 장치를 통해 위에서 구슬을 하나씩 떨어뜨린다. 구슬이 못에 부딪힌 뒤 오른쪽, 왼쪽으로 갈 확률은 반반이다. 이런 못이 여러 행으로 박혀 있다. 맨 밑에는 칸막이를 친 좁고 긴 칸을 여러 개 만들어서 구슬이 이리저리 부딪히다가 이들 칸 중 하나로 들어가도록 되어 있다. 얼핏 칸마다 무작위 수의 구슬이 들어갈 거라고 생각하기 쉬운데, 예상과 달리 구슬은 종^{bell} 모양의 정규분포를 이루며 쌓인다. 임의적인 것, 무작위적인 것들이 모이면서 패턴을 형성하는 것이다. 인터넷에 퀸컹크스를 검색하면 이 같은 내용의 모의실험을 할 수 있으니 한번 해보길 권한다. 무작위가 패턴을 이루는 신기함을 직접 눈으로 확인할 수 있다.

무작위성이 모여 패턴을 만들어내는 예는 우리 주위에서도 흔히 찾아볼 수 있다. 한 개인에게 언제 교통사고가 일어날지는 알 수 없지만 집단으로 시야를 넓히면 높은 확률로 예측할 수 있다. 우리나라에선 2017년 21만 6300건, 2018년 21만 7100건의 교통사고가 발생했다. 2019년에는 어떨지 한번 맞춰보자. 2018년 건수와 크게 다르지 않다. 실제 발생 건수는 22만 9600건으로 전년 대비 5퍼센트 정도 차이가 난다. 이처럼 개인들의 교통사고는 무작위적이지만 집단의 교통사고는 높은 확률로 예측할 수 있다. 그래서 보험 회사는 개인을 모은 집단을 대상으로 자동차보험을 운영해서 수익을 얻는다. 과거에는 배에 물건을 싣고 가다가 풍랑이나 해적을 만나면 모두 잃어버리고 심하면 노예가 되기도 했다. 자신의 잘못도 아닌 임의적인 사건으로 가정이 해체되었던 셈이다. 그런데 평균적으로 해적을 만나거나 풍랑을 만나는 횟수에는 일정한 패턴이 있었다. 이 패턴에 근거해서 해상보험이 가장 먼저 발달했다.

투자 시장도 예외가 아니다. 투자 시장은 수익이 높지만 무작위적인 변동성 때문에 투자자를 고민에 빠지게 만든다. 주가는 전형적으로 임의적인 움직임을 보인다. 예측할 수 없다는 뜻이다. 그런데 무작위적인 변동성을 패턴으로 바꾸는 골턴 보드 같은 장치가 있다. 바로 분산과 장기 투자다.

분산은 상관관계가 없는 자산을 여럿 섞는 것이고, 장기 투자는 투자 자산을 오래 보유해서 투자 수익을 얻는 방법이다. 분산은 '공짜 점심'이라고 부를 정도로 변동성을 확실하게 줄여준다. 2차전지 기업 중 누가 돈을 벌지는 모르지만 2차전지를 여럿 모아둔 펀드에 투자하면 위험이 줄어든다. 2차전지 기업 10개가 포함되어 있는 ETF가 있다고 하자. 이 중 3개 기업이 실패하고 7개 기업이 성공한다면 2차전지 ETF의 수익률은 여전히 좋을 것이다. 3개 기업의 시장을 7개 기업이 들고 갈 것이기 때문이다. 분산 투자를 통해 소위 종목 리스크를 줄일 수 있다.

개별 종목을 잘 선정해서 장기 투자하면 돈을 벌 수 있다는 말을 많이 한다. 그렇지 않다. 개별 종목을 잘 선정할 수 있다는 잘못된 자신감에는 사후편향hindsight bias 효과가 개입되어 있다. 사후편향은 과거의 우연한 사건을 되돌아보면서 이를 자신의 영웅적 스토리로 재구조화하는 것을 말한다. 투자 시 유의해야 할 사고의 착각이다. 주식에 투자하는 사람들 사이에서 가장 많이 회자되는 성공 스토리가 삼성전자를 사서 돈을 번 무용담이다. 생각해보라. 20~30년 전 삼성전자가 이렇게 성장하리라고는 그 누구도 예상하지 못했다. 현재에서 과거를 보니 정확히 예측한 것 같은 착각이 들 따름이다. 삼성전자의 미래도 마찬가지다. 확실하게 안다고 할 수 있을까? 삼성전자를 수십 년 경영한 사람도 미래를 확신하지 못하는데 보통 사람들이 그렇게 확신할 수 있다는게 아이러니다. 2000년 나스닥 버블이 꺼질 때 고점 대비 90퍼센트 이상 하락한 종목이 부지기수였다. 종목을 분산해야 이런 위험에 빠지지 않는다.

장기 투자는 무작위적이던 주식 수익률을 일정한 범위 안으로 들어오게 한다. S&P500 지수의 1950~2017년 연 수익률은 평균 10퍼센트 정도다. 1년 단위 수익률은 최고 52퍼센트에서 최저 -37퍼센트까지 범위가 매우 크다. 날뛰는 야생마와 같아 어디로 튈지 알 수 없다. 5년 단위로 보면 최고 28퍼센트에서 최저 -2퍼센트로 수익률 변동폭이 크게 줄어든다. 조랑말 정도는 된다. 15년 단위로 보면 최고 19퍼센트에서 최저 4퍼센트로 편차가 줄어들고, 20년 단위로 보면 최고 18퍼센트에서 최저 6.5퍼센트가 된다. 장기 평균 수익률에 수렴하는 것이다. 이 정도면 재갈을 물리고 굴레를 씌운 얌전한 말처럼 움직인다. 유럽의 워런 버핏^{Warren Buffett}이라 불리는 앙드레 코스톨라니^{André Kostolany}는 "주식으로 돈을 벌려면 주식을 사고 나서 5년 동안 감옥에 가 있으면 된다"고 말했다. 내 지인은 최근 투자 계좌를 개설하러 갔다가 자신이 잊고 있던 몇 년 전 계좌를 찾았는데 돈이 2배가 되어 있더라고 했다. 생애 최고의 투자 수익률이었다.

분산과 장기 투자를 실천하는 과정에는 난관이 많다. 주가가 급락해서 세상이 진짜로 망할 것처럼 보이는 순간이 한 번씩 찾아온다. 운이 없으면 투자 수익을 맛보기도 전에 이런 고통부터 맞닥뜨려야 한다. 똑똑한 사람들이 주식을 팔라고 외칠 때도 바보같이 그냥 보유하고 있어야 한다. 분산 투자도 마찬가지다. 개별 주식 가격이 무서울 만큼 오르는 순간이 있다. 다들 높은 수익을 낼 때 나는 자산을 분산하다 보니 평범한 수익을 낸다. 허탈감이 극에 이른다. 이런 유혹을 견디려면 돌부처 수준이 되어야 한다. 인내심이 중요하다. 투자 시장의 미덕은 인내심이고, 인내심은 자본주의에 대한 믿음에 근거를 두고 있다.

운명의 여신 포르투나는 강하게 다루어야 한다는 우스갯소리가 있다. 하지만 이 말은 투자 시장에서는 적용되지 않는다. 투자 시장의 운명의 여신은 인내심을 가지고 다뤄야 한다. 갖은 변덕에도 인내심을 갖고 견뎌야 한다. 혁신 성장주라는 야생마를 잘 관리해서 타고 다니려면 분산, 장기 투자, 인내심이라는 안전장치를 꼭 갖추어야 한다.

혁신 기업 투자 리스크 줄이는 법

혁신 기업의 경쟁 스토리는 소설보다 더 소설같다. 2018년에 개봉한 영화 〈커런트 워 Current War〉는 토머스 에디슨 Thomas Edison 과 니콜라 테슬라 Nikola Tesla 가 직류와 교류 전류 방식을 두고 벌인 싸움을 소재로 한다. 에디슨은 110볼트 직류를 사용할 것을 주장했는데, 낮은 전압 때문에 수 킬로미터 이상 떨어진 곳에 전기를 보내기에는 무리가 있었다. 반면 테슬라는 교류를 사용해 손실을 줄이면서 송전할 수 있는 교류 모터를 발명했다. 에디슨은 비즈니스 전략으로 직류를 상용화시키기 위해 노력했지만, 웨스팅하우스 ^{Westinghouse}는 결국 테슬라에게 특허권을 사고 1839년 시카고 만물박람회장의 전기 사용권을 낙찰 받았다. 이후 미국에서 제작된 전기 장비의 80퍼센트 이상이 교류를 사용하게 됐다. 당시라면 에디슨이 만든 전기 회사 GE에 투자해야 했을까, 웨스팅하우스에 투자해야 했을까? 둘 중 누가 성공할지 오리무중이었다. 만일 GE와 웨스팅하우스에 반씩 투자했다면? 에디슨이 가져갈 시장이 없어져서 에디슨 주식은 손해를 봤겠지만, 그 시장을 웨스팅하우스가 가져가게 되어 웨스팅하우스 주식 가격은 더 오르게 된다. 경쟁에서 승자가 될 전기 회사를 선택해야 하는 종목 차원의 리스크는 크지만, 전기 시장 전체의 크기를 전망하는 리스크는 크지 않다. 트렌드를 이끌 혁신 상품이 떠오를 때는 승자가 될 기업을 족집게처럼 뽑아내는 것보다는 해당 시장 전체에 투자하는 것이 바람직하다.

1886년 내연기관으로 움직이는 자동차가 만들어진 이후 1900년 초까지 자동차는 수공업 방식으로 여러 소규모 공장에서 만들어졌다. 당시는 자동차를 마차에 엔진을 장착한 정도로 생각했다. 1900년 초 자동차 구조가 어느 정도 표준화되면서 자동차 제조 회사가 수백 곳 등장해 치열한 경쟁을 벌이면서 기술 역시 빠르게 진보했다. 이후 대공황기를 거치면서 자동차 제조 회사 수가 감소하고 인수합병이 이뤄지면서 미국 자동차 회사는 GM, 포드, 크라이슬러 '빅3' 체제가 됐다. 자동차 회사들이 처음 등장했을 때 수백 개의 자동차 회사 중 몇 개를 골랐다면 투자에 실패했을 가능성이 크다. 반면 이들 중 톱 10을 묶어서 샀으면 위험은 훨씬 줄어들었을 것이다. 많은 자동차 회사가 사라졌지만 자동차 시장은 어마어마하게 커졌으니 말이다.

"잘했어, 라이코스!" 검색엔진 회사 라이코스^{Lycos}의 1999년 광고 문구다. 광고에 개가 한 마리 나오는데 무엇을 시키면 총알 같은 속도로 가져온다. 자동차도 금방 물어오고, 검색창에 '엄정화'를 치니 욕조에 앉아 있는 엄정화를 물고 온다. 무엇이든지 신속하게 검색해준다는 콘셉트로 당시 히트를 쳤다. 누군가를 칭찬할 때면 머리를 쓰다듬으면서 "잘했어, 라이코스"라고 말하는 게 유행이었다. 그런데 그 라이코스는 어디로 갔는가? 물건을 물어 오려고 갔다가 영영 돌아오지 않고 있다.

라이코스의 원형인 웹 검색 엔진은 1994년 카네기멜론대학교 연구실에서 개발됐다. 1996년 라이코스는 웹문서 검색 이외에도 다른 회사와의 제휴를 통해 인물 디렉토리 검색 및 이메일 디렉토리 검색 서비스를 제공하기 시작했고, 그해 말에는 멀티미디어 파일을 검색하는 기능을 선보였다. 이때 강력한 경쟁자로 등장한 곳이 야후^{Yahoo!}다. 디렉토리 검색에서 야후와 경쟁하기 위해 라이코스는 4000만 달러를 들여 야후의 경쟁업체 와이즈와이어^{Wisewire}를 인수했다.

라이코스는 몸집을 키우며 쭉 성공 가도를 달렸고, 1999년에는 야후를 제치고 미국에서 방문자 수가 가장 많은 포털 사이트가 됐다. 하지만 닷컴 버블이 붕괴된 이후 고품질 검색 결과를 제공하는 업체들이 이익을 내면서 시장을 장악하자 검색을 버리고 다양한 서비스에 붙어 있는 배너 광고를 통해 수익을 얻어온 라이코스는 점유율이 급속하게 떨어졌다. 결국 매년 적자만 내다가 2004년 테라 네트웍스Terra Networks에 인수됐다.

우리나라에서도 야후와 라이코스가 경쟁했지만, 승자는 국내 기업인 네이버와 다음이었다. 미래에셋그룹은 다음과 라이코스 모두에 투자했는데, 라이코스에서는 손실을 봤지만 다음에서 라이코스의 투자 손실을 메우고도 충분히 남을 만한 수익을 얻었다. 미래에셋은 일종의 검색포털 ETF를 산 셈이다

소수의 혁신 기업에 투자하는 행위는 리스크가 크다. 누가 승자가 될지 알기 어려울 뿐 아니라 패자가 된 기업에 투자할 경우 투자 금액을 탈탈 털릴 가능성이 높다. 아마존이나 알리바바 같은 공룡 기업은 괜찮다고? 노키아Nokia의 몰락을 보면 조금도 안심할 수 없다. 알리바바는 온라인 쇼핑몰의 절대 강자였지만 이용자 수에서 핀둬둬拼多多에 추월 당했다. 핀둬둬는 인공지능이라는 첨단기술로 무장하고 알리바바를 위협하고 있다. 아마존은 쇼핑 플랫폼 쇼피파이shopify에 위협받고 있다. 소상공인들을 흡수하면서 쇼피파이에 입점한 업체들의 매출이 아마존 입점 업체들의 매출을 넘어섰다.[3] 그러면 판둬둬와 쇼피파이가 알리바바와 아마존을 넘어설까? 그 누구도 알기 어렵다.

혁신 기업은 성장주의 특성이 극단적으로 나타나는 기업이다. 때문에 종목 선택의 리스크는 동종 업계의 혁신 기업을 함께 보유

해 관리해야 한다. 동종 업계이기에 몇 개 기업이 망하면 그 시장을 다른 기업이 가져가게 된다. 해당 테마의 시장이 계속 커지기만 하면 손해볼 일이 없다. 동종 업계 기업들을 잘 모아서 저렴한 관리 비용으로 거래하기 편하게 유동성을 높인 상품이 테마 ETF다. 4차 산업혁명 시대의 혁신 기업에 대한 투자는 테마 ETF를 활용하는 것이 효율적이다.

테마 ETF는 개별 성장주가 갖는 리스크를 해소해준다. ETF 전문 글로벌 자산운용사 글로벌X가 운용하는 BOTZ를 예로 들어보자. BOTZ는 로봇, 인공지능, 자동화기기 기술을 보유한 기업의 주식을 갖고 있다. 여기 편입되어 있는 32개 기업 중에는 엔비디아처럼 우리에게 익숙한 기업도 있고 생소한 스타트업도 있다. 32개 기업 중 어떤 종목을 사서 보유하면 떼돈을 벌지 알 수 있을까? 그렇지 않다. 현재 기준에서 좋은 기업을 선택하더라도 내일 당장 새로운 뉴스가 나와 판을 바꿔버릴지도 모른다. 실제로 편입된 개별 주식의 수익률과 표준편차는 천차만별이다. 엔비디아는 연평균 수익률이 64퍼센트이지만, 사이버다인은 -19퍼센트다. 미쓰비시전기菱電機는 수익률이 8퍼센트, 표준편차가 17퍼센트로 비교적 안정적이며 ABB 역시 각각 9퍼센트와 18퍼센트다. 반면 맥사 테크놀로지 Maxar Technologies는 수익률과 표준편차가 각각 -3퍼센트와 110퍼센트에 이른다.

이렇게 여러 기업이 서로 다르게 움직이는 가운데 이들을 편입하고 있는 BOTZ ETF는 연평균 수익률 21퍼센트, 표준편차 28퍼

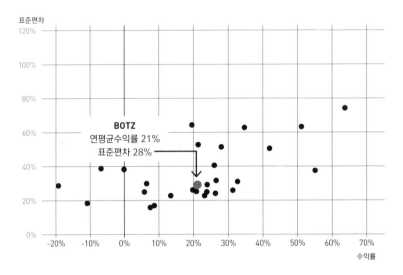

[그림 37] BOTZ ETF와 구성 종목의 수익률 및 표준편차(2016.9.13.~2021.3.2.)

센트를 기록했다. 〈그림 37〉에 각 종목의 수익률과 표준편차, 그리고 BOTZ ETF의 수익률과 표준편차를 같이 표시해놓았다. BOTZ는 개별 종목들과 비교해 볼 때 수익률은 평균 정도이나 표준편차는 낮다. 종목들을 보유하는 것에 비해 위험을 줄일 수 있다는 뜻이다. BOTZ가 가장 우월적인 수익률과 변동성을 보인 것은 아니지만, 그래도 이보다 나은 종목은 많지 않다. 앞으로 몇 년 후에 수익률이 좋을 3~4개 종목을 고르는 것보다 32개 종목을 합한 BOTZ

가 위험이 작다. 어떻게 크게 상승할 3~4개 종목을 족집게처럼 골라내겠는가? 좋은 종목을 선택하지 못할 위험을 감안하면 혁신 기업 투자에 있어 ETF는 좋은 대안임에 틀림없다. 이런 의미에서 혁신과 테마 ETF는 찰떡궁합이다.

나만의 바벨을 들어라

개별 기업을 ETF를 통해 분산투자하더라도 특정 테마 ETF의 가격 하락 위험은 여전히 남아 있다. 따라서 혁신 ETF와 함께 따박따박 현금흐름을 주는 자산을 가지면 좋다. ETF만 보유한 것에 비해 자산 가격 하락 리스크를 줄일 수 있을 뿐 아니라 꾸준한 소득을 얻을 수 있다. 이런 자산 배분 전략을 현금 흐름과 자산 성장이라는 성질이 다른 양극을 지향하는 '바벨barbell 자산 배분'이라고 부른다.

예일대학 기금 운용 최고책임자CIO 데이비드 스웬슨David Swensen은 전설적인 기금 운용 수익률로 자산 배분의 구루 반열에 오른 인물이다. 스웬슨의《포트폴리오 성공 운용Pioneering Portfolio Management》을 번역한 적이 있는데, 이것이 인연이 되어 스웬슨이 한국을 방문했을 때 만난 적이 있다. 그는 190센티미터를 훌쩍 넘는 체격에 견고한 성城 같은 얼굴을 하고 있다. 그때 그가 나에게 해준 말이 있다.

스웬슨은 자산 배분에서 고수익 채권high yield bond을 좋아하지 않는다고 했다. 고수익 채권은 신용등급이 BB 이하로 채권 수익률이 국채나 우량 등급 채권에 비해 높다. 스웬슨은 고수익 채권에 투자하는 것은 이익은 제한되어 있고 손실은 주식처럼 움직이는 좋지 않은 투자라고 봤다. 채권 수익률이 높다고 하지만 투자 수익률이 기대만큼 높아질 가능성이 거의 없는 반면에 기업의 부도율이 증가하면 채권 가격이 크게 하락하기 때문이다. 그래서 고수익 채권에 100을 투자하는 것보다 50은 장기 국채에, 50은 주식에 투자하라고 했다. 장기 국채는 경제가 침체할 때 가격이 오르면서 자산의 최소 가치를 방어해주며, 주식은 상황이 좋을 때는 상한이 없을 정도로 크게 상승할 가능성이 있기 때문이다. 이를 간단히 말하면 어정쩡한 자산을 안전하다고 많이 보유하기보다는 확실하게 성격이 다른 양극단의 두 자산을 보유하라는 뜻이다.

중위험 자산에 대해서는 그 정의가 다소 엇갈리지만 대체로 4~5퍼센트 정도의 안정적인 수익률을 줄 수 있는 자산이라고 본다. 한때 ELS(주식연계증권), DLS(파생연계증권), 사모펀드 등이 중위험 자산으로 인기를 끌었다. 그러나 상품 구조에 따라 그 종류가 다양하지만 일부 상품은 수익의 상단은 제한되어 있고 손실이 나면 원금을 모두 잃을 수도 있는 구조다. 실제로 한 지인은 독일 금리에 연동하는 DLS에 들었다가 판매사가 손실을 일부 보전해주었음에도 불구하고 원금의 40퍼센트를 잃었다. 독일 10년 국채 금리라고 하니 별생각 없이 독일이 망할 리 없다고 생각했던 것이다.

이 상품의 수익과 손실 구조는 독일이 망할지 여부와 관계가 없다. 대신 독일 국채 금리에 연동되어 있다. 예를 들어 독일 10년물 국채 금리가 -0.2퍼센트 이상이면 4퍼센트대의 수익을 주는데, 그

밑으로 떨어지면 0.01퍼센트포인트 떨어질 때마다 200배 손실(2퍼센트가 된다)이 나는 구조다. 0.1퍼센트포인트 하락하면 20퍼센트 손실이 나니 독일 금리가 -0.7퍼센트가 되면 원금 전액 손실을 볼 수밖에 없다. 후배 회계사도 피감회사가 비슷한 상품을 갖고 있는데 국채이니 문제가 없는 것으로 평가해야 하느냐고 물어볼 정도였다. 라임자산운용과 옵티머스자산운용의 사모펀드 사태에서 보았듯, 안정적인 수익을 준다는 설명에 사모펀드에 가입했다가 큰 원금 손실을 볼 수도 있다.

쉽게 말해, 시장의 중위험 자산은 조금씩 이익을 주다가 한 번씩 크게 당할 수 있는 구조인 경우가 많다. 많은 사람들이 안전 자산이라고 생각하는데 유사pseudo 안전 자산일 따름이다. 유사품에 주의해야 한다. 중위험 자산은 그 위험이 평소에는 잘 나타나지 않다가 가끔씩 크게 나타나는 구조여서 위험이 적어 보일 따름이다. 한 번씩 위험이 크게 나타나는 것을 피할 수만 있다면 좋은 투자이지만 이는 거의 불가능하다. 이를 알아낼 수 있을 정도의 능력을 갖췄다면 차라리 옵션에 투자하는 게 백배 낫다.

중위험 자산 상품에 전폭적으로 투자해서 중간 정도의 수익률을 얻으려는 방식을 불릿bullet 투자라고 한다. 총알 모양이 중간에 집중되어 있는 모습과 닮은 자산 배분 분포이기 때문에 붙은 이름이다. 반면, 위험 자산과 안전 자산을 섞어 중간 정도의 수익률을 추구하는 것은 바벨barbell 자산 배분이라 한다. 중위험 자산에 집중하는 불릿의 수익률 경로는 수익률이 일정하다가 한 번씩 크게 하락하는 모습을 보인다면, 바벨의 수익률 경로는 평소에 진동하듯 수익률이 오르내리지만 장기적으로는 안정적인 중간수익률을 줄 수 있다.

《블랙스완》을 쓴 나심 탈레브 Nassim Taleb 는 투자 시장은 블랙스완의 특징을 지닌다고 보았다. 평소에는 수익률이 별로 변하지 않다가 한 번씩 예상치 않게 수익률 변동성이 커진다는 것이다. 자본 시장에서는 자산 가격이 급락할 수도, 급등할 수도 있다는 의미다. 이를 분포상 '뚱뚱한 꼬리 fat tail 모양'이라고 한다. 정규분포에 비해 수익률이 크게 오르거나 크게 내리는 경우가 많다는 뜻이다. 만일 구조화된 상품에 투자하는 불릿 투자자라면 자산 가격이 크게 올라도 나의 수익률은 상한선이 있어서 더 올라가지 못하고, 자산 가격이 크게 떨어지면 손실을 그대로 떠안아야 한다. 주식 시장이나 채권 시장이 한번씩 크게 출렁일 때마다 의외의 큰 손실을 중위험 자산에서 보는 이유다. 이는 블랙스완이라는 자본 시장의 특성에 적합한 자산 배분이 아니다. 반면에 바벨의 경우 자산 가격이 크게 오르면 고수익 추구 부분에서 이익을 얻을 수 있고, 자산 가격이 크게 떨어지면 반대 끝의 안전 자산에서 자산의 일정 부분을 보호해준다. 따라서 원금을 크게 날리는 사태가 발생하지 않는다. 혁신 투자와 관련, 바벨 자산 배분이 좋은 이유다.

바벨 자산 배분을 할 때는 혁신 자산의 반대 끝에 인컴 자산을 두면 좋다. 꾸준한 현금흐름을 주는 자산을 인컴 income 자산 중에는 리츠가 대표적이다. 예금, 채권, 부동산, 배당 주식도 인컴 자산이라

할 수 있지만 예금과 채권은 제로 금리 시대라 이자가 너무 낮아 의미가 없다. 현금흐름이 거의 없으니 현금과 별 차이가 없기 때문이다. 장기 채권은 금리 수준이 너무 낮아 금리가 오르기라도 하면 채권 가격이 하락해 원금마저 손해 볼 수 있다. 배당주는 배당 수익률이 이자보다 높은 종목들이 꽤 있지만, 그래도 주식의 속성이 있어서 투자 환경에 따라 위험이 커질 수 있다. 부동산간접투자 자산인 리츠^{REITs}는 부동산이 기초자산으로 현금흐름을 주는 인컴 자산으로 훌륭하게 사용할 수 있다.

따라서 바벨 자산 배분은 ETF와 리츠가 제격이다. 위험 성향이나 자신의 생애설계에 따라 리츠와 ETF의 비중을 달리 하면 된다. 예를 들어 현금흐름이 나에게 중요하면 리츠를 70퍼센트 정도 부유하고 혁신 ETF를 30퍼센트 보유하는 식이다.

인컴 자산을 보는 관점

리츠를 인컴 자산으로 활용하려면 리츠의 특징을 알아둬야 한다. 자칫하면 리츠의 가격 변동성에 놀라 투자를 그르칠 수 있다.

리츠란 다수의 투자자에게 자금을 모아 부동산이나 부동산 관련 증권에 투자하고 그 수익을 투자자에게 돌려주는 부동산간접투자기구다. 주식회사로, 배당 가능한 이익의 90퍼센트 이상을 의무적으로 배당한다. 배당 재원이 리츠 자산을 구성하는 부동산 임차인이 지불하는 임대료에서 발생하므로 현금흐름이 안정적이고 예측 가능하다는 특징을 가지고 있다. 공모리츠는 기본적으로 거래소 상장을 전제로 하며, 주식 시장에서 일반 주식처럼 사고팔 수 있다.

우리나라에서 리츠는 2001년 처음 도입됐는데 2012년부터 2018년까지 77배 성장하면서 자산 규모가 43조 2000억 원에 이른다. 그러나 대부분 기관들이 발행하는 사모리츠였다. 선진국은 공모리츠 시장이 활발하지만 우리나라는 사모리츠와 사모부동산 펀드를 중심으로 발전하다 보니 일반인을 대상으로 한 공모리츠나 공모펀드가 별로 없었다. 공모리츠가 해외 리츠 중심으로 편성되어 있는 이유다.

하지만 2019년 9월 발표된 국토교통부의 '공모형 부동산 간접 투자 활성화 방안'에는 공모리츠 및 공모부동산 펀드를 활성화하기 위한 여러 제도적 유인책들이 명시돼 있다. 우리나라에서 공모리츠는 성장하는 초입 단계다. 일본도 저금리와 저성장 시기이던 1990년대에 리츠가 성장하기 시작했다.

리츠의 특징은 안정적인 현금흐름, 소액 분산, 높은 변동성 3가지를 들 수 있다. 이 3가지를 하나씩 살펴보자.

첫째, 안정적 현금흐름이다.

리츠는 이익의 90퍼센트 이상을 주주에게 배당하도록 되어 있기 때문에(자기 관리리츠는 50퍼센트 이상) 배당 성향이 높고, 배당을 얼마나 할지에 대한 불확실성도 거의 없다. 기업은 배당정책이 어떻게 변할지 모른다. 또한 기업은 이익 전망이 불투명하지만 리츠는 투자한 부동산에서 발생하는 임대수익이 어느 정도인지, 예측할 수 있다. 따라서 리츠는 배당수익, 즉 현금흐름이 안정적이다. 배당 수익률이 높고 배당 흐름이 안정적인 게 리츠의 첫 번째 특징이라 할 수 있다. 우리의 국민연금에 해당하는 일본의 GPIF^{Government Pension Investment Fudn}는 2014년 리츠 투자에 뛰어들었다. 금리가 제로 수준이다 보니 채권만으로는 수익률을 제고하는 데 한계가 있었기 때문이다. 미국의 퇴직연금 401(k)에서 선택하는 펀드의 경우, 2017년 기준 TDF의 95퍼센트, 주식형 펀드의 82퍼센트, 혼합형 펀드의 82퍼센트가 직·간접적으로 리츠에 투자하고 있다.[4]

둘째, 소액 분산이다.

리츠를 통해 소액으로 다양한 부동산에 분산투자할 수 있다. 리츠는 부동산에 투자하는 주식회사이므로, 상장되어 주식으로 거래된다. 일반적으로 상장 첫날 가격은 1주에 5000원 전후다. 배당을 90퍼센트 이상 해야 하니 가격도 많이 오르지 않는다. 리츠에는 많은 부동산 물건이 들어 있어 리스크를 회피하는 데도 유리하다. 미국의 애플 호스피탈리티^{Apple Hospitality}는 미국 내 호텔과 리조트에 투자하는 리츠로, 미국 34개 주 87개 지역에 위치한 235개 호텔에 투자하고 있다. 호텔 브랜드를 보면 메리어트^{Marriott}가 108개, 힐튼^{Hilton}이 125개다. 소액으로 235개 호텔에 투자할 수 있는 셈이다. 꼬마 빌딩 하나를 사려고 해도 100억~200억 원의 돈이 필요한 마당에 여러 빌딩을 분산해서 보유하는 것은 일반인으로선 불가능하다. 하지만 리츠에 5000만 원을 투자할 계획인데 리츠의 주당 가격이 평균 5000원이라면 1만 주의 리츠 주식을 살 수 있다. 종목당 1000주씩 투자하더라도 10개 리츠에 분산해서 투자할 수 있다. 5000만 원으로 다양하게 분산된 리츠를 종류별로 10개나 살 수 있는 셈이다.

셋째, 높은 변동성이다.

리츠는 의외로 가격 변동성이 크다. 대부분 리츠는 안정적인 자산이라 생각하기 때문에 리츠 가격이 크게 하락하면 당황하는 사람이 많다. 코로나19 사태 때 미국의 리츠 지수^{NAREITs all equity}는 2020년 2월 고점 대비 -42퍼센트나 하락했다. 부동산 임대료를 기반으로 한 리츠가 의외로 가격 변동성이 큰 이유는 부동산 가격 변동보다는 장기 임대차 계약과 레버리지 때문이다. 해외의 건물 임대차 계약은 그 기간이 10년 이상인 경우가 많다. 10년 동안 미리 확약한 임대료를 내는 방식이다. 임대자는 시장의 금리가 어떻게 변하든지 관계없이 정해진 임대료를 내야 한다. 수익자 입장에서 보면 10년 동안 채권 이자 받듯 임대료가 들어온다는 의미다. 따라서 리츠는 장기 채권 성격을 가지고 있다고 할 수 있다. 금리가 오르면 채권 가격이 내리듯 리츠 가격도 내려가며, 임대계약 기간이 길수록 가격 등락폭은 커진다. 듀레이션이 긴 채권의 가격 변동이 큰 것과 마찬가지다.

여기에 덧붙여 리츠는 차입해서 투자한다. 50퍼센트 차입해서 투자한다면 가격 변동폭은 2배가 된다. 200억 원짜리 건물을 100억 원은 자기 자금으로, 100억 원은 차입해서 투자할 경우 건물 가격이 10퍼센트 하락해 180억 원이 되면 20억 원 손실이 나는데, 이는 자기 자금 투자 100억 원 관점에서는 20퍼센트 하락한 셈이 된다. 이처럼 리츠는 돈을 빌려 장기 채권을 매수한 상품이라고 보면 된다.*

가격 변동성이 큰 만큼 리츠의 총수익률은 주식보다 높다. 1989년부터 2018년까지 30년 동안 미국의 리츠 지수와 S&P500을 비교해보면, 리츠는 30년간 208퍼센트의 누적 수익률을 올렸는데, S&P500은 609퍼센트를 기록했다. 이를 복리 수익률로 비교해보면 각각 연 3.8퍼센트와 연 6.8퍼센트로 S&P500의 수익률이 높다. 다만, 리츠는 배당을 많이 한다. 배당금을 재투자했다고 가정하면 리츠의 수익률은 1574퍼센트, S&P500의 수익률은 1214퍼센트가 된다. 연복리 기준으로는 각각 9.8퍼센트, 9.0퍼센트로 리츠의 수익률이 더 높다. 일본은 주식이 장기간 박스권을 오가다 보니 리츠의 수익률이 주식보다 확실하게 높다.

현금흐름이 많고 안정적이지만 가격 변동성이 큰 리츠는 투자의 초점을 가격 관점이 아닌 소득 관점에 두어야 한다. 상장된 부동산 펀드를 예로 들어 소득 관점을 설명해보자.(그림 38 참조) 맵스리얼티는 40년 만기 공모부동산펀드인데, 상장되어 있기 때문에 거래소에서 주식처럼 지분을 사고팔 수 있어서 유동성이 높다. 이 펀드의 유통 시장 가격은 상장 가격 5000원부터 시작해 글로벌 금융위기 이후 2009년 3월 1600원대까지 급락했다가 2019년 10월 5400원

---

* 차이점은 채권은 만기에 액면 가격으로 끝나지만 리츠에 포함된 부동산은 가격이 꾸준히 증가하는 것이 일반적이다.

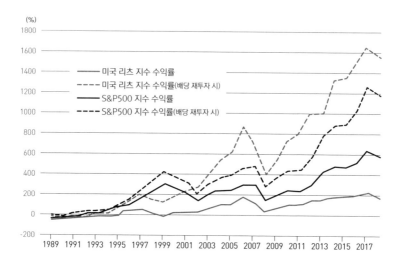

[그림 38] 미국의 주식과 리츠 수익률 추이 비교

출처 : 블룸버그

까지 상승했다. 그러다 코로나19로 3150원까지 하락했다가 2021
년에는 4800원까지 올랐다. 기초자산이 오피스 임대료임에도 불구
하고 주식 시장에 상장되어 있다는 이유로 주식 시장의 부침에 따
라 움직인 면도 있다.

　펀드의 거래 가격이 크게 변동하는 반면 배당금은 변동이 작아
대략 주당 200~250원에서 이루어졌다.(그림 39 참조) 시가 배당 수
익률도 2020년 배당금 기준으로 4.7퍼센트 전후에서 움직였다. 설
립 초기에는 배당금이 불안정했지만 2013년부터 210원 전후로 배

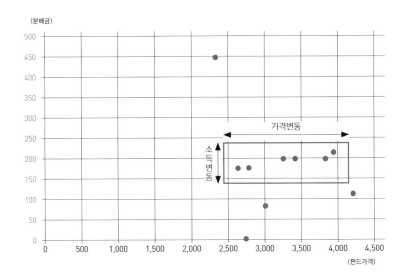

[그림 39] 부동산펀드 맵스리얼티의 가격과 배당금

당하다가 2019년에는 247원으로 껑충 올랐고, 2020년에는 237원을 배당했다. 3년 평균 배당률은 5.57퍼센트에 이른다. 펀드 가격은 200퍼센트 이상 변동하기도 했지만 배당금은 20퍼센트 전후에서 변했을 따름이다. 최근 3년간 배당금 변동률은 5퍼센트 남짓이다.

　이처럼 리츠 같은 현금흐름 자산은 가격 차익을 목표로 하지 말고 현금흐름을 주는 배당금을 목표로 해야 한다. 일정 수준 이상의 배당금을 주고, 배당금의 변동폭이 좁고, 배당금이 매년 꾸준히 올라가는(배당금 증가율이 0보다 큰 경우) 리츠면 된다. 단기적으로 보이는

가격 변동은 시간이 지나면 사라지고 결국 배당금만 남기 때문이
다. 물론 장기적으로 부동산 가격이 오르기 때문에 배당금을 매년
지급하더라도 리츠 가격은 오른다. 리츠 같은 현금흐름 자산은 자
산가격 관점이 아닌 소득 관점에서 투자해야 한다. 그럴 경우 리츠
는 저금리 시기에 채권이나 예금 이자 대신 높은 현금흐름을 주는
금융 상품이 된다. 시간이 지나면 자본 차익도 덤으로 얻을 수 있다.

장기 · 적립식으로 승부하라

워런 버핏, 존 보글John Bogle과 함께 투자 시장의 스승으로 불리는
버턴 말킬Burton Malkiel은 5가지 자산 배분 원리 중 세 번째 원리로 "정
액 분할 투자법은 비록 논란의 소지가 있기는 하지만 주식과 채권
투자 위험을 줄이는 유용한 방법이다"[5]라고 말했다. 그리고 두 번
째 원리로 "주식과 채권의 위험은 투자 기간에 달려 있다. 투자 기
간이 길수록 자산 수익률의 변동성이 낮아진다"고 말했다. 첫 번째
원리는 위험과 보상이 연결되어 있다는 원론적인 이야기이고, 네
번째 원리는 포트폴리오를 재조정하는 리밸런싱, 다섯 번째 원리는
자신의 위험 선호와 재정 상황에 따라 자산 배분 비율을 결정해야
한다는 것임을 감안하면, 결국 버턴 말킬이 자산 배분에서 수익률
을 높이는 동력으로 가장 중요하게 생각한 것은 장기 투자와 정액
분할 투자라고 할 수 있다.

장기 투자는 복리 효과를 통해 돈을 번다. 이것이 가능한 이유

는 앞에서 설명한 것처럼 무작위로 움직이는 주식 수익률이 장기적으로는 일정한 패턴을 보이기 때문이다. 장기 투자와 패턴에 대해서는 앞에서 설명했으므로 여기서는 정액 분할 투자에 관해 설명하겠다.

많은 사람이 주식 시장에 대해 크게 2가지를 물어본다. '어떤 종목을 사야 하는가, 그리고 지금 사도 되는가'다. 아쉽게도 이 질문 안에서는 올바른 답을 찾을 수 없다. 꾸준히 잘 맞힐 수 있는 사람이 없기 때문이다. 잘 맞히는 사람도 있지만, 그것이 우연인지 실력인지 구분하기 어렵다. 높은 가격에 사더라도 장기간 보유하고 있으면 결국 수익을 낼 것이라고 말하지만, 그러기에는 기회비용이 크다. 100원인 주식 가격이 70원으로 떨어졌다가 140원이 되었다고 하자. 100원에 주식을 매수한 사람은 오래 기다려서 40퍼센트의 투자 수익률을 기록하게 된다. 그런데 70원에 투자한 사람은 투자 수익률이 무려 100퍼센트가 된다. 30퍼센트 싸게 산 것이 60퍼센트나 더 수익을 낸 것이다. 단기적인 고점에 투자했을 때와 그에 비해 20~30퍼센트 하락했을 때 사는 것은 수익률 격차가 크다. 그렇다고 매번 싸게 살 방법도 없다. 비싼지 싼지 모를 때는 분산해서 투자하면 잘못된 선택에 대한 기회비용을 줄일 수 있다.

정액 분할 투자법은 정해진 금액을 여러 기간에 걸쳐 납입하여 매수 시점을 분산하는 것을 말한다. 이는 주식 가격이 일시적으로 과다하게 올랐을 때 주식이나 부동산을 집중적으로 매수하는 오류를 범하지 않도록 막아준다.

[그림 40] 정액 분할 투자법의 시장 국면별 성과

연도	변동 시장			성장 시장		
	투자 금액(만 원)	자산 가격	매수량	투자 금액(만 원)	자산 가격	매수량
1	1,000	100	10	1,000	100	10
2	1,000	70	14.28	1,000	110	9.09
3	1,000	50	20	1,000	120	8.33
4	1,000	120	8.33	1,000	130	7.69
5	1,000	100	10	1,000	140	7.14
거치식 투자	5,000			7,000		
총 매수량			62.61			42.25
평균 단가	79.85(5,000÷62.61)			118.34(5,000÷42.25)		
최종 가치	6,261(62.61×100)			5,915(42.25×140)		

〈그림 40〉은 5000만 원을 투자하는데, 가격이 변동하는 시장과 계속 상승하는 주식 시장에서 정액 분할 투자와 일시금으로 투자하는 경우를 비교한 것이다. 정액 분할식은 5000만 원을 1000만 원씩 5회에 걸쳐 분할 투자한다. 자산 가격이 '100만 원 → 70만 원 → 50만 원 → 120만 원 → 100만 원'으로 변동하는 경우를 보자. 정액 분할 방식에서는 자산 가격이 낮아지면 더 많이 매수할 수 있다. 그러다 보니 자산 가격이 처음 가격 100만 원으로 끝났지만 주식은 50주보다 많은 62.61주를 매수할 수 있었다. 5000만 원을 투자해

서 62.61주를 매수했으니 평균 매수 단가는 79.85만 원이다. 그런데 5000만 원을 초기에 모두 투자했으면 50주를 사게 되고 5기에도 자산은 5000만 원에 머무른다. 정액 분할로 투자해서 얻은 6261만 원이 초기에 일시금으로 투자하는 것보다 수익이 많음을 알 수 있다.

그런데 자산 가격이 계속 상승하는 경우는 이야기가 다르다. 처음에 일시금을 투자하는 경우를 보자. 5000만 원을 자산 가격 100만 원일 때 투자해 140만 원이 되었으므로 자산은 7000만 원으로 증가한다. 반면 정액 분할 투자를 하면 중간중간 높은 가격으로 계속 매수하다 보니 자산이 5915만 원에 불과하게 된다.

매수 가격의 편차를 줄이는 정액 분할식이 좋은 이유를 알아보자. 1년 중 하루를 골라서 주식을 사는 것보다는 12개월에 걸쳐 매월 주식을 사는 게 매수 가격의 변동성을 줄일 수 있는 방법이다. 매일 분할해서 사면 더 줄어든다. 실제 주식 가격 움직임과 이동평균선을 생각해보면 쉽게 이해할 수 있다. 이동평균선의 움직임이 훨씬 부드럽다. 매일 사면 365일 이동평균선을, 매월 사면 12개월 이동평균선을 따라가게 된다. 그런데 이동평균선의 최고점은 주가의 최고점보다 낮고 이동평균선의 최저점은 주가의 최저점보다 높다. 차트에서 개별 주식 가격 평균과 이동평균선의 가격 평균은 거의 같지만, 이동평균선은 변동성이 작다. 이를 '코스트 평균' 효과라고 한다. 코스트 평균 효과는 매수 가격의 변동성을 줄여 복리 효과를 높인다.[6] 변동성이 작으면 복리 수익률을 높여 실제 투자 수익률을 높여준다. 실제 투자 수익률은 산술평균 수익률에서 산술평균 수익률 변동성의 절반을 뺀 것이기 때문이다.

다만 주식 가격은 장기적으로 상승하는 경향이 있으므로 목돈을 장기 투자할 경우는 장기적으로 정액 분할하는 것이 최고의 전략이라고는 할 수 없다. 오랜 기간 정액 분할해서 투자하면 오히려 평균 매수 가격을 높일 가능성이 크다. 코로나19 때 급락한 주가가 그 이전 수준을 회복하는데 미국의 경우 5개월 정도 걸렸다. 그 이후에는 주가가 코로나19 이전보다 높게 형성됐다. 이 5개월 동안 모두 분할 매수했다면 매수 가격이 낮았겠지만, 5개월 동안 분할 매수하고 이후에도 계속 분할 매수했다면 코로나19 직전에 목돈으로 투자한 것보다 평균 매수 단가가 더 높아질 수 있다. 대공황같이 오랜 기간에 걸쳐 주가가 하락하거나 낮은 수준에서 유지되는 경우가 아니라면 장기에 걸친 정액 분할은 오히려 매수 단가를 높일 가능성이 있다. 결론적으로, 목돈 매수보다 정액 분할 매수가 실수를 줄이는 방법이지만, 이 경우 너무 장기로 분할 매수하는 건 좋지 않다. 그래서 예일대기금CIO인 스웬슨은 현금 보유 비중을 가급적 낮추기를 권했다. 현금으로 1년을 보유하면 그만큼 자산 가격 상승의 기회를 갖지 못하기 때문이다.

소득의 일부를 저축하는 돈으로 투자할 때는 장기 적립식 투자가 좋다. 대부분의 사람은 소득의 일정 부분을 퇴직할 때까지 계속 저축한다. 대표적인 것이 연금이다. 의도하지 않았지만 적립식 투자*를 하는 셈이다. 적립식 투자 역시 매수 가격 변동성을 줄여주므로 가격 변동이 큰 자산에 투자할 때도 위험이 줄어든다. 다만, 적립 기간이 길어지면 적립 효과가 떨어진다. 매월 100만 원씩 적립할 경우 10년이면 1억 2000만 원의 원금이 적립된다. 11년째 100만 원을 적립하면 이 금액은 전체 적립금의 120분의 1 비중에 불과해 평균 매수 단가에 별다른 영향을 주지 못한다. 시간이 지나면 적립의 효과가 점차 약해지는 것이다. 나는 1994년부터 매월 10만 원씩 개인연금에 저축했는데 원금과 이자가 8000만 원 정도 된다. 그래서 지금은 1년 동안 납입되는 120만 원이 전체 적립금의 1.5퍼센트에 불과하다. 이처럼 적립 효과가 작아질 때는 거치식처럼 자산 배분을 하면서 위험 관리를 하면 된다.

구체적으로, 위험 자산을 장기에 걸쳐 적립하는 효과를 살펴보자. 1988년 1월에 미국 S&P500 인덱스 펀드에 50만 원을 투자하고 이후 매월 50만 원씩 투자하는 경우를 생각해보자. 33년 5개월 동안 투자한 원금은 2억 원이지만 최종 가치는 16억 1500만 원, 원금의 8배가 된다.[7] 〈그림 41〉에서 보듯 주식 시장의 상황에 따라 순자산이 2년 연속 감소하기도 하지만 장기적으로는 높은 성과를 낸다.

장기 투자는 부의 증식을 위한 중요한 원칙이다. 여기에 적립을

---

* 정액 분할 투자는 지금 목돈 5000만 원이 있으면 이를 첫 기에 모두 투자하지 않고 나누어서 매수하는 방법이다. 모두 매수하기까지 현금을 갖게 된다. 반면 적립식 투자는 매번 소득 중 일부를 매수하는 방법으로 현금을 보유하는 것이 아니다.

[그림 41] 장기 적립 투자의 성과

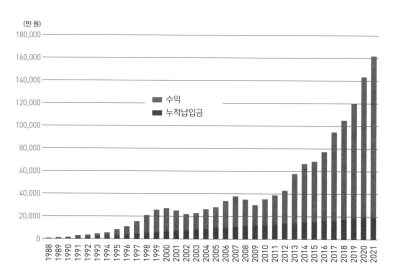

더하면 코스트 평균 효과로 변동성이 줄어든다. 연금 등을 통해 노후를 준비하는 사람은 장기 투자에 적립 투자를 같이하는 셈이다. 이런 경우 위험에 대해 이중 방어 장치가 있으니 고수익을 추구하는 자산에 투자하는 게 좋다. 연금은 혁신 ETF를 적립으로 투자하면 좋은 이유다. 혁신 ETF에 장기 적립식 전략을 적용하면 터보엔진(혁신 기업)에 안전벨트(ETF 분산)와 에어백(장기 적립) 두 안전장치가 갖추어진 차를 타는 셈이다.

파도 앞에 선 당신에게

기업 퇴직자 교육에 나갈 기회가 있으면 수강 과목들에 어떤 것이 있는지 훑어본다. 재무 설계, 연금, 건강보험, 취미와 여가, 귀농 귀촌, 일자리, 창직 등 비슷하다. 최근에는 유튜브 제작하기, 사진 찍기, 스마트폰 사용법, 블로그 만들기처럼 디지털 과목이 추가되는 추세다. 그런데 아쉽게도 디지털 라이프를 가르치는 곳은 거의 없다.

디지털 라이프는 스마트폰이나 컴퓨터를 익히는 것과는 차원이 다르다. 디지털 헬스케어 장비들에는 어떤 것이 있으며, 우리가 이들을 효과적으로 활용해 건강을 증진시킬 수 있는 방법은 무엇인지 배운다. 우울증이나 치매를 방지하는데 도움이 되거나 새로운 기술을 재미있게 배울 수 있는 게임을 익힌다. 게임 안에서 서로 연결되어 관계망을 확장하는 방법도 배울 수 있다. 그뿐 아니다. 자신이 원하는 삶을 살아보는 가상현실을 찾을 수도 있다. 만일 이런 디지털 라이프를 익힌다면 인생 후반전에 새로운 삶을 체험할 수 있고, 우리 경험을 훨씬 풍부하게 해줘 삶의 질을 높일 수 있다.

사회에도 도움이 된다. 시니어들이 디지털 라이프에 익숙해지면 4차 산업혁명이 확산되어 경제를 성장시킨다. 게임은 젊은이들의 전유물처럼 여겨지지만, 지금의 중장년층은 젊은 시절에 스타크래프트를 하던 세대다. 게임 하나에 투자되는 거액의 투자금과 동원되는 인력을 생각해보라. 고령자들이 가상현실을 이용하고 이 공간에서 소비한다면 어떻게 되겠는가. 혹자는 고령자가 지갑을 열지 않을 거라고 말한다. 그렇지 않다. 선배 고령자와 달리 베이비부머는 건강하고, 돈 많고, 활동적이다. 이들은 두터운 지갑을 열 것이다.

시니어들이 디지털 라이프를 즐긴다고 해서 그 시장이 얼마나 되겠냐고 반문하는 사람들이 있다. 사실 군대 장비나 산업용 제품처럼 수요가 범용적으로 넓을 수는 없다. 젊은층의 게임 수요와 비교할 수도 없다. 또한 요양 시장처럼 기계보다는 사람 손이 많이 필요해서 첨단기술이 적용될 여지가 적은 분야도 있다. 하지만 고령화와 함께 증가하는 고령자의 숫자, 그리고 이들의 학습 능력과 경제력을 감안하면 이전 세대와 전혀 다른 시장이 형성될 것이다.

시니어들의 수요를 충족시키기 위해 제품을 만들다가 사회 전반에 필요한 제품이 탄생할 수도 있다. 국방, 재난 등의 시장이 크다고 하지만 거기 맞는 기술 발전이 고령자 시장에서 만들어질 수도 있다. 혁신이 확산되는데는 우연적인 요소가 개입될 여지가 많다. 무엇이든 시도해보아야 한다. 작은 고리가 큰 시장을 만들 수 있다. 음속으로 대서양을 가로지르며 날아다니는 콩코드 여객기가 실패한 이유가 노트북에 있다고도 하지 않는가. 사람들이 비행기에 앉아 노트북으로 작업할 수 있다 보니 두세 시간 더 걸리는 게 별반 문제가 되지 않았던 것이다. 혁신의 파급 고리를 정확히 예측하기 어렵기에 우리는 시장만 넓다면, 그리고 수요자만 많다면 무엇이든 시도할 가치가 있다.

그런 의미에서 우리는 고령 사회에 혁신 기술을 적극적으로 적용해보아야 한다. 이것이 우리가 수축 사회에서 벗어나는 실마리가 될 수 있다. 수축 사회를 벗어나는 실마리를 찾을 때는 2가지를 유의해야 한다. 수축하는 것을 막아보려는 소극적인 자세와 해결책을 너무 거대담론에서 찾는 것이다. 이는 잘못된 접근법이다. 우리는 확장 사회에 대한 투자를 통해 수축 사회에서 벗어나야 한다. 그게 정확히 무엇인지 사전적으로 알 순 없다. 다만, 확장하는 부문에 투자하는 적극적인 자세, 그리고 그 투자를 통해 실마리를 찾는 열린 마음이 필요하다.

창세기에서 하나님은 "빛이 있으라"고 말했다. 태초에 땅이 혼돈하고 어둠이 깊음 위에 있었다. 흑암이 있는 천지에 대해 하나님은 "어둠은 물러가라"고 하지 않았다. 수축하는 사회 안에서 해결책을 찾아서는 안 된다. 확장하는 부문에 투자하면 수축 사회 문제는 자연스레 해결된다. 정부 부채 문제만 봐도 지금까지 경험에 따르면 부채를 줄이려는 재정 긴축 정책은 근본적인 해결책이 되지 않았다. 정부 부채는 오히려 경제 성장이 가장 확실한 해법이다.

런던정경대학의 교수였던 찰스 굿하트 Charles Goodhart 는 최근 《인구 대역전 The Great Demographic Reversal》이란 책을 썼다. 중국의 거대한 인구가 세계 자본주의에 들어오면서 지금까지 디플레이션적 압력을 행사했는데, 앞으로 중국의 노동인구가 줄어들면서 인플레이션적 압력이 일어날 거라는 내용이다. 인플레이션에 대해서는 이견이 있지만 최근 20여 년간 세계 자본주의에 중국이 큰 영향을 미쳤다는 점에는 전적으로 동의한다. 굿하트 교수는 거시경제 학자들이 3~4년간의 요인들을 바탕으로 경제 전망을 하다 보니 인구 같은 큰 흐름은 감안하지 못한다고 했다. 구구절절 옳은 말이다.

긴 흐름을 볼 때 인구는 중요하다. 그에 못지않게 긴 흐름에서 기술 혁신을 보아야 한다. 아쉽게도 굿하트 교수의 분석에는 기술 혁신이 깊이 다뤄지지 않았다. 기술 혁신의 영향을 계량적으로 예측하는 것 자체가 경제학자로서는 어려운 일이었을 것이다. 원천 기술이 탄생하는 것도 우연에 의해 이뤄지는 경우가 많은데, 기술이 만들어낼 사회의 변화를 어떻게 미리 짐작할 수 있겠는가. 하지만 이전의 산업혁명이 세상을 변화시킨 것처럼 4차 산업혁명과 이들 범용 기술이 융합해 만들어낼 세상은 우리의 생활 방식을 크게 변화시킬 것이다. 인구와 기술이 결합된 데모테크에 주의를 기울여야 하는 이유다. 데모테크는 미래 사회를 보는 창이다.

고령사회 진입 초기에 기술 혁명을 맞게 된 것은 우리에게 행운이다. 그야말로 불행 중 다행이다. 고령화와 기술 혁명의 교차점에 있는 데모테크라는 확장 영역에 또 투자하면 거기에서 파생되는 연결 고리들을 놓치지 않고 보게 될 것이다. 내가 '데모테크'라는 화두를 꼭 잡고 있는 이유다.

장수 시대를 앞두고 있는 개인들은 데모테크라는 메가 트렌드를 통해 변화하는 세상을 보고 투자에 성공하기를 바란다. 정부도 데모테크를 전략 산업으로 육성하여 거대한 글로벌 고령 시장에서 기회를 잡았으면 한다.

후주

머리말

1   UN, Population Database.

1장. 제조업의 함정

1   〈The Economist〉(2002.02), "Big Tech's $25bn bull run."

2   윌리엄 키건, 데이비드 마시, 리처드 로버츠 지음, 뉴스1 국제부 경제팀 옮김(2017), 《브렉시트와 신국제금융질서》, 뉴스1.

3   쑹훙빈 지음, 홍순도 옮김(2012), 《화폐전쟁 4》, RHK.

4   론 처노 지음, 강남규 옮김(2007), 《금융제국 J.P. 모건》, 플래닛.

5   론도 캐머런, 래리 닐 지음, 이헌대 옮김(2009), 《간결한 세계 경제사》, 에코피아.

6   〈중앙일보〉(2019. 10. 29), 〈김동원의 이코노믹스 : 역세계화의 거센 역풍 맞고 있는 한국경제〉.

7   산업연구원, 산업통계분석 시스템(ISTANS).

8   전기용(2016. 9. 8), "독일, 유럽의 병자(Sick Man)에서 스타(Economicstar)로", 〈POSRI 이슈리포트〉.

9   Beatrice Pierluigi, David Sondermann(2018), "Macroeconomic imbalances in

the euro area: where do we stand?", ECB Occasional Paper Series No 211.

10 필립 암스트롱 지음, 김수행 옮김(1993),《1945년 이후의 자본주의》, 동아출판사.

11 전게서.

12 폴 보커, 교텐 토요오 지음, 안근모 옮김(2020),《달러의 부활》, 어바웃어북.

13 앨런 그린스펀 지음, 현대경제연구원 옮김(2007),《격동의 시대》, 북앳북스.

14 박정준(2018. 3. 17), "일본 반도체 산업 붕괴시킨 '미·일 반도체 협정'", 서울대학교 국제대학원 국제통상전략센터.

15 〈The Economist〉(2020. 2), "Big Tech's $2trn bull run".

2장. 제로 모멘텀 사회

1 Barry Eichengreen, Donghyun Park, and Kwanho Shin(2013), "Growth Slowdowns Redux: New Evidence On the Middle-Income Trap", NBER Working Paper 18673.

2 Fernando Gabriel Im, David Roswnblatt(2013). "Middle-Income Traps: A Conceptual and Empirical Survey", Policy Research Working Paper 6594, World Bank.

3 권규호(2015), 〈한국의 인구 구조 변화와 장기성장전망: 일반균형론적 접근〉, KDI정책연구시론, 2015~2016.

4 한국은행(2017), 〈인구 구조 고령화의 영향과 정책과제〉.

5 폴 몰런드 지음, 서정아 옮김(2020),《인구의 힘》, 미래의창.

6 김경환, 손재영(2018),《부동산 경제학》, 건국대학교출판부.

7 권오익, 김명현(2020.1), "인구 고령화가 실질금리에 미치는 영향", 〈BOK 경제연구〉, 한국은행.

8 Piazzesi, Monika and Martin Schneider(2016.6), "Housing and Macroeconomics", Stanford & NBER.

9 전게서.

10 Jorda, Oscar, Moritz Schularick and Alan M. Taylor(2016), "Leveraged Bubble",

NBER Working Paper.

11 Case, Karl and Robert Shiller(2003), "Is there a bubble in the housing market?", Brookings Papers on Economic Activity.

12 Jorda, Oscar, Moritz Schularick and Alan M. Taylor(2013), "When Credit Bites Back", Journal of Money, Credit and Banking 45.

13 강준만(2019), 《바벨탑 공화국》, 인물과 사상사.

14 한국경제(2017.07.17), "몸값 3조 강남·서울파이낸스센터···싱가포르 투자청 잿팟".

3장. 저성장, 고부채의 그림자

1 우치다 다쓰루 외 6인 지음, 김영주 옮김(2019), 《인구 감소 사회는 위험하다는 착각》, 위즈덤하우스.

2 Martin Powell(2017), "영국의 복지 긴축, 어떻게 볼 것인가?", 〈국제사회보장리뷰〉 겨울호 Vol.3.

3 김남순 외(2020. 2), "유럽 국가 보건 의료 체계가 코로나19 대응에 미치는 영향 비교·분석", 한국보건사회연구원 연구보고서.

4 정운찬 지음(1999), 《한국경제 아직도 멀었다》, 나무와 숲.

5 김세직·고제헌(2018), "한국의 전세금융과 가계 부채 규모". 〈경제논집〉 57권 1호, 서울대학교.

6 기획재정부(2020. 9), "2020~2024년 국가재정운용계획".

7 양재진 지음(2019), 《복지의 원리》, 한겨레출판.

8 전게서.

9 국민연금연구원, "국민연금 포커스 그룹 간담회 자료". 출산율 1.05 가정 자료.

10 케네드 로고프, 카레멘 라인하트 지음, 최재형, 박영란 옮김(2010). 《이번엔 다르다》, 다른세상.

11 윤성주 외 3인(2020.8), "국가 부채 현황 및 재정위험 관리방안 연구", 〈재정포럼〉.

12 케네스 로고프·카르멘 라인하트 지음, 최재형·박영란 옮김(2010), 《이번엔 다르다》, 다른세상.

4장. 세계가 은퇴한다, 시간차를 두고서

1   폴 윌리스 지음, 유재천 옮김(2001), 《증가하는 고령인구, 다시 그리는 경제지도》, 시유사.

2   마우로 기엔 지음, 우진하 옮김(2020), 《2030 축의 전환》, 리더스북.

3   Walls. Daily Press. Newport, Virginia. Wikipedia에서 재인용.

4   UN, Polulation Database, un.org/en/development/desa/population, 이 책에서 인구 관련 UN 데이터는 여기 출처다.

5   클린트 로렌 지음, 강유리 옮김(2016), 《인구를 알면 경제가 보인다》, 원앤원북스.

6   전게서.

7   피터 자인한 지음, 홍지수 옮김(2020), 《각자도생의 세계와 지정학》, 김앤김북스.

8   Guifen Luo, "Social Policy, Family Support, and Rural Elder Care", in ⟨Aging in China⟩, Springer.

9   Phua Kai Hong, et al.(2019), ⟨Ageing in Asia⟩, World Scientific.

10   피터 자인한 지음, 홍지수 옮김(2020), 《각자도생의 세계와 지정학》, 김앤김북스.

11   마우로 기엔 지음, 우진하 옮김(2020), 《2030 축의 전환》, 리더스북.

5장. 데모테크의 탄생

1   RIKEN 홈페이지. riken.jp/en/

2   후지소프트 홈페이지의 '팔로(Parlo)' 설명. Parlo.jp

3   Palmi Garden 홈페이지. palmigarden.net

4   PARO 홈페이지. www.parorobots.com

5   매일경제 국민보고대회팀 지음(2020), 《욜드 이코노미》, 매일경제신문사.

6   윤기영(2019. 4. 5), "IT 분야의 미래 시나리오 및 정책 변수 도출 연구", 국회미래연구원 발표자료.

7   최윤섭(2018) 지음, 《헬스케어 이노베이션》, 클라우드나인.

8   송기원(2018) 지음, 《송기원의 포스트 게놈시대》, 사이언스북스.

9   데이비드 싱클레어, 매슈 러플런트 지음, 이한음 옮김(2020), 《노화의 종말》, 부키.

10 〈Science〉(2017. 9. 22), Vol 357, Issue 6357.

11 〈AI 타임스〉(2021. 2. 2), "일론 머스크 '뉴럴링크, 원숭이 뇌에도 칩 심었다'…원숭이가 비디오 게임 가능해".

12 에릭 드렉슬러 지음, 조현욱 옮김(2011),《창조의 엔진》, 김영사.

13 유발 하라리 지음, 김명주 옮김(2017),《호모 데우스》, 김영사.

14 Aubrey de Grey TED(2005.7) 강연. "A roadmap to end aging."

15 〈조선비즈〉(2019. 12. 14), "'不死'에 도전하는 실리콘밸리… 인간은 얼마나 살 수 있을까", 과학TALK.

16 데이비드 싱클레어, 매슈 러플란트 지음, 이한음 옮김(2020),《노화의 종말》, 부키.

17 이삼열(2019. 5. 10), "미래의 휴먼: 2050", 국회미래연구원 발표자료.

18 김원제 외 4명(2018) 지음,《시니어 비즈니스 블루오션》, 한국학술정보.

19 일본노년의학회 2017년 자료.

20 윤기영(2019. 4. 5), "미래 시나리오 및 정책 변수 도출 연구(IT 분야)", 국회미래연구원 발표자료.

6장. ETF와 기업으로 분석하는 데모테크 6대 섹터

1 김승현, 안상혁, 윤치선, 오은미 지음(2020),《ETF 투자 11대 테마에 주목하라》, 미래에셋투자와연금센터.

2 한국바이오의약품협회 홈페이지. kobia.kr

3 한국수출입은행(2019), "세계 바이오 의약품 산업 동향 및 전망", 해외경제연구소 이슈 보고서.

4 한국바이오 의약품협회(2020. 12), "바이오 의약품 산업 동향 보고서".

5 Frost & Sullivan 등(2020.05), World Preview 2020, Outlook to 2026.

6 미래에셋증권(2021. 1. 20), "Global X Telemedicine & Digital Health ETF".

7 최윤섭 지음(2014. 10),《헬스케어 이노베이션》, 클라우드나인.

8 〈매일경제〉(2020. 6. 30), "혈당 측정·약물치료…의료기기로 떠오른 콘택트렌즈".

9 송선욱 등(2014), "국민건강보험공단 자료를 이용한 최근 10년간 당뇨병 유병률과

특성에 관한 연구", 국민건강보험 일산병원.

10 생명공학정책연구센터(2020. 8), "미국 원격의료 시장 현황 및 전망", 〈바이오인더스
트리 리포트〉 No.151.

11 Healthcare Business, "원격진료 회사 Teladoc의 사업 구조 분석" www.
chiweon.com.

12 사카모도 세쓰오, 김정환 옮김(2016), 《2020 시니어 트렌드》, 한스미디어.

13 김원제 외 4명(2018), "시니어 비즈니스 솔루션", 한국학술정보.

14 정일영, 이광호, 진설아, 이예원(2021. 3. 22), "K-뷰티 산업의 혁신원천 분석과 지속가
능성진단", 〈STEP INSIGHT〉, 과학기술정책연구원.

15 김원제 외 4명(2018), "시니어 비즈니스 솔루션", 한국학술정보.

16 정일영, 이광호, 진설아, 이예원(2021. 3. 22), "K-뷰티 산업의 혁신원천 분석과 지속가
능성 진단", 〈STEP INSIGHT〉, 과학기술정책연구원.

17 팜뉴스(2018. 11. 27), "판 커지는 보톡스 시장, 내년 글로벌 '지형 변화' 주목".

18 김상균(2021) 지음, 《메타버스》, 플랜비디자인.

19 매일경제(2021. 2. 28), "오큘러스가 연 VR 세상…애플·소니도 '도전'".

20 전게서.

21 Visual Capitalist(2020.6.6), "Infographic: What is Extended Reality(XR)?".

22 김상균(2021) 지음, 《게임 인류》, 몽스북.

23 ESA(2020), "2020 Essential Facts About the Video Game Industry".

24 김상균(2021) 지음, 《게임 인류》, 몽스북.

25 이필상(2018) 지음, 《아시아 투자의 미래》, 미래에셋은퇴연구소.

26 IFR Press Conference Frankfurt(2020. 9. 24) 프레젠테이션 자료,
fortunebusinessinsight.com

27 일본 산업기술총합연구소 홈페이지.

28 허영·정해근·류제청, 이슈 리포트(2016), "재활의료기기 기술 동향 및 전망", 〈이슈
리포트〉, 한국산업기술평가관리원.

29 Research and Markets(2021.2), "Surgical Robot Market by Product, Application,

Region, Company Analysis and Global Forecast".

30 유형정·도지훈(2019), "의료서비스 로봇", 〈기술동향브리프〉, 한국과학기술기획평가원.

31 아마존 연례 사업보고서.

32 마이크로소프트 연례 사업보고서.

33 ZDnet Korea(2020.10.29), "마이크로소프트, 의료 전용 클라우드 서비스 출시".

34 김승현, 안상혁, 윤치선, 오은미(2020), 〈ETF 투자 11대 테마에 주목하라〉, 미래에셋투자와연금센터.

35 Global Market Insights(2020), Healthcare Cloud Computing Market.

36 전자신문(2018.9.3), "세계는 바이오 빅데이터 전쟁, 데이터가 미래다."

37 delltechnologies.com

38 삼정KPMG 경제연구원(2018.1), "스마트 헬스케어의 현재와 미래", 〈이슈모니터〉 제79호.

39 주간경향(2021.4.30), "마이크로 소프트가 뉘앙스 인수한 이유".

40 Global Market Insights(2020), Healthcare Cloud Computing Market.

7장. 넥스트 20년 자산 배분 전략

1 미하엘라 비저 지음, 이르멜라 샤우츠 그림, 권세훈 옮김(2012), 《역사 속에 사라진 직업들》, 지식채널.

2 노르웨이국부펀드 홈페이지, regjeringen.no/en/topics/the-economy/the-government-pension-fund

3 〈조선일보〉(2021. 4. 28), "온라인 쇼핑 대격변 시대".

4 미래에셋대우 공모리츠금융팀(2019), 《리츠 2.0 시대가 온다》, 미래에셋은퇴연구소.

5 버턴 말킬(2020) 지음, 《랜덤워크 투자수업》, 골든어페어.

6 문병로(2014) 지음, 《메트릭 스튜디오》, 김영사.

7 버턴 말킬(2020) 지음, 《랜덤워크 투자수업》, 골든어페어.